AF338606

LA
SOCIÉTÉ FRANÇAISE

DU XVIᵉ SIÈCLE AU XXᵉ SIÈCLE

PAR
VICTOR DU BLED

~~~~~~

5ᵉ SÉRIE

XVIIIᵉ SIÈCLE

LES MAGISTRATS ET LA SOCIÉTÉ FRANÇAISE
UNE FEMME PREMIER MINISTRE. — LE SALON DE LA MARQUISE DE LAMBERT
Mᵐᵉ DE TENCIN. — LA COUR SOUS LOUIS XV ET LOUIS XVI

Librairie académique PERRIN et Cⁱᵉ

LA SOCIÉTÉ FRANÇAISE

DU XVIe AU XXe SIÈCLE

XVIIIe SIÈCLE

OUVRAGES DU MÊME AUTEUR

ACADÉMIE FRANÇAISE : PRIX MONBINNE 1903

La Société française du XVIe au XXe siècle : XVIe et XVIIe siècles : LA SOCIÉTÉ, LES FEMMES AU XVIe SIÈCLE; L'ACADÉMIE DE CHARLES IX ET DE HENRI III; LE ROMAN DE L'ASTRÉE; LA COUR DE HENRI IV; L'HOTEL DE RAMBOUILLET; LES AMIS DU CARDINAL DE RICHELIEU; LA SOCIÉTÉ ET PORT-ROYAL, 1re série, 1 vol. in-12. Perrin.

La Société française du XVIe au XXe siècle : XVIIe siècle : LES PRÉDICATEURS; LE CARDINAL DE RETZ; LA FAMILLE DE MAZARIN; LE SALON DE Mme DE SCUDÉRY; LES AMIS DE Mme DE SÉVIGNÉ; MODES ET COSTUMES, 2e série, 1 vol. in-12. Perrin.

La Société française du XVIe au XXe siècle : XVII siècle : LES DIPLOMATES; LES GRANDES DAMES DE LA FRONDE; LA COUR, LES COURTISANS, LES FAVORIS, 3e série, 1 vol. in-12. Perrin.

La Société française du XVIe au XXe siècle : XVIIe siècle : LA SOCIÉTÉ ET LES SCIENCES OCCULTES; LES COUVENTS DE FEMMES AVANT 1789; LES LIBERTINS ET SAINT-ÉVREMOND; LA GRANDE MADEMOISELLE; L'AMOUR PLATONIQUE AU XVIIe SIÈCLE, 4e série, 1 vol. in-12. Perrin.

Histoire de la Monarchie de Juillet, 2 vol. in-8e. Calmann-Lévy, éditeur.

> *Couronné par l'Académie française : Prix Thérouanne.*

Les Causeurs de la Révolution, 1 vol. in-12. Calmann-Lévy.

> *Couronné par l'Académie française : Prix Montyon.*

Le Prince de Ligne et ses contemporains, 1 vol. in-12. Calmann-Lévy.

La Société française avant et après 1789, 1 vol. in-12. Calmann-Lévy.

La Comédie de Société au XVIIe siècle, 1 vol. in-12. Calmann-Lévy.

LA
SOCIÉTÉ FRANÇAISE

DU XVIᵉ SIÈCLE AU XXᵉ SIÈCLE

PAR

VICTOR DU BLED

8ᵉ SÉRIE

XVIIIᵉ SIÈCLE

LES MAGISTRATS ET LA SOCIÉTÉ FRANÇAISE
UNE FEMME PREMIER MINISTRE. — LE SALON DE LA MARQUISE DE LAMBERT
Mᵐᵉ DE TENCIN. — LA COUR SOUS LOUIS XV ET LOUIS XVI

PARIS

LIBRAIRIE ACADÉMIQUE DIDIER

PERRIN ET Cⁱᵉ, LIBRAIRES-ÉDITEURS

35, quai des Grands-Augustins, 35

1905

A MONSIEUR ÉMILE OLLIVIER

de l'Académie Française.

TRÈS RESPECTUEUX HOMMAGE D'UN AMI FIDÈLE ET RECONNAISSANT

VICTOR DU BLED

AVANT-PROPOS

Qui ne connaît la discussion de *Jacques le Fata-liste* avec son maître sur les femmes, « l'un préten-dant qu'elles étaient bonnes, l'autre méchantes : et ils avaient tous deux raison; l'un sottes, l'autre pleines d'esprit : et ils avaient tous deux raison; l'un fausses, l'autre vraies : et ils avaient tous deux raison; l'un avares, l'autre libérales : et ils avaient tous deux raison; l'un belles, l'autre laides : et ils avaient tous deux raison; l'un bavardes, l'autre discrètes; l'un franches, l'autre dissimulées; l'un ignorantes, l'autre éclairées; l'un sages, l'autre libertines; l'un folles, l'autre sensées; l'un grandes, l'autre petites; et ils avaient tous deux raison? »

Quelque humoriste pourrait être tenté de démar-quer la tirade de Diderot, d'affirmer qu'admira-teurs et détracteurs du xviiie siècle ont également raison lorsqu'ils prétendent, les uns qu'il est le grand siècle, les autres qu'il mérite une condamna-tion sévère ; les uns qu'il a tout éclairé, les

autres qu'il a tout corrompu; ceux-ci qu'il a préparé
le triomphe de la liberté et de la justice, ceux-là
qu'il a détruit la tradition, renversé les bases du
principe d'autorité, institué la licence de la foule et
la tyrannie du Démos, déplacé, multiplié démesu-
rément les abus. Et l'on sait de profonds penseurs
qui proclamèrent solennellement la banqueroute de
la Révolution française. D'ailleurs, ni les champions, ni le talent, ni la conviction, ne manquent
dans les deux camps; même aujourd'hui, la lutte
se poursuit, ardente, semée d'alternatives, personne ne s'estimant définitivement vaincu, chacun
gardant ses positions, prêt à recommencer demain
la bataille. Et c'est, si l'on veut,

Une ample tragédie à cent actes divers.

Tragédie ou comédie, elle ne finira point, pas plus
que ne finira la France, car la vie, la contradiction,
la diversité, sont la loi même du progrès; il faut
qu'il y ait des hérétiques à côté des croyants, et la
comparaison du miroir brisé s'applique aux historiens aussi bien qu'aux hommes politiques; on voit
dans son fragment le miroir entier, et l'on croit que
le voisin n'a rien.

Cependant, entre les opinions extrêmes, il a surgi
une école mixte, qui étudie le passé, non plus à tra-

vers les préjugés consacrés et les idées-passions
de notre époque, dans les satiristes, les rhéteurs,
prédicateurs, fabricants de mémoires ou d'histoires
partiales, mais dans les documents d'archives,
avec un esprit de sincérité, de comparaison et
d'éclectisme. Elle confesse chaque siècle, dresse
la liste de ses péchés et de ses vertus, ceux qui ont
bien tourné, celles qui ont ou n'ont pas donné tous
leurs fruits, et, tantôt juge, tantôt juré, toujours
indulgente, distribue l'éloge ou le blâme, sans
s'incliner servilement devant le succès. Elle se
demande si l'absolutisme et les orgies de dévotion de Louis XIV ne sont pas, en quelque mesure,
responsables des orgies de libre pensée sous son
successeur, si les quinze premières années du
XVIIIe siècle n'appartiennent pas plutôt au premier
qu'au second, si, avec deux ou trois généraux
comme Maurice de Saxe, le règne de Louis XV
n'aurait pas été aussi glorieux que l'autre pour la
France.

Et puisque ce XVIIIe siècle tant maudit a fait la
Révolution, pourquoi ne porterait-on pas à son actif
les généraux de la République, Pichegru, Dumou-
riez, Hoche, Moreau, Masséna, Kléber, Bonaparte,
qui font assez bonne figure, je pense, à côté des
généraux de la Monarchie?

Si celle-ci perd alors l'Inde et le Canada, elle

acquiert la Lorraine, la Corse, et elle a connu de longues années de bonheur pendant le ministère du cardinal de Fleury. Dans la balance du penseur, l'autorité remplissait un des côtés sans contrepoids ; au xviiie siècle, la liberté a envahi l'autre côté, avec son cortège d'idées généreuses, sensibilité vraie ou fausse, pitié pour les faibles, égalité politique et civile : et ces deux grandes forces sociales, aussi nécessaires l'une que l'autre, se sont avancées dans le xixe siècle, tendant à se rapprocher, à se combiner harmonieusement, et, malgré bien des brouilles et des éclipses, marchant vers un idéal de tolérance dont les bienfaits sont de mieux en mieux compris.

Là, ce me semble, est la vérité, et cette vérité, j'ose l'espérer, se dégage de ce volume, consacré surtout au xviiie siècle, où j'ai essayé de montrer quelques nouveaux aspects de la civilisation élégante, les magistrats mondains, des femmes d'État, des femmes d'intrigue, des directrices de salons célèbres, la Cour sous Louis XV et Louis XVI. Il y aurait ici matière à bien d'autres conclusions : je me bornerai à trois ou quatre remarques.

Au xviiie siècle, l'opinion publique, reine des nations modernes, s'affirme, prend conscience d'elle-même, s'organise, se développe, grâce aux salons, aux livres et brochures ; partout, même à la Cour,

aux camps, à la Bastille, auprès de la noblesse
d'épée, de la noblesse de robe, dans la bourgeoisie,
dans le peuple des campagnes et des villes, elle
trouve des auxiliaires ; elle a ses dévots et aussi
ses tartuffes, ses victimes et ses héros, ses martyrs
et ses exploiteurs. Une grande dame ne s'écriait-
elle pas : « Dussé-je y périr, la France aura une
constitution ! » Alors comme plus tard, on distingue plusieurs sortes d'opinion publique, une petite
et une grande, celle-là fugitive, éphémère, ne se
composant que de préjugés et de passions, l'opinion de l'engouement et de la minute, l'opinion du
hameau où l'on vit, du parti auquel on est inféodé,
celle qui fait penser au vers de Lemierre :

C'est prendre l'horizon pour les bornes du monde.

Et puis il y avait une autre opinion publique,
celle que forment le temps, les lumières, l'expérience. Celle-là fait les mœurs, et les mœurs la font ;
elle pétrit les événements, et les événements la
façonnent. Mais comme elle subit souvent le joug de
l'autre, comme là aussi les violents dictent et que
les modérés écrivent, l'opinion est tantôt avec et
tantôt contre la raison, tantôt avec la foule inconsciente et tantôt avec l'élite, mystérieuse dans ses
origines, soudaine dans ses explosions, parfois ser-

vante de la philosophie et parfois esclave de l'instinct, pleine d'énigmes comme le sphinx antique, désespoir des penseurs, des politiques qui cherchent à la séduire. Certains hommes ne semblent-ils pas les représentants de l'opinion, lorsque le génie ou la tradition les a investis de la confiance des peuples? Voltaire, Jean-Jacques, Pierre le Grand, Catherine II, Frédéric II, ne furent-ils pas de merveilleux créateurs d'opinion? « Comptez-vous avec l'opinion publique ? demandait-on à un homme d'État. — C'est moi qui la fais, » répondit-il tranquillement. Mais lorsque le respect a disparu, lorsque les grands hommes, ces chênes des forêts humaines, ne poussent plus dans un pays, l'opinion publique, comme une boussole affolée, s'agite éperdument, ballottée par le hasard, et vouée aux incertitudes, aux chimères les plus discordantes : en tout état de cause, elle a une force immense, celle de la masse dont elle reflète les sentiments, et comme l'autre, elle ne sait pas toujours ce qu'elle veut, mais elle le veut bien.

En aucun temps on n'eut plus d'esprit qu'au xviiie siècle, en aucun temps on n'a poussé aussi loin l'urbanité, la courtoisie, le tact social, la grâce ; la grâce, fleur de chevalerie, parfum subtil et rayonnant, élixir de civilisation, fait d'une foule de riens charmants, dans lequel viennent se fondre, comme dans une symphonie, toutes les notes du clavier humain : la voix, le geste, le sourire, la beauté, la bravoure, l'élégance et parfois la profondeur de l'âme. En aucun temps aussi n'est apparue plus saisissante la nécessité de la séparation des genres; les femmes régnaient, gouvernaient, et par elles des hommes de salon, des courtisans, ministres de pacotille, généraux de ruelles, héros de boudoir, prenaient la place des hommes capables, et conduisaient l'État à la dérive.

Jamais non plus n'a éclaté plus vivement le danger de l'esprit, j'entends de cet esprit de trait qui n'est pas l'esprit de situation, l'esprit de la chose, qui remplace la raison par une pointe, et croit avoir résolu une difficulté quand il a trouvé une formule piquante, — de cet esprit charmant et frivole que Choiseul, Maurepas, Calonne, Loménie de Brienne, possédaient, hélas! à défaut de l'autre. Pendant l'émigration, Rivarol blâmait un jour certaine mesure intempestive. « Si l'on avait eu un peu d'esprit, affirmait-il, on aurait évité cette faute. — De l'esprit! De l'esprit! s'exclama l'abbé Roulé, c'est l'esprit qui nous a perdus! — Alors, Monsieur, reprit Rivarol, pourquoi ne nous avez-vous pas sauvés? » L'abbé pensait à l'esprit de salon, Rivarol à l'esprit politique.

Ce dernier est peu commun chez nos hommes

publics du xviiie siècle, plus rarement encore se joint-il à la volonté pratique de l'appliquer. Je voudrais du moins donner quelques exemples de ce que l'on pourrait appeler l'esprit de situation : chaque position, chaque circonstance n'a-t-elle pas son esprit de situation ? De ces mots d'à-propos, plus d'un, s'il n'a pas arrangé les affaires du pays, a fait la fortune de son auteur, l'a conduit à l'Académie, aux ambassades, aux grands postes administratifs, aux succès féminins.

Après l'attentat de Damiens, Louis XV dit à un courtisan : « La blessure n'a pas été profonde, pourtant elle a été jusqu'au cœur. — Ce qui doit consoler Votre Majesté, répond l'interlocuteur, c'est qu'elle a pénétré bien avant dans le cœur de ses sujets. » Et la réplique dut plaire d'autant plus qu'en 1756 Louis XV depuis longtemps n'était plus le Bien-Aimé.

La du Barry, essayant de ramener le duc de Nivernais qui, avec les princes du sang et les Parlements, avait pris parti contre le ministère Maupeou-d'Aiguillon, finit par lancer cet argument : « Pourquoi vous entêter ? Le roi m'a dit qu'il ne changerait jamais. — Ah ! Madame, reprend Nivernais, quand le roi a dit cela, sans doute le roi vous regardait. »

Des mots bêtement spirituels, de ces mots malencontreux qui viennent à contretemps, à contre-tact, qui habillent la vérité comme le costume d'un nain habille un géant, qui déchaînent des rancunes et des conflits d'âmes, on en citerait par milliers aussi. Je me contenterai de celui-ci : « Savez-vous, disait Maurepas pendant la guerre contre les Anglais, ce que c'est qu'un combat naval ? Deux escadres sortent de deux ports opposés, on manœuvre, on se tire des coups de canon, on abat quelques mâts, on déchire quelques voiles, on tue quelques hommes, on use beaucoup de poudre et de boulets ; puis chacune des deux armées se retire, prétendant être maîtresse du champ de bataille : elles s'attribuent toutes deux la victoire ; on chante de part et d'autre le *Te Deum*, et la mer n'en reste pas moins salée. »

De Paris et de la province, du palais du riche et de la cabane du pauvre, monte un parfum de révolte, une odeur de révolution ; qu'elle se traduise par la plainte ou la moquerie, par la menace, la colère ou la critique raisonnée, peu importe ; les gens avisés l'ont sentie, et, derrière les assauts élégants de conversation, les galanteries raffinées, ils ont vu le choc des épées nues, les torches, les massacres, la fraternité à la Caïn. Bien d'autres que Voltaire, Mme de Tencin et Cazotte ont prédit cette révolution qui aurait éclaté plus tôt si la royauté avait résidé à Paris, qu'on pouvait éviter sous sa forme violente si, au lieu de Louis XVI, on avait eu un autre Louis XIII secondé, non point même par un Richelieu, mais tout simplement par un homme de jugement et de volonté. De tels collaborateurs ne manquaient pas, mais il fallait les chercher, les choisir, les garder, réaliser avec eux ce programme des Cahiers des États généraux qui formait l'idéal de la grande majorité : « Ouvrez nos fastes, disait M. de Moré à Tilly, nous sommes une nation à tragédies ; depuis longtemps nous n'en avons que sur nos théâtres. La Fronde, les guerres de religion, la Saint-Barthélemy même, tout cela est pâle auprès de ce qui nous attend. Vous m'en direz des nouvelles de l'autre côté de la tombe si l'on s'y revoit... Vous avez les premiers théâtres de l'Europe, de petits poètes, de grandes danseuses, et vos courtisanes seraient les plus séduisantes sirènes du monde, si vos femmes n'en savaient pas plus qu'elles : toutes ces belles choses-là, des coiffeurs et des cuisiniers, sont les successeurs un peu dégénérés du premier peuple du monde dans ce premier des siècles, l'âge de Louis le Grand ; ce ne sont pas là des éléments de vie pour un empire. La France périra, Monsieur, et de votre temps... »

Non seulement dans les pamphlets et les cris de la foule, mais dans les réunions de la bonne compagnie, on trouve les partis de l'avenir représentés ;

les pensées se combattent à armes courtoises, en
attendant qu'elles luttent pour le pouvoir, pour exi-
ler et tuer les adversaires. On ne l'a pas assez remarqué : il y a, bien avant 89, une extrême droite
et une extrême gauche, une droite royaliste et libérale, des constitutionnels, des jacobins blancs et
des jacobins rouges. Toute la Constituante et presque
la Convention se reflètent d'avance dans les salons
de l'ancien régime : des magistrats parlent de *débourbonnailler* la France, et tel petit-maître fre-
donne les chansons où la reine est accablée d'ou-
trages, chansons composées peut-être par lui et ses
amis pendant un souper dans une petite maison.
Les fanfaronnades de paroles ont préparé les solu-
tions brutales. Et puis, à côté des nobles sentiments,
des justes réformes, il y a l'intérêt, l'envie, la cupidité, la vengeance. On comptait environ trois cent
mille privilégiés ; vingt millions d'êtres voulurent
devenir des privilégiés, chacun voulut être un abus.

L'abbé Delille contait cet apologue à des amis
timorés : « Vous me rappelez l'histoire d'un Sicilien
fort simple à qui l'on vint apprendre que le vice-
roi était mort. — Ah ! mon Dieu ! gémit-il, le vice-
roi est mort. Quel malheur ! Qu'allons-nous devenir ?
— Le lendemain, on lui annonce la mort de l'Archevêque. Il tombe dans le désespoir, et ne voit plus
de salut pour la Sicile. Enfin, le troisième jour, on

lui apprend la mort du pape. Oh ! pour le coup, il pâlit, les bras lui tombent, il perd la parole, ferme ses rideaux, ses volets, et attend la fin du monde. Au bout de vingt-quatre heures, il entend le bruit d'un moulin à vermicelle, croit se tromper, prête une oreille attentive. — Quoi ! murmure-t-il, le vice-roi est mort, l'archevêque est mort, le pape est mort, et l'on fait du vermicelle ! Cela n'est pas possible ! — Pour s'en assurer, il entr'ouvre ses volets, regarde dans la rue, voit passer des voitures comme à l'ordinaire, et le marchand son voisin chez qui l'on allait acheter comme auparavant. Alors il réfléchit et finit par conclure : — Mais il serait bien possible que ces personnages qui viennent de mourir ne fussent pas des choses nécessaires. » Et cet apologue contient une leçon de philosophie pratique : n'accorder le titre de nécessaire qu'à un très petit nombre d'hommes et de choses, se tenir à égale distance des enthousiasmes et des désespoirs impulsifs, se plaire avec son temps, avoir confiance dans demain si hier manque, et constater avec l'histoire que les longues jachères préparent les moissons opulentes, que la gloire, le bonheur, la grandeur d'un peuple, s'opèrent parfois par des moyens très inattendus. Le siècle aimable entre tous devenant le siècle tragique entre tous, quel démenti aux amateurs de thèses absolues !

Il faudrait cinquante volumes et plus pour écrire

une histoire un peu complète de la Société française ; mon cadre est forcément plus restreint, et je désire seulement présenter un tableau où les principales figures, les sujets les plus importants, soient esquissés. J'arrive à l'adolescence de la vieillesse, et j'ai encore une assez longue carrière à parcourir : je fais doublement appel à l'indulgence du public, le priant de m'excuser si je dois laisser dans l'ombre beaucoup de questions et de personnages. D'ailleurs, avant d'entreprendre cet ouvrage, j'avais publié sur le xviiie siècle cinq volumes que l'on pourrait consulter, qui me dispenseront de m'attarder longuement, et me permettront d'aborder plus vite le xixe siècle. Voici les titres de ces livres et les sujets traités :

Les Causeurs de la Révolution (Préface du duc de Broglie), 1 vol. in-12. Calmann-Lévy.
Chapitre I : Rivarol. — II : Les Actes des Apôtres. — III : Les Almanachs de la Révolution. — IV : L'Abbé Maury. — V : L'Abbé Delille, Linguet, Sénac de Meilhan, Montlosier. — VI : Mallet du Pan, Malouet, Mounier. — VII : Marmontel, Morellet. — VIII : Mirabeau, son père, ses collaborateurs. — IX : Talleyrand. — X : Boufflers, Tilly, les deux Ségur. — XI : Le duc de Lévis, le duc de Brancas-Lauraguais, le Marquis de La Fayette, le comte de Narbonne. — XII : Beugnot, Rœderer, Fiévée, Portalis, Arnault, Lemierre, Michaud. — XIII : Andrieux, Pons de Verdun, Lemercier, Suard, Ducis.

Le Prince de Ligne et ses contemporains (Préface de Charles de Mazade), 1 vol. in-12. Calmann-Lévy. — Le Prince de Ligne. — Beaumarchais, Sophie Arnould. — André Ché-

nier, Joseph Chénier, Lebrun-Pindare, Florian, La Harpe.
— Mercier. — Chamfort, l'abbé Sieyès. — Camille Desmoulins.

Orateurs et Tribuns (Préface de M. Jules Claretie), 1 vol.
in-12. Calmann-Lévy.

CHAPITRE I. — *L'Esprit des Orateurs de la Constituante :*
Cazalès, Montesquiou-Fezensac, d'Esprémesnil, le duc de
La Rochefoucauld-Liancourt, Clermont-Tonnerre, Lally-Tol·
lendal, Bergasse, Virieu. — *Les Constitutionnels, les Légistes :* Thouret, Target, d'André, Duport, Lameth, Bar-
nave.

CHAPITRE II. — *L'Esprit des Orateurs de la droite à l'As·
semblée Législative :* Vaublanc, Ramond, Mathieu Dumas,
Lemontey, Stanislas de Girardin.

CHAPITRE III. — *L'Esprit des Orateurs de la Gironde :*
Lanjuinais, Brissot, Condorcet, Guadet, Ducos, Boyer-Fon-
frède, Louvet, Laclos.

CHAPITRE IV. — *L'Esprit des Orateurs de la Montagne :*
Danton, Fabre d'Églantine, Hérault de Séchelles, Barère.

La Comédie de Société au XVIII᷎ siècle, 1 vol. in-12.
Calmann-Lévy.

CHAPITRE I. — Les Comédiennes de la Cour. La duchesse
du Maine, ses intimes, les Grandes nuits de Sceaux. M᷎ de
Staal-Delaunay. Voltaire à Sceaux.

M᷎ de Pompadour et le Théâtre des Petits-Cabinets. —
Marie-Antoinette et le Théâtre de Trianon : la Troupe des
Seigneurs.

CHAPITRE II. — Le théâtre des Princes de Clermont et
d'Orléans. La parade et les spectacles de société. Laujon. —
Le Corneille de la parade, Collé. — La marquise de Montesson, ses pièces de théâtre, ses talents d'actrice, ses réceptions.

CHAPITRE III. — Une femme du monde auteur au xviiie siècle, la Comtesse de Genlis; son éducation, son mariage, sa
vie avant 1789. Mystifications. Présentation à la Cour. La
Société du Palais-Royal. Définition de la bonne compagnie.
La mode dés Proverbes. — M᷎ de Genlis gouvernante-gou-

verneur des princes et princesses d'Orléans. Ses écrits.
L'Émigration. Rapports avec Napoléon Ier.

APPENDICE. — Une comédie inédite de Marivaux. — La
parade de la *Mère rivale*. — *Journal et Mémoires* de Collé.
— *Mémoires* de Mme de Genlis : La visite de Mme de Genlis à
Voltaire. Le Prince de Conti. Le comte de Guines. Mme de
Montesson. Les filles de Mme de Genlis. Mme du Deffand.
Correspondance de Mme de Genlis avec Napoléon Ier. Conver-
sation singulière. Maximes de M. de Lingré. *Souvenirs de
Félicie*. — *Le Devin du village*.

La Société française avant et après 1789, 1 vol. in-12.
Calmann-Lévy.

I. — Un amour platonique au XVIIIe siècle : le duc de
Lauzun et la marquise de Coigny. Salon de la Maréchale de
Luxembourg. Aimée de Coigny.

II. — Un client de l'ancien régime : le chevalier de l'Isle.
Poésies du chevalier : *La Rose et l'Étourneau*. Caractère de
la poésie au XVIIIe siècle. Enfants précoces. Modes et en-
gouements. — La Princesse de Beauvau. Mme d'Houdetot. —
Le duc et la duchesse de Choiseul à Chanteloup. Gleichen,
du Buc. — Salon de la duchesse de Gramont. Correspondance du Chevalier de l'Isle avec Voltaire, Mme du Deffand,
le prince de Ligne et le comte de Riocour. Calonne et Maurepas. — Mme de Polignac, sa famille, ses amis : Vaudreuil,
Besenval.

III. — La Société dans les Prisons de Paris pendant la
Terreur. Héroïsme des femmes pendant la Révolution.

APPENDICE. — Poésies du Chevalier de l'Isle. Les chats de
Mme Helvétius et de l'abbé Galiani. Les médecins d'autrefois.
Mémoires de Mme de Salomon.

Et puis le XVIIIe siècle a déjà été exploré, fouillé
dans bien des sens, et pour tant de sujets où je suis
forcé de résumer et condenser, beaucoup d'excellents écrivains offrent un champ presque inépuisable : Sainte-Beuve, le maître inimitable, infail-

lible quand il décrit les personnages de second
ordre, moins impartial lorsqu'il s'attaque aux écrivains du premier; Villemain, Nisard, Tocqueville,
les Goncourt, MM. Ferdinand Brunetière, Émile
Faguet, René Doumic, avec leurs pénétrantes ana-
lyses; le duc de Broglie qui, dans ses études diplomatiques, éclaire le dédale des cours, des intrigues
ministérielles, démonte la machine gouvernemen-
tale avec la dextérité de l'inventeur maniant l'instrument qu'il a créé; Taine, dont le livre nous
présente la synthèse de l'époque : MM. d'Haussonville, Pierre de Ségur, Lucien Perey, Fleury, Gaston Maugras, de Lescure, André Foulon de Vaulx,
bénédictins aimables qui découvrent sans cesse des
terres vierges et marient la grâce à l'érudition. Et
tant d'autres qui mériteraient mieux qu'une mention : j'ai rappelé leurs ouvrages dans mes notes
bibliographiques; ils portent témoignage pour un
siècle qu'on n'aurait pas tant étudié, s'il n'avait eu
quelques vertus, si ses péchés eux-mêmes ne méritaient les circonstances atténuantes.

Victor DU BLED.

PREMIÈRE CONFÉRENCE

—

LES MAGISTRATS ET LA SOCIÉTÉ FRANÇAISE

MESDAMES, MESSIEURS,

Quel a été, au xve, au xvie siècle et plus tard, le rôle de la magistrature, quelle fut son attitude vis-à-vis de la société polie ?

A-t-elle seulement eu un rôle ? On serait tenté de répondre : non ! tout d'abord. Sans doute de nombreux écrivains ont donné des biographies de nos grands magistrats, les ont montrés légistes, diplomates, chanceliers, devenant les auxiliaires du pouvoir royal contre les résistances de la féodalité et les prétentions de la papauté, faisant prévaloir le dogme de l'unité monarchique ; ils ont raconté l'histoire des parlements, leurs prétentions de se poser en intermédiaires entre les rois et le peuple, les querelles de préséance, la Fronde, les lits de justice, les grandes batailles du xviiie siècle contre les jésuites et le chancelier Maupeou ; ils ont dit les défauts de l'institution, la vénalité des charges, les épices, le fétichisme de la forme : mais ils se montrent singulièrement sobres de détails sur la vie mondaine des gens de robe.

On dirait que ceux-ci mènent une existence quasi sacerdotale ou monacale, bornée aux quatre points cardinaux par les murs de la salle de justice. La messe quotidienne du palais, les longues audiences qui commencent à six heures du matin, où ils se rendent à pied, plus tard sur des mules, escortés d'un porteur de flambeau, voilà le fond du tableau; il semble qu'ils ne connaissent que la vie de famille, l'étude des *sacs*, des *arrêts*, des jurisconsultes autorisés (1).

Et il est certain qu'ils vivent en général d'une façon plus austère que l'aristocratie de cour, à tel point que,

---

(1) FAYE DE BRYS : *Trois magistrats français au XVI⁰ siècle.* — Emmanuel MICHEL : *Histoire du Parlement de Metz.* — FLOQUET : *Histoire du Parlement de Normandie.* — DES PORTES : *Histoire du Parlement de Bordeaux.* — DUBÉDAT : *Histoire du Parlement de Toulouse.* — LACUISINE : *Histoire du Parlement de Bourgogne.* — ESTIGNARD : *Le Parlement de Franche-Comté.* — BASTARD D'ESTANG : *Les Parlements en France,* 2 vol. — O. DE VALLÉE : *L'Éloquence judiciaire au XVII⁰ siècle.* — CABASSE : *Le Parlement de Provence,* 2 vol. — Louis VIAN : *Les Lamoignon; Une vieille famille de robe.* — SAPEY : *Études biographiques sur l'ancienne magistrature.* — *Mémoires* d'Omer TALON, de Mathieu MOLÉ, du cardinal DE RETZ, de SAINT-SIMON, d'Henri DE MESMES, d'ARNAULD D'ANDILLY, etc. — BOULLÉE : *Histoire de d'Aguesseau.* — *Historiettes* de TALLEMANT DES RÉAUX. — E. GLASSON : *Les Origines du costume dans la magistrature,* in-8⁰, 1884; *Le Parlement de Paris, son rôle sous Henri IV,* dans *Grande Revue,* 1⁰ novembre 1899; *Histoire du droit et des institutions de la France,* 6 vol. — FABRE : *La Jeunesse de Fléchier,* tome II. — Albert DESJARDINS : *Les Sentiments moraux au XVI⁰ siècle.* — René KERVILLER : *Le Chancelier Pierre Séguier.* — BAUDRILLART : *Un Magistrat breton gentilhomme rural : Noël du Fail.* — Arthur DE LA BORDERIE : *Recherches sur Noël du Fail.*

jusqu'au xviii* siècle, un magistrat n'aurait pas osé se montrer aux spectacles. C'est que a méditation continuelle du droit, le sentiment du devoir professionnel, le costume même, leur donnent des habitudes régulières et comme une livrée morale, un langage, une dignité de maintien indélébiles ; que le respect de soi-même, poussé parfois jusqu'à la morgue, les préserve des équipées bruyantes et des sociétés dangereuses. Mais, d'autre part, lorsqu'on regarde de près les Mémoires d'autrefois, de nouveaux traits se dessinent, des anecdotes éclairent de reflets inattendus certaines physionomies et prouvent que l'ancienne magistrature participe, discrètement, avec réserve, au mouvement mondain, qu'elle sacrifie *aux Grâces et aux Muses*. Ses salons, car elle en eut, appartiennent plutôt à l'amitié qu'à la galanterie, à la causerie intelligente qu'aux vaines élégances, aux nobles déduits qu'aux fêtes bruyantes. Loin de demeurer étrangère aux progrès de la société, elle s'y associe d'une façon conforme à son caractère : la noblesse de robe finira par s'unir à la noblesse d'épée (1), les femmes feront le trait d'union entre le monde et le Palais, comme jadis elles contribuèrent à rapprocher patriciens et plébéiens de l'ancienne Rome.

---

(1) La duchesse de Chaulnes, âgée de cinquante ans, répondit à M** de Créqui, comme elle lui reprochait son mariage avec M. de Giac, maître des requêtes, âgé de trente ans : « Madame, apprenez qu'une femme de la cour n'est jamais vieille, et qu'un homme de robe est toujours vieux. » On a donné cette autre version : « Une duchesse n'a jamais que trente ans pour un bourgeois. »

Beaucoup de parlementaires servent leur pays en qualité de diplomates, entrent dans les conseils de la couronne ; par là même leur horizon s'agrandit, le culte d'une discipline sévère s'affaiblit un peu, la nécessité de se mêler aux hommes et aux choses leur donne le goût de l'action politique, le personnage diplomatique ou ministériel colore d'un aspect plus aimable le personnage judiciaire.

Un document curieux sur la vie mondaine du magistrat au XVIe siècle nous est fourni par Étienne Pasquier (1529-1615), avocat célèbre qui fut ensuite avocat général au Parlement, député aux États généraux de 1588, fidèle et sincère conseiller de nos rois, auteur des *Recherches sur la France,* du *Pourparler du Prince* et de *Lettres* qui constituent une chronique intéressante de son époque.

C'est à la duchesse de Retz (1) qu'il dédie sa *Pastorale du vieillard amoureux,* et, dans une lettre à son ami Airault, il raconte agréablement la conversation d'où jaillit cette fantaisie littéraire :

« Il y a trois semaines ou environ que, s'étant passée toute la journée avec quelques honnestes advocats en consultations dedans ma maison, Mme de Retz me convia à souper, où se trouvèrent plusieurs seigneurs de marque. Toute la sérée se passa sur une infinité de bons propos concernant la calamité de ce temps, et sur

---

(1) Sur la duchesse de Retz, voir le 1er volume de cet ouvrage, pp. 96 et suiv., deuxième édition.

les espoirs et désespoirs que chacun de nous appréhendait, selon la diversité de ses opinions. Et, comme c'est le privilège des banquets de sauter de propos à autres qui n'ont aucune liaison, sans savoir pourquoi ni comment, aussi fîmes-nous le semblable sans y penser, et discourûmes, tantost de nos ménages particuliers, tantost du fait de la justice, puis de la commodité du labour. Jamais je ne vis pièces plus décousues que celles-là ni de meilleure étoffe. Un habile homme en eût fait un livre tel qu'Athénée ou Macrobe dans ses Saturnales. Enfin, comme le discours de l'Amour est l'accompagnement des beaux esprits, aussi ne le pûmes-nous oublier... »

Pasquier est un curieux en tous genres, aussi épris de poésie et de bon langage que de sciences historiques ou juridiques, ami de la conversation écrite et parlée, travailleur infatigable, se délassant de ses labeurs dans la bonne compagnie, plein de saillies, de gaillardises même, faisant mentir le mot de Montaigne que : « l'âge attache autant de rides à l'esprit qu'au visage, » écrivain peu châtié, trop abondant, mais vivant, nerveux, coloré, père de famille admirable, religieux avec indépendance, un des représentants les plus complets de cette haute bourgeoisie d'autrefois dont le langage très libre s'associe à une vie très pure. *Lasciva est nobis pagina, sed vita proba est.* Par exemple, il se déclare hautement le *paranymphe,* le champion, le chevalier d'honneur des dames, et les chante dans ses écrits, mais tout cela n'est qu'amour platonique littéraire ; il observe cette convention qui permettait à des évêques, à Théodore de Bèze, le rude protestant, de célébrer *leurs maîtresses* à grand renfort de sonnets. Vers la fin de sa vie, il se retira à la campagne, son médecin l'ayant averti de garder la chambre afin de ne plus garder le lit, mais il lui reste de fidèles amis, ses livres, et sa manière de s'en servir lui fait revivre les grâces et l'imprévu de la conversation : « Tout ainsi que l'abeille sautelle d'une fleur à l'autre, pour prendre sa petite pâture dont elle forme son miel, aussi lis-je ores l'un, ores un autre auteur, comme l'envie m'en prend. »

Il fut l'un des familiers des dames des Roches, femmes d'étude et femmes de ménage, dont la maison semblait une académie d'honneur et le *Vrai temple des Muses* (style du temps), maniant également bien le fuseau, l'aiguille et la plume. Catherine Neveu, demoiselle des Roches, lui lut un jour ce gracieux sonnet *à sa Quenouille* qui l'a conduite à la postérité. De légers incidents mettaient alors en joyeux émoi toute la république des lettres. Une puce aperçue sur le sein de Catherine fut le prétexte d'une foule de petites pièces, que Pasquier réunit ensuite et dédia à un autre magistrat, Achille de Harlay, président des *Grands jours* de Poitiers. En français, en latin, en italien, en flamand, en espagnol, Brisson, Loisel, Binet, Joseph Scaliger, Mangot, Chopin, Odet de Turnèbe, exaltèrent « cette puce très hardie et très prudente à la fois, puisqu'elle s'était mise en si belle place et en lieu de franchise ».

Voici une fleur de cette *Guirlande de Julie* avant la lettre :

A une Puce.

Si tu piques les plus belles,
Si tu as aussi des ailes
Tout ainsi que Cupidon,
Je te requiers un seul don,
Pour ma pauvre âme altérée :
O puce ! O ma Cythérée !
C'est que ma dame par toi
Se puisse éveiller pour moi ;
Que pour moi elle s'éveille
Et ait la puce en l'oreille.

On surnomma tous ces rimeurs les poètes chante-puces ; l'aventure amusa la cour, la ville, la province, et fit peut-être autant pour la gloire de Pasquier que ses ouvrages sérieux. Un des champions « qui étaient venus rompre leur bois » dans ce tournoi galant, homme de robe lui aussi, le président Brisson, devint la victime des fureurs de la Ligue : et tandis qu'on le menait au supplice, il ne laissa échapper ni regret ni murmure, mais seulement une crainte, à savoir « que son livre qu'il avait commencé fût brouillé, qui était une si belle œuvre et qu'il recommandait à un de ses amis ».

Voici un autre témoignage de cet esprit badin, de cet enjouement gaulois où se complaisaient nos anciens magistrats. Dans la ville de Troyes, où se tenaient les *Grands jours* de Champagne, Pasquier s'était fait peindre par un artiste flamand qui oublia de lui donner des mains : sur quoi le malin jurisconsulte expose son portrait orné de deux vers latins. Les passants accourent, plaisantent l'artiste, s'esclaffent sur le distique, et chacun aussitôt de donner carrière aux saillies de son imagination ; et ce fut une nouvelle avalanche d'épigrammes, de sonnets, d'élégies, d'odes pleuvant dans toutes les langues. Pasquier en rassembla cent quarante (encore en perdit-il plusieurs), et leur donna pour préface une *Apologie* de sa main. Antoine Arnauld, Honoré d'Urfé, d'Espeisses, Séguier, président au Conseil d'État, de Hamel, recteur de l'Université de Paris, Malherbe lui-même, Achille de Harlay, premier président, et le grand prieur de France, lui envoyèrent leur tribut poétique. Pour lui, pour maint de ses confrères, la poésie fut jusqu'à la fin un bonheur, une distraction et un réconfort : elle adoucit les amertumes de l'exil, les angoisses du bon citoyen en présence des calamités publiques, trompa l'insomnie et la souffrance du malade. A quatre-vingts ans, peu de temps avant sa mort, il adresse des vers à une demoiselle qui l'a célébré dans un sonnet :

> Je suis votre Apollon et vous ma Mnémosyne :
> Quand est de mon trépas, je ne l'ai redouté,
> Sinon qu'en me perdant je perds votre beauté,
> C'est-à-dire l'objet d'une flamme divine.

Nous retrouvons Étienne Pasquier, avec plusieurs grands magistrats et jurisconsultes, dans un autre palais, celui de Marguerite de Valois, première femme de Henri IV. J'ai déjà remarqué que cette princesse mérite une place d'honneur dans l'histoire de la société polie, entre Catherine de Médicis et la marquise de Rambouillet (1); elle est en quelque sorte le lien par lequel le monde du xvie siècle et le monde du xviie siècle se rattachent l'un à l'autre : elle eut un des premiers cercles réguliers, tenu selon l'étiquette moderne, où s'empresse l'élite de l'aristocratie, de la robe, gens d'église, lettrés, artistes, où se succèdent sans relâche les divertissements les plus aimables, qu'elle dirige avec cette supériorité de rang et d'esprit qui lui valurent le surnom de Vénus Uranie. A Pau, à Nérac, à Usson, Marguerite initie Gascons et Auvergnats aux élégances de la vie de château ; à Paris elle développe la vie de salon. On voyait à sa cour Henri de Mesmes, Langlois, Séguier, Molé, Marillac, La Guesle, Arnauld, le père de la célèbre famille janséniste ; du Vair, magistrat admirable, qui en 1593 inspire le célèbre arrêt du Parlement contre les prétentions du roi d'Espagne à la couronne de France, et qui favorise l'entrée de Henri IV à Paris, — ambassadeur auprès d'Élisabeth, premier président à Aix pendant dix-sept ans, nommé *parce que* ou *malgré* ses fonctions évêque de Marseille, puis de Lisieux, ministre un peu effacé de la régente Marie de Médicis, orateur, moraliste, philosophe et poète, un d'Aguesseau du xvie siècle. Tandis qu'il remplissait sa charge de premier président, on plaida le procès du curé Gauffridi accusé de sorcellerie,

---

(1) Sur Marguerite de Valois, voir le tome Ier de cet ouvrage, p. 197 à 220.

coupable surtout de séduction sur la personne de religieuses ; au moment même où le rapporteur exposa que le prévenu évoquait le diable sous la forme d'un homme noir, la descente d'un ramoneur par la cheminée de la grand'salle mit en fuite tous les conseillers épouvantés.

Henri de Mesmes, l'ancêtre d'une des grandes familles parlementaires de l'ancien régime, fut ambassadeur de Charles IX, maître des requêtes, chancelier du roi et de la reine de Navarre, membre du conseil privé de Henri III pendant quelques mois : son protégé, le poète Passerat, adressait à sa fille ce quatrain accompagné d'une rose :

Au milieu de l'hiver fâcheux et malplaisant,
Je vous offre une rose, agréable présent ;
Et le devez aimer comme semblable chose :
Vous n'êtes qu'un bouton ; un jour vous serez rose.

En dépit de l'axiome du comte de Ségur : *là où la vertu règne, la bienséance est inutile,* la reine Marguerite ne déteste point les histoires salées. Un de ces magistrats lui conta un jour le trait d'Antoine Duprat, archevêque, cardinal et chancelier de France. Cela se passait au temps de Louis XII, qui, dans son âge mûr, avait épousé la sœur de Henri VIII. Celle-ci se montrait trop sensible aux hommages du duc d'Angoulême, et certain soir que le duc se dirigeait vers l'appartement de la reine, une main saisit son bras au moment où il va entrer ; c'est Duprat qui lui dit gravement : « Vous voulez donc absolument vous donner un maître ?

Vous voulez vous détrôner ? » Et il catéchisa si bien que, non seulement le duc renonça à la reine, mais qu'il prit les précautions les plus minutieuses pour écarter d'elle, la nuit comme le jour, tous les admirateurs. Le cœur d'un homme d'État ne doit-il pas être dans sa tête ? Et le duc d'Angoulême succéda à Louis XII sous le nom de François Ier.

Puisque l'Académie française est le premier salon de France, nous devons un souvenir à du Faur de Pibrac, l'un des fondateurs de l'Académie des Valois ; car il y eut une Académie française sous Charles IX et Henri III (1), une Académie française plus libérale que celle de Richelieu, puisque, à l'exemple des académies italiennes, elle admettait des femmes. Cette Académie poursuivit ses travaux jusqu'en 1584 ; c'est la Ligue et la guerre civile qui consommèrent sa ruine. Membre du Conseil privé de Charles IX et de Henri III, diplomate, chancelier de la reine de Navarre en 1578, chancelier du duc d'Anjou en 1582, premier président au Parlement où il succède à de Thou, philosophe, érudit, bon poète, réputé l'homme le plus éloquent de son temps, célébré pour son aménité, son zèle du bien public par le protestant Hubert Languet, bien qu'il ait publié une justification de la Saint-Barthélemy (mais sur son intervention les massacres cessèrent à Paris), du Faur de Pibrac est un de ces personnages sympa-

---

(1) Frémy : *L'Académie des derniers Valois.* — Voir aussi le tome Ier de cet ouvrage, pp. 70 et suiv.

thiques de l'histoire pour lesquels les contemporains et la postérité n'ont que des sourires. Et il faut croire que le sens de la sociabilité ne lui manquait pas non plus, car il néglige toutes ses fonctions pendant dix-sept mois pour accompagner la reine Margot dans ses voyages, s'enflamme pour cette princesse si experte dans l'art de prendre les cœurs à la pipée, lui déclare sa passion par écrit, se voit, hélas ! refusé, bafoué, et dénoncé par elle à son mari. Il chercha à se disculper, et voici un curieux passage de sa défense :

« Notre façon d'écrire aujourd'hui en France est pleine d'excès et de toute extrémité ; nul n'use plus maintenant de ces mots aimer et servir : on y ajoute toujours extrêmement, infiniment, passionnément, éperdument, et choses semblables, jusqu'à donner de la divinité aux choses qui sont moins qu'humaines ; il n'y a frère qui n'écrive à sa sœur, ni sœur à son frère, ni serviteur à sa maîtresse, qui par une façon et erreur communes d'écrire, ne se laisse emporter à des extrémités par des paroles du temps, et ne se mette hors de la ligne et du point du devoir, voire j'oserai dire de l'honnêteté. Mais puisque la nécessité porte que l'on écrive, et que l'on ne peut s'en passer, j'estime que la raison veut que ceux qui reçoivent ces lettres rapportent et réfèrent les termes d'icelles, comme la raison le veut, à la condition et à la qualité de ceux qui écrivent... Chacun doit ainsi faire en sa qualité et en son degré ; autrement nul vivant ne pourrait s'exempter de la calomnie. »

Et l'excuse fut agréée, car Pibrac continua ses fonctions de chancelier.

Frémy, historien de l'Académie des derniers Valois, estime que d'autres que Pibrac y représentent le Parlement de Paris : il cite le président Brisson, Jacques-Auguste de Thou, les présidents Lesueur, Faucon, Faye d'Espeisses, du Vair. Il rappelle fort justement l'empire qu'exerçaient les belles-lettres au palais, le conseil d'Achille de Harlay dans une mercuriale : « Procureurs, Homère vous apprendra votre devoir dans son livre de l'*Iliade, in libro decimo,* » les plaidoiries des avocats farcies de citations des anciens auteurs sacrés ou profanes. Alors, en effet, l'éloquence judiciaire et l'éloquence de la chaire se traînaient dans une stérile imitation du passé, subissant encore le joug d'une scolastique pédante, d'une langue qui n'était pas bien formée. Quelques-uns cependant s'efforcent de ramener l'éloquence dans les voies de la simplicité et du bon goût ; d'aucuns trouvent dans leur cœur des mots admirables qui jaillissent en quelque sorte d'une situation tragique. Tel celui du même Achille de Harlay au tout-puissant duc de Guise : « Monsieur, c'est grand'-pitié quand le valet chasse le maître ! Au reste mon âme est à mon Dieu, mon cœur est à mon roi, et mon corps entre les mains des méchants. » Telle cette adjuration de Michel de L'Hospital : « Otons ces mots diaboliques, noms de partis et de séditions, luthériens, huguenots, papistes ; ne changeons le nom de chrétien. » Ou encore cette remontrance d'Omer Talon à la reine-régente : « Les oreilles des rois sont à leurs talons ; ils n'écoutent que ceux qui sont humiliés. »

Moralistes, prédicateurs reprochent alors aux magistrats de manquer d'indépendance et d'impartialité ; ils les taxent d'ambition extrême, de cupidité, d'ignorance. Et malheureusement L'Hospital lui-même, des premiers présidents, des ministres font chorus, déclarent que ces accusations ne sont que trop justifiées par la conduite d'un certain nombre de juges, que greffiers, sergents sont les sangsues, harpies et griffons du peuple. Un prince de Condé, menacé d'être poursuivi, s'enfuit en Béarn, « sachant que, s'il tombait ès mains de ses ennemis, c'était fait de sa vie, vu la corruption qui était en la justice, tant ès cours souveraines qu'inférieures. » En 1560, le chancelier se plaint devant le Parlement de Paris « que la plupart des juges étaient à d'autres qu'au roi, qui y avait la moindre part ». *Judices quos fames magis quam fama commovit,* dit Cicéron. Messieurs de Guise gagnent les membres des Parlements, de véritables partis se forment parmi ceux-ci. « Cent francs de gain au bout de l'an en faisaient perdre pour cent mille de réputation », continue L'Hospital dans sa mercuriale contre l'abus des épices. Ailleurs, il raconte l'histoire du conseiller Barjot, les sacs de procédures classés dans son grenier, visités, contemplés, palpés avec amour, comme le berger inspecte son troupeau en supputant les bénéfices de la tonte ; le désespoir du personnage, ses résistances aux collègues, lorsqu'une transaction entre les parties le forçait de rendre les pièces. « Ils ne font rien sans argent, dit Grimaudet à Angers... Leur ministère, juridiction ou distribution de justice, n'est autre chose qu'une boutique où se détaillent par le menu leurs offices qu'ils ont achetés en gros. » D'aucuns usent de contrainte pour se faire céder ce qui leur convient ; ils subornent des témoins et vendent leurs sentences. A Valence, « disait-on que c'était à qui mordrait le mieux, du président, des conseillers ou de l'avocat du roi... » Et les magistrats du xviie siècle ne sont pas davantage épargnés : Bourdaloue, l'ami de Lamoignon, Mme de Sévigné, les faiseurs de Mémoires tonnent ou satirisent (1). Dans une de ses dépêches, le chancelier Pontchartrain va jusqu'à affirmer que la magistrature s'est avilie par sa conduite.

Sans doute les parlementaires ont subi la double fatalité du péché personnel et collectif ; ils commirent des fautes parce qu'ils étaient des hommes, parce qu'ils appartenaient à un corps, et que chaque corps, chaque institution ont leurs abus propres, leur psychologie, leurs défaillances, leurs vertus, et que ceux-là sont la rançon inévitable de celles-ci ; mais n'oublions pas non plus que les aberrations de l'esprit ou du caractère, pour nombreuses qu'elles paraissent, demeurent le fait d'une minorité ; que, pendant la Ligue, la plupart des Parlements servirent le roi, la France, avec la plus intelligente fidélité ; que beaucoup de magistrats montrent alors des vertus publiques, ayant *les fleurs de lis bien avant gravées dans le cœur.* Quelques-uns même furent les martyrs de leur dévouement (2), et, dans ces années tragiques où le royaume reste sans

---

(1) BELIN : *La Société française au XVIIe siècle, d'après les sermons de Bourdaloue.*

(2) Ainsi le président Durant, massacré le 11 Février 1589, dont le tableau de Paul Delaroche rappelle la mort héroïque. Comme

lois, sans gouvernement, sans pitié, un L'Hospital, un Achille de Harlay, un Mathieu Molé, font entendre la vérité aux rois et aux papes, à leurs collègues et à la noblesse, aux catholiques, aux protestants, au peuple, délibèrent au milieu des poignards, font tête à l'émeute, déjouent les complots et les intrigues de l'Espagne, unissent au sang-froid du capitaine la présence d'esprit de l'homme d'État.

Ce même L'Hospital adressait ses belles épîtres latines aux hommes les plus distingués de son temps ; « ces hommages poétiques, dit Boissard, lui valurent la faveur des grands et même des princes qui, de degré en degré, le portèrent aux plus hautes dignités (1) ».

Quelques jaloux essayèrent de lui nuire en insinuant qu'il s'occupait plus de poésie que de son métier : « Je déclare, dit-il, qu'il n'est pas indigne de moi de passer mes loisirs à composer même de mauvais vers ; que cet exercice est préférable à la poursuite des profits iniques, ou à la recherche des plaisirs. Ils font mon bonheur à moi, ils me délassent de mes travaux, et quand je reviens harassé des tribulations d'audience, je les savoure comme l'ombre propice d'un berceau de

on lui conseillait de se soustraire au danger par la fuite, il répondit : « Un soldat est puni de mort pour avoir déserté son poste, combien serais-je plus coupable d'abandonner le mien ! »

(1) VILLEMAIN : *Vie du chancelier de L'Hospital.* — DUPRÉ-LASALE : *Michel de L'Hospital,* 2 vol., Thorin et Fontemoing. — Henri AM-RHOUX : *Michel de L'Hospital et la liberté de conscience,* 1 vol., Fischbacher. — REURE : *Le Voyage à Nice du chancelier Michel de L'Hospital.* — *Poésies de L'Hospital,* traduction de M. DE NALÈCHE.

feuillage. » Dans ses poésies il raconte naïvement de quelle manière il remplit ses fonctions : « Il se rendait au palais, avant le jour, précédé d'un valet qui portait une torche; il en sortait le dernier, quand l'huissier avait annoncé la dixième heure. On ne le voyait pas, comme tant d'autres, s'irriter contre les plaideurs, consulter d'un œil impatient le sable trop lent à s'écouler, ou se promener sous les portiques : il restait sur son banc, immobile, attentif ou sourd à toutes les sollicitations, ennemi de toutes les complaisances; cette conduite austère lui suscitait parfois de jalouses critiques qui se perdaient au milieu des éloges universels. » Et cependant ses fonctions, les procès, la procédure, le rebutent, il ne tarit pas là-dessus, il a l'oreille brisée *par les aboiements des plaideurs*. Son talent le pousse aux ambassades, aux Commissions royales, aux charges politiques. « Tout plutôt que de vieillir au Palais. » Pour un peu il maudirait l'éloquence, ses artifices si funestes à la vérité.

L'Hospital fréquente aussi chez le cardinal du Bellay, à Saint-Maur, « un paradis de salubrité, aménités, sérénité, commodité, délices, et touts honnestes plaisirs d'agriculture et de vie champêtre. » Il y retrouve Macrin, du Drac, Faye, de Lion, Tiraqueau ; du Bellay fait tant de cas de L'Hospital que, pour le retenir, il lui donne la jouissance d'une maison de Saint-Maur, où le conseiller passait les jours de fête avec les siens.

En 1550, Marguerite, duchesse de Berry, sœur de Henri II, le choisit pour chancelier, et chez elle il rencontra les hommes les plus savants du royaume, car elle protégeait noblement les lettrés, lisant Plutarque avec Amyot, s'entretenant d'Aristote avec Barthélemy d'Elbène : son chancelier devint ainsi « le ministre de la littérature française, » selon l'expression de M. Dupré-Lasale ; il eut le bon goût et l'honneur de défendre Ronsard, jeune alors, contre les épigrammes de Mellin de Saint-Gelais, d'entraîner la duchesse et par elle le roi dans le camp des novateurs. Et Ronsard remerciait L'Hospital par une ode de huit cents vers.

> Faisant parler sa grandeur
> Aux sept langues de ma lyre,
> De luy je ne veux rien dire
> Dont je puisse estre menteur ;
> Mais véritable, il me plaist
> De chanter bien haut, qu'il est
> L'ornement de nostre France,
> Et qu'en fidèle équité,
> En justice et vérité,
> Les vieux siècles il devance...
> C'est luy qui honore et qui prise
> Ceux qui font l'amour aux neuf Sœurs,
> Et qui estime leurs douceurs,
> Et qui anime leur emprise...
> C'est luy qui la saincte balance
> Cognoist, et qui, ne bas ne haut,
> Juste, son poids douteux n'eslance,
> La tenant droite comme il faut ;
> C'est luy dont l'œil non variable
> Note les meschans et les bons,
> Et qui, contre le heurt des dons
> Oppose son cœur imployable.

L'Hospital décrit en ces termes les déduits de cette

petite cour de Marguerite, restée très chaste au milieu de la cour voluptueuse de François Iᵉʳ.

« Une liberté décente vous plaît mieux que toutes les flatteries ; vous êtes toujours affable pour ceux que vous admettez près de vous, gracieuse sans tromperie, noble sans hauteur. Secourable aux malheureux, votre maison est le refuge des hommes de bien, elle est sainte et respectée. A votre table vient s'asseoir une réunion vantée d'hommes savants, qui charment la longueur des repas par la variété de leurs discours : vous paraissez au milieu d'eux comme une reine, arbitre éclairé des paroles et juge du théâtre. Vous présidez à leurs entretiens ; vous écoutez les bons et quelquefois les mauvais vers que viennent dire les poètes ; vous accordez à tous de justes récompenses ; ou, tandis que votre frère poursuit des guerres glorieuses, vous appelez sa faveur sur les Muses adonnées aux loisirs plus heureux de la paix. »

Un mot encore sur L'Hospital : il est, au xviᵉ siècle, un des premiers apôtres de la tolérance, empêche l'inquisition de s'établir en France, meurt de douleur peu après la Saint-Barthélemy. Sa mondanité, s'il en eut quelque peu, ne survécut pas à sa jeunesse et céda le pas à ses principes politiques. Tout épris des grandes vertus de l'antiquité, ennemi du faste pour lui-même et pour les autres, il combattit le luxe par des lois somptuaires, où la dépense de la table, de la toilette, le nombre même des convives, sont fixés avec une rigueur qui semble aussi vaine qu'absurde, mais qui ne manquait point de précédents. Brantôme raconte le dîner qu'il fit un jour chez le chancelier, « dans sa chambre, avec du bouilli seulement, mais il entendit force beaux discours et belles sentences qui sortaient de la bouche d'un si grand personnage, et quelquefois aussi de gentils mots pour rire ».

Rappelons, en passant, que Henri IV s'assoit souvent à la table du vieux Lefèvre d'Ormesson : « Ventre Saint-Gris, s'écriait-il, le président d'Ormesson est le père de la jeunesse ! Sans lui on ne se réjouirait plus à Paris. » Le président recevait le Roi à l'huis de son logis, le conduisait à la salle de bal, et allait se coucher, « aymant mieux son repos et sa santé que les faveurs de la Cour (1) ».

Voici venir une famille de grands magistrats, une de celles qui donnèrent le plus de bons serviteurs à la France, les Lamoignon (2), qui remplissent le xvie, le xviie et le xviiie siècles. Charles de Lamoignon, le premier, mort en 1575, était jugé digne de succéder à L'Hospital s'il lui eût survécu. Le dernier, Malesherbes, défend Louis XVI devant la Convention et périt sur l'échafaud. On sait qu'en se rendant au tribunal révolutionnaire il fit un faux pas, et dit avec un

---

(1) *Journal* d'Olivier d'Ormesson, I, p. 18.

(2) Nicolas de Bellièvre, 1583-1650, premier président du Parlement de Paris, mérite de figurer à côté des Lamoignon. Comme Louis XIII paraissait désireux de siéger parmi les conseillers dans un procès de conspiration, il lui dit : « Ce serait chose étrange de voir un prince figurer dans le procès d'un de ses sujets : les rois se sont réservé les grâces, et ils renvoient les condamnations aux juges. »

sourire : « Voilà un mauvais présage; un Romain serait rentré chez lui. » Un fils de Charles de Lamoignon, Chrétien, marche sur ses traces, épouse une femme que saint Vincent de Paul appelle : *la mère des pauvres,* tant sa charité était infinie. Il a pour amis intimes Pomponne de Bellièvre, que Mazarin fit premier président, Jérôme Bignon, précepteur, bibliothécaire du roi, et les reçoit à sa maison de campagne de Baville, où la cour et la ville se donnaient rendez-vous. « On n'y venait pas pour voir une belle maison ni un beau parc, car il n'y avait rien de plus petit ni de plus simple que l'un et l'autre. On n'avait que deux ou trois chambres à donner aux étrangers. Dans la plus grande, on mettait quatre lits qui servaient à autant de personnes en ce temps-là que quatre grands appartements pourraient faire présentement. Parfois les hôtes affluent à tel point qu'ils se voient obligés de coucher dans leurs voitures. » Quand sa femme eut hérité de son père, Chrétien se fit construire à Baville un château que ses descendants entourèrent d'un parc de deux cent cinquante hectares, avec des allées, des étangs tirés au cordeau, force grottes, statues, un prieuré desservi par un cordelier, et un ermitage pour se préparer à faire ses pâques.

Une fille de Chrétien, Madeleine de Lamoignon, eut à son tour la divine folie de la charité. Saint Vincent de Paul déclare qu'elle va si vite aux bonnes œuvres que personne ne peut la suivre; esprit, beauté, politesse exquise, grâce insinuante, elle met tout au service des pauvres, et elle en vient à remplir le grand ministère de l'aumône. La princesse de Conti la charge de distribuer ses diamants et l'excédent de ses revenus;

Louis XIV lui remet chaque trimestre une somme considérable, la reine lui envoie ses gains au jeu. Boileau lui dit un jour : « Quoi! vous ne permettriez pas même une satire contre le Grand Turc? — Non, réplique-t-elle, c'est un souverain. — Mais au moins contre le diable?... — Non, il ne faut dire du mal de personne... » Tout le monde applaudit à cette épitaphe d'un contemporain : « A sa mort, les pauvres ont perdu cent mille écus de rente. »

Elle vit chez son frère, le premier président Guillaume de Lamoignon, dont le nom se trouve mêlé à des événements littéraires assez considérables : c'est lui qui inspire à Boileau *l'Arrêt burlesque* et *le Lutrin*, à Racine *les Plaideurs*, et qui fournit peut-être à Molière le dénouement de *Tartuffe*.

Certain frondeur de marque, Turenne sans doute, lui avait confié ses papiers : la cour, instruite par quelque délateur, envoie un secrétaire d'État les réclamer. Lamoignon refuse, demande une audience au roi et confesse qu'il a un dépôt de papiers précieux. « Votre Majesté me refuserait son estime si j'étais capable d'en dire davantage. — Aussi, répliqua Louis XIV, suis-je content. On me faisait une belle proposition d'obliger un homme d'honneur de manquer à sa parole! Monsieur de Lamoignon, ne vous dessaisissez de ces papiers que suivant la loi qui vous a été imposée par le dépôt (1). »

---

(1) La conversation entre Boileau et un Jésuite chez Lamoignon a déjà été rapportée dans le deuxième volume de cet ouvrage, p. 244.

Faut-il ajouter que Molière profita d'une absence du roi pour demander à Lamoignon l'autorisation de jouer *Tartuffe*, interdit après la première représentation, et que, présenté par Boileau, il plaida fort adroitement sa cause, mais ne réussit point à convaincre le magistrat ? « Il ne convient pas à des comédiens, disait celui-ci, d'instruire les hommes sur les matières de la religion : ce n'est pas au théâtre à se mêler de prêcher l'Évangile. » Et, pour mettre fin à l'entretien, il reprit gaiement : « Monsieur, vous voyez qu'il est près de midi. Je manquerais la messe si je m'arrêtais plus longtemps. » Paraphrase des vers connus :

> Certain devoir pieux me rappelle là-haut,
> Et vous m'excuserez de vous quitter si tôt.

Les Plaideurs viennent en droite ligne de Lamoignon ; ils devaient jouer leur rôle dans son projet de réforme civile. Aussi bien les poètes commensaux du premier président et leurs amis apportent leur tribut pour assurer le succès des nouvelles ordonnances ; Boileau publie la première Épître et la huitième Satire ; La Fontaine, *les Frelons et les Mouches à miel; Molière, le couplet des *Fourberies de Scapin* sur les vices de la procédure.

En 1671, la Faculté de théologie présente requête au premier président pour qu'il renouvelle un arrêt déjà ancien, et empêche par là qu'on enseigne la philosophie de Descartes et de Malebranche. Lamoignon fait part de son embarras à Boileau, qui rédige aussitôt un arrêt burlesque couvrant de ridicule les routiniers : l'effet fut si décisif que ceux-ci renoncèrent à leurs prétentions :

« Vu par la cour la requête présentée par les régents

maîtres ès arts, docteurs et professeurs de l'Université, tant en leur nom que comme tuteurs de la doctrine de M. Aristote..., contenant que, depuis quelques années, une inconnue nommée la Raison aurait entrepris d'entrer par force dans les écoles de la dite Université... Plus, par un attentat et voie de fait énorme contre la Faculté de médecine, se serait ingérée de guérir, et aurait réellement et de fait guéri quantité de fièvres... La Cour ordonne que le dit Aristote sera toujours suivi et enseigné par les régents, docteurs et maîtres ès arts de la dite Université, sans que pour ce ils soient obligés de lire ni de savoir sa langue ni ses sentiments; on fait défense au sang d'être vagabond, errer ni circuler dans le corps sous peine d'être entièrement livré et abandonné à la Faculté de médecine... Donne acte aux sieurs... de leur opposition au bon sens, à peine d'être déclarés jansénistes et amis des nouveautés... »

L'arrêt burlesque fait coup double : il frappait en même temps les Diafoirus qui niaient la circulation du sang.

On connaît aussi l'origine du *Lutrin*. Le 1er août 1667, le grand-chantre à la Sainte-Chapelle, trouvant devant sa stalle un pupitre qui gêne sa vue, l'enlève d'autorité. Mécontentement du trésorier qui, ayant rang d'évêque, croit qu'on a voulu atteindre ses prérogatives, et replace le lutrin. L'inférieur l'enlève derechef et aussitôt le supérieur le rétablit; les rivaux s'adressent au premier président qui met d'accord les parties en réinstallant le pupitre pour l'un et l'enlevant le lendemain pour l'autre. Racontant l'incident à Boileau, Lamoignon ajoute :

« Voilà un beau sujet. — Il ne faut jamais défier un fou, » réplique le poète, qui peu après lui faisait hommage du *Lutrin*.

En bon magistrat, afin de ne pas dérober une minute à ses devoirs, Lamoignon fait sa cour pendant les vacances à celle qui doit être sa femme; de même, il consacre ses vacances à la vie de château, recevant à Baville la haute société et les lettrés, chassant, jouant au billard, collaborant à un manuel du Bon Jardinier, accommodant les querelles entre paysans, entre gens du monde; surtout il lit beaucoup, car il a une belle bibliothèque qu'il augmente sans cesse, avec des médailles, des monnaies étrangères que lui a données le voyageur Tavernier, et une quantité de lettres originales de rois et grands personnages, rachetées chez des charcutiers auxquels on les avait vendues comme papiers de rebut. Personne plus que lui n'a le don de sympathie, le culte de l'amitié et le goût de plaire : « Il est admirable à Paris, dit l'un, mais il est aimable à sa maison de campagne; et vous savez qu'on a plus de plaisir à aimer qu'à admirer. » — « Il y a du plaisir avec lui, reprend Guy Patin, parce qu'il est le plus savant homme de longue robe qui soit en France; il sait les poètes grecs par cœur, Plutarque, Cicéron et Tacite; il sait aussi par cœur la pathologie de notre Fernel qu'il a lue autrefois, par mon conseil. » Un troisième : « On avait honte de n'être pas vertueux en sa présence qui inspirait l'amour de la vertu. »

Comme elles devaient être charmantes ces réunions de Baville! Pour en juger, il suffit de citer les noms des familiers de l'endroit : Foucroy, Mme Deshoullères, Mme de Sévigné, le P. Sirmond, Bourdaloue, Noblé, Sanson, le géographe Huet, Langlet, Rapin, l'abbé Hermant. Insensiblement, une petite académie s'était formée sous la présidence de Lamoignon : elle se composait de seize membres et se réunissait tous les lundis, chacun venant lire ses travaux avant de les publier. Pellisson y apporte une *Histoire du Tasse;* Fleury, une *Critique d'Hérodote;* Bossuet, un discours sur l'éloquence de la Bible. Lamoignon y payait de sa personne plus que les autres membres.

Quand il devint premier président du Parlement de Paris, le roi dit : « Si j'avais pu en trouver un meilleur, je l'aurais nommé. »

Cet homme si rare avait le défaut d'une de ses qualités, l'ambition de ses talents : il voulut être chancelier. Louis XIV lui ayant préféré Le Tellier, il en eut l'âme brisée, et mourut peu après d'un transport au cerveau (1677), à peine âgé de soixante et un ans.

Tallemant des Réaux, qui médit beaucoup, mais calomnie infiniment moins qu'on n'a prétendu, nous montre quelques salons parlementaires du XVIIe siècle, ceux de la présidente Tambonneau, du président Amelot, du président de Nicolaï, de la présidente Perrot... Et sans doute notre homme n'y va pas de main morte, il se délecte à coucher sur le papier les histoires grasses, il manque de tact envers ceux qu'il connaît ; mais, tout compte fait, la postérité, cette grande curieuse, se réjouit de ses indiscrétions, qui contiennent une grosse part de vérité : et Bussy-Rabutin, Saint-Simon, la Palatine, les prédicateurs, moralistes, historiens, confirment trop souvent les dires de ce cynique bavard. Le grand siècle, vu en déshabillé, étale des verrues, des plaies, différentes de celles du nôtre, aussi vilaines d'ailleurs, et qu'il ne faut pas trop craindre d'exhiber, puisque, comme le bonheur, la vertu est une comparaison.

Mme la présidente Tambonneau, paraît-il, eut force galants, et l'abbé de Marsilly lui dit un jour que ses jupes étaient bien légères, qu'elles se levaient à tout vent. A l'exemple des femmes de qualité, elle mettait beaucoup de rouge, et il lui arriva une plaisante aventure au bal : elle s'évanouit, et demeura rouge comme une cerise. Fort entêtée de parure, de noblesse, elle reçoit à sa table les grands seigneurs, Roquelaure, Châtillon, les Bouillon, peut-être même le prince de Condé.

Mais laissons un peu parler notre médisant :

« La paix faite, M. le Prince y mangeait fort souvent, et les Bouillon aussi. Elle faisait plus la belle que jamais. Une fois, elle alla fort ajustée chez la maréchale de Guébriant ; mais la voilà qui commence à lever sa robe, pour montrer sa belle jupe, qui veut faire admirer comme ses manchettes étaient mises de bon air ; car elle croyait qu'il n'y avait personne au monde qui les sût mettre comme elle... Après elle alla au miroir, et à tout bout de champ elle disait : « Pas trop sotte ; ces yeux-là sont petits à la vérité, mais ils ont bien du feu. » Et elle parla une heure durant du feu de ses yeux. Quand Vardes eut assez mangé : « Madame, Madame, lui dit-il, venez, venez, on vous donnera à cette heure tant d'œillades que vous voudrez, nous voilà au dessert ; c'est le temps des douceurs ; approchez... »

Au début de la Fronde, la présidente se sauva à Saint-Germain ; elle alla gaillardement loger chez Roquelaure, qui en faisait mille contes, l'appelait sa ménagère et disait aux gens : « Voulez-vous venir manger de la soupe de ma ménagère ? » Là bien des gens tâtèrent de la présidente ; on ne s'en cachait guère, et l'on disait : « Un tel y coucha hier, un tel y couche ce soir. » Enfin le mari s'y retira aussi, et, au retour, il disait : « J'étais fort bien à Saint-Germain ; je ne manquais de rien chez mon bon ami Roquelaure. »

Comme on voit, le type du *plus heureux des trois* ne date pas d'hier.

Quant à Mme Saulnier, elle trompait son mari avec Michel le Musle, prieur des Roches, et celui-ci avec certain aventurier, Zaga-Christ, soi-disant prince d'Éthiopie, dont M. Bernardin a narré l'anacréontique odyssée. Il paraît que beaucoup de belles dames se montrèrent curieuses de le voir de près : Mme la conseillère s'en amouracha, s'enfuit avec lui, non sans avoir emporté l'argent de son mari, fut bientôt rattrapée à Saint-Denis et enfermée dans un couvent. Zaga-Christ, interrogé, objecta d'abord que les rois ne répondaient qu'à Dieu seul, puis, se montrant bon prince, il daigna remarquer que, dans ses États, ses sujets

S'ébattaient sans autre mystère
Aux passe-temps de l'adultère.

Satisfaite de cette belle raison, la justice le relâcha

aussitôt; les dames, pour consoler Zaga, le comblèrent de cadeaux, de diamants et de perles, mais bientôt elles durent renoncer à ses tendres hommages; il mourut le 22 avril 1638.

Desmarets fit cette épitaphe :

Ci-gît du roi d'Éthiopie
L'original, ou la copie.
Fut-il roi, ne le fut-il pas?
La mort termine les débats.

Mais le souvenir de ses exploits galants persista, car cinquante ans après, Mme de Sévigné se faisait fort bien entendre lorsqu'elle appelait un jeune homme : un roi d'Éthiopie.

J'en passe, et des plus piquantes : amours de la présidente Lescalopier, du président Amelot, boutades du président de Nicolaï, de Le Coigneux, extravagances de la présidente Aubry et de son mari, qu'on surnommait Robert le Diable, traits du chancelier Séguier, que Tallemant traite de lâche, d'avare et de grand voleur; — mais il faut l'absoudre de ce dernier grief, et constater seulement une souplesse assez grande envers le pouvoir royal, ou tout au moins un culte de l'autorité poussé à tel point, qu'il distinguait dans un discours au Parlement deux sortes de consciences, l'une pour les actions particulières, l'autre pour les affaires du prince ou de l'État.

A entendre Tallemant, M. le Chancelier, tout dévot qu'il fût, aimait fort l'Éternel féminin, payait d'ailleurs ses demoiselles en arrêts et autres choses semblables.

Mme la Chancellère lui rendait la monnaie de sa pièce : entre autres faiblesses, elle agréa le comte de Clermont-Lodève, et entretint assez longtemps le comte d'Harcourt. Comme Séguier se montrait assez hautain et rendait à peine le salut, on fit cette épigramme :

> Qu'il est dur au salut, ce fat de chancelier !
> Cela le fait passer pour un esprit altier,
>   Vain au-delà de toutes bornes.
>   Ce n'est pas pourtant qu'il soit fier,
>   C'est qu'il craint de montrer ses cornes.

Le Chancelier a écrit un *Voyage en Normandie*, son oncle avait laissé un ouvrage de philosophie, son frère, le président Jérôme Séguier, fit en vers classiques, et avant Voltaire, une *Henriade*, et, au XVIIIe siècle, l'avocat général Séguier, membre de l'Académie française, est fort connu par ses démêlés avec le parti philosophique. Le comte de Falloux, dans ses *Mémoires*, esquisse le dernier Séguier :

« Le premier président Séguier, dont j'avais l'honneur d'être parent, était un personnage original et plein de saillies. A toutes les allures du vieux parlementaire, à toutes les traditions de l'ancien régime, il joignait des opinions et des épigrammes très mordantes. Son vieil hôtel, rue Pavée, Saint-André-des-Arts, donnait tout de suite l'idée du maître. Le regard était attiré d'abord par un tableau représentant le chancelier Séguier en grand costume et en grand cortège ; et, sous cette image solennelle du XVIIe siècle s'agitait ce que notre époque avait de plus animé et de plus militant, le premier président lui-même (1). »

M. de Bernay, conseiller à la grand'chambre, avait la prétention de tenir la meilleure table de Paris; il allait dans sa cuisine et mettait un tablier; on l'appela le *cuisinier de satin*. Ce pédant de bonne chère ne pouvait pardonner à un de ses émules de mettre du persil sur une carpe, et un de ses oracles culinaires était qu'il n'y avait rien de si ridicule que de servir une bisque aux pigeonneaux après Pâques. Il légua son cuisinier par testament au président Le Coigneux. Dans sa dernière maladie, il se lamentait fort que le roi, la reine et Mazarin n'envoyassent point savoir de ses nouvelles : « Hélas! gémissait-il, ne suis-je pas aussi bon serviteur du roi qu'à l'autre maladie que j'ai eue? Le roi me fit bien l'honneur d'y envoyer. » Pour lui donner satisfaction, on paya des gens apostés qui venaient de la part du roi. Ainsi mourut-il consolé.

Bien qu'il fût original au dernier point et se piquât mal à propos de bravoure, le président de Chevry ne laissait pas d'aimer la faveur : ses bouffonneries et sa danse l'accréditèrent auprès de Sully ; il disait sans vergogne qu'il fallait tenir le bassin de la chaise percée aux favoris, et les en coiffer s'ils tombaient

----

(1) Neveu par alliance de Cambacérès, nommé, grâce à lui, premier président en 1811, Séguier fut présenté à l'empereur qui observa : « Vous êtes bien jeune pour être placé à la tête de la Cour. » — « Sire, répondit Séguier, je suis né le même jour que le vainqueur de Marengo. »

en disgrâce. Voler au secours des vainqueurs, demander sans cesse, prendre et recevoir de toutes mains, cette science n'a-t-elle pas eu dans chaque siècle d'innombrables adeptes?

Il mourut des suites de l'opération de la taille, et comme il était contrôleur général des finances, on lui administra cette épitaphe :

> Ci-gît qui fuyait le repos,
> Qui fut nourri dès la mamelle
> De tributs, de tailles, d'impôts,
> De subsides et de gabelles ;
> Qui mêlait dans ses aliments
> Le jus des dédommagements
> Et l'essence de sol pour livre,
> Passant, songe à te mieux nourrir,
> Car si la taille l'a fait vivre,
> La taille aussi l'a fait mourir.

Quant à la présidente Perrot, elle était spirituelle, un peu coquette, mais Tallemant lui rend cet hommage qu'on ne croit pas qu'elle ait *conclu.*

La comédie de société commençait à occuper les esprits sous Louis XIII ; le cardinal de Richelieu, la marquise de Rambouillet, l'avaient mise à la mode, et les auteurs jouaient souvent leurs propres pièces. Pendant un carnaval, on imagine de donner une farce, d'après une pastorale de Racan, chez un greffier du Parlement. Les rôles de la farce sont ainsi distribués : la présidente Perrot est la fille à marier ; sa sœur sera sa mère ; Mme des Étangs, sœur du président, la servante ; un gentilhomme de Brie, Gros-Guillaume ;

d'Ablancourt (1), le père ; le célèbre avocat Patru, premier amoureux ; un conseiller nommé Ligny, second amoureux ; le président Perrot, troisième amoureux (2).

Saint-Simon, bien qu'il n'aime guère les gens de robe, célèbre à sa façon Mlle Jappin, mariée à François Chaillou de Thoisy, conseiller à la Cour des comptes. « Femme de très peu, dit-il, mais de beaucoup d'esprit et d'honnête galanterie, qui avait trouvé moyen de voir la compagnie la plus choisie, et, quand elle eut vieilli, de la voir avec autorité. On ne laissait pas de s'en moquer. Mais avec tout cela elle tenait son petit tribunal dans Paris où l'élite de la cour ne dédaignait pas d'aller. Elle recevait beaucoup le cardinal d'Estrées, sa famille, et les Noailles, auxquels elle laissa presque toute sa fortune. Elle mourut en 1703. »

On était magistrat de père en fils sous l'ancien régime, les charges de judicature semblaient en quelque sorte des fiefs héréditaires, et le devenaient en fait par la constitution même des corps judiciaires, très différente de celle d'aujourd'hui.

---

(1) D'Ablancourt avait un talent merveilleux pour la parodie, il contrefaisait Gauthier-Garguille avec une telle perfection que cet acteur disputait avec lui à qui jouerait le mieux. Ses traductions, un peu libres, surnommées les *Belles infidèles*, le portèrent à l'Académie française. Elle est de lui cette maxime : « que la Providence met toujours l'appétit d'un côté et l'argent de l'autre ».

(2) Je reproduirai le récit de cette soirée par Tallemant des Réaux dans un autre volume, lorsqu'il sera question de la Comédie de Société.

Le roi, qui avait d'abord nommé tous les officiers de justice, autorisa, au début du xvᵉ siècle, le Parlement à procéder lui-même à l'élection de ses membres. Vers cette époque, se répandit la transmission des charges par voie de *résignation* dans laquelle le titulaire présentait lui-même son successeur à l'agrément du prince.

Les guerres d'Italie ayant vidé le trésor, Louis XII vendit, en 1512, quelques offices de judicature. François Iᵉʳ généralisa cette pratique, et fit de la vénalité des offices un des principes constitutifs de l'ancienne monarchie. Ce souverain battit monnaie par le trafic des charges, estimant que, puisque le marché était ouvert, il n'y avait rien de honteux à les céder le plus cher possible au plus offrant. Il brava l'opinion et ne tint aucun compte des protestations indignées de Bodin, de Montaigne et de François Hotman.

Le Chancelier de L'Hospital mit un terme à ce scandale sans détruire toutefois la vénalité, qui, par suite de la misère des temps, était devenue une ressource financière indispensable. L'article 12 de l'Ordonnance de Moulins astreignit les postulants à de très sérieuses garanties d'honorabilité et de capacité. Ces prescriptions, édictées en 1566, ont été suivies jusqu'en 1789 ; et, si critiqué qu'il ait été par Saint-Simon, le système a eu, somme toute, d'heureux résultats que Montesquieu a constatés. (*Esprit des lois*, l. V, c. xix.)

La science, la probité et le patriotisme ont été en effet héréditaires dans un grand nombre de familles parlementaires qui, sorties du peuple et enrichies par le commerce, s'étaient élevées aux dignités judiciaires et à la noblesse. Peu à peu, par le paiement de la taxe annuelle qu'établit l'édit de Paulet (12 décembre 1602), elles s'étaient rendues propriétaires de leurs charges, et « du dernier état étaient parvenues au second, par vertu et diligence, sans grâce ni privilège ». (Claude DE SEYSSEL : *Traité de la Monarchie.*)

A une époque où florissait la censure des livres, où les journaux étaient rares et, hormis la *Gazette de France*, ne donnaient pas de nouvelles politiques, où le silence et l'obéissance passive s'imposaient à la foule, les Parlements, fidèles gardiens des traditions nationales, ont utilement résisté au pouvoir absolu, et, véritables médiateurs entre le peuple et le roi, ont parfois payé de l'exil, de la perte ou de la privation de leurs offices patrimoniaux leur amour du bien public. L'inamovibilité des magistrats a été la conséquence juridique de la vénalité de leurs charges. En prenant finance, et en accordant l'investiture à l'impétrant, le roi se dépouillait du droit de le révoquer à sa volonté. Ce principe, confirmé en 1648 par une déclaration de Louis XIV, dura jusqu'à la loi du 24 août 1790 (titre 2) qui disposa que les fonctions judiciaires seraient temporaires.

La Constitution du 22 frimaire an VIII décida que les juges autres que les juges de paix seraient nommés à vie. Depuis, le principe de l'inamovibilité, proclamé par toutes les Constitutions, a été plus d'une fois violé : (Sénatus-consulte du 12 octobre 1807 ; — Décrets des 13 et 21 mars 1815 ; — Ordonnances des 7 et 12 juillet 1815 ;

— Décret du 1er mars 1852 ; — Loi du 30 août 1883.) Dernièrement encore, le gouvernement, qui n'admet pas sans doute que les magistrats rendent des arrêts et non des services, a proposé un projet de loi qui conclut à une nouvelle suspension de l'inamovibilité. La Monarchie de Juillet et la République de 1848 s'honorèrent grandement en respectant un principe aussi favorable à l'autorité qu'à la liberté et à la justice.

Sous l'ancien régime, la magistrature était un corps presque fermé, une corporation d'élite se recrutant presque exclusivement parmi des hommes bien nés, d'une capacité juridique vérifiée et ayant une fortune indépendante, car les charges ne rapportaient guère et demandaient un état. De la réunion de ces trois conditions, auxquelles devaient satisfaire en principe les candidats, découlait l'esprit de suite sans lequel une Compagnie ne fonde rien de durable. Les cessionnaires étaient tout à la fois les successeurs et les continuateurs de ceux qui précédemment avaient été assis sur les fleurs de lis. La communauté des origines, des traditions et des aspirations, rattachait intimement les uns aux autres, et reliait le passé au présent.

Le Parlement de Paris représentait la majesté des rois (Ordonnance de 1364). Il était le miroir de justice pour le royaume entier, et la source où tous les autres juges venaient puiser. (Préambule de l'Ordonnance de décembre 1363.) Les lois et ordonnances ne pouvaient être appliquées que lorsqu'elles étaient inscrites sur ses registres ou du moins avaient été l'objet de ses *remontrances*. Une déclaration de Louis XIV, du 2 février 1673, lui retira le droit de remontrance, tout en lui maintenant la police générale du royaume, et en assurant sa supériorité sur tous les tribunaux. Si son œuvre judiciaire a été considérable, son œuvre politique n'a pas été moindre. En faisant successivement prévaloir contre Rome le droit national, contre les juridictions ecclésiastiques l'appel comme d'abus, et contre les seigneuriales la justice royale, le Parlement de Paris a préparé l'unité de la France ; et, d'autre part, tout en fortifiant la Monarchie, il l'a empêchée de dégénérer en despotisme.

Est-ce à dire qu'il ne mérite que des louanges ? Assurément non. Comme toutes les institutions humaines, il a eu ses défauts, ses vices et ses ridicules, et ce n'est pas sans raison qu'on lui a reproché de mesquines rivalités, un esprit de corps exagéré, une ambition politique parfois démesurée et soutenue avec témérité.

Fléchier, dans ses *Grands jours d'Auvergne,* nous fait connaître Caumartin et sa famille, sa société à Clermont, à Paris, à Boissy-Saint-Léger. Conseiller au Parlement, maître des requêtes, intendant de Champagne et conseiller d'État, Louis de Caumartin resta jusqu'au bout l'ami dévoué, le confident du cardinal de Retz : c'est pour Mme de Caumartin, sans doute à sa demande, que celui-ci écrit ses Mémoires, c'est à elle qu'il les dédie en quelque sorte. D'une exquise politesse, bel esprit sans pédantisme, aimant les lettres et les lettrés, libre de préventions et de passions, humain dans un temps où la torture, la sévérité des peines, rendent trop souvent la justice atroce, Caumartin partage avec sa femme le don d'attirer et de retenir une société d'élite. A Clermont, son salon réunit les notables de la ville, les gens de qualité, et *Messieurs des grands jours*, c'est-à-dire ses collègues composant avec lui la commission royale extraordinaire, chargée de rétablir la justice et la paix sociale assez gravement troublées par les audacieux forfaits de certains seigneurs.

Dans son hôtel du Marais, cet aimable couple reçoit Mlle de Scudéry, dont les écrits étaient fort goûtés de cette compagnie ; Mlle de La Vigne, surnommée la Cartésienne ; Mme Deshoulières et sa fille ; Pellisson, Huet, Chapelain, Conrart ; Mme de Sévigné dont l'hôtel Carnavalet se trouvait non loin de la rue Saint-Avoye. La marquise et Mme de Caumartin vont ensemble au sermon. « Je ne quitte pas d'un pas M. Trouvé, écrit celle-ci à M. de Guitaut ; il n'a qu'à monter en chaire pour me voir tout à l'heure au premier rang de ses dévotes. Mme de Caumartin n'y manque point non plus,... nous aimons fort la manière de prêcher de votre ami ; il n'est pas encore fort bien achalandé, mais nous faisons bien ce que nous pouvons pour lui donner de la réputation. »

Les femmes de cette époque mènent de front les délassements aimables et les occupations sérieuses : Catherine de Caumartin donna à son mari cinq filles qui toutes se marièrent brillamment (l'une d'elles épousa, en 1693, Voyer de Paulmy, marquis d'Argenson, conseiller d'État et plus tard garde des Sceaux) ; ses fils ne lui firent pas moins d'honneur ; Jean-François de Caumartin fut évêque de Vannes et membre de l'Académie française à 26 ans.

De sa première femme, Louis de Caumartin avait un fils auquel il donna Fléchier pour précepteur, et qui marcha sur ses traces. En 1675, Mme de Sévigné déclare qu'il était *le plus joli garçon du monde*. Saint-Simon nous le représente en 1691 comme un homme grand, beau et très bien fait, répandu à la cour et dans le plus beau monde, capable dans son métier de robe et de finance, avec beaucoup d'esprit, d'amabilité, de politesse, et une mémoire merveilleuse qui savait tout, histoires secrètes, généalogies, anecdotes, jusqu'à citer le livre et la page (il n'avait jamais lu que la plume à la main); le jugement droit, l'amour de la justice,

> Chacun de l'équité ne fait pas son flambeau ;
> Tout n'est pas Caumartin, Bignon ni d'Aguesseau.

Ajoutez une tendresse d'âme, une chaleur extrême d'obligeance pour ses amis et ses parents : conseiller au Parlement, maître des requêtes ... ndant des finances, conseiller d'État, il met à l ... ...ice ses conseils, son crédit, marie ses cinq sœurs, a la passion de se dévouer comme d'autres ont la folie de l'égoïsme. Lettrés, écrivains, deviennent ses commensaux, entre autres J. B. Rousseau, alors dans tout l'éclat de sa fragile réputation, Voltaire, tout jeune encore, qui écoutait son hôte et feuilletait ce répertoire inépuisable d'érudition. Grand admirateur de Henri IV, Caumartin fournit force matériaux au futur historien du *Siècle de Louis XIV*, qui commença la *Henriade* chez lui au château Saint-Ange, à cinq lieues de Fontainebleau. C'est

Caumartin qui raconta à Voltaire cette anecdote de l'armoire de Mazarin, ouverte longtemps après sa mort par son héritier le duc de Mazarin, et qu'on trouva toute remplie de quadruples, de jetons et de médailles d'or. Le cardinal était si riche qu'il l'avait oubliée. Sa nièce jeta des poignées d'or au peuple par les fenêtres pendant plus de huit jours.

Voltaire a dit l'hospitalité du châtelain de Saint-Ange, et portraituré ce précieux vieillard :

> Caumartin porte en son cerveau
> De son temps l'histoire vivante ;
> Caumartin est toujours nouveau
> A mon oreille qu'il enchante ;
> Car dans sa tête sont écrits
> Et tous les faits et tous les dits
> Des grands hommes, des beaux esprits,
> Mille charmantes bagatelles,
> Des chansons vieilles et nouvelles,
> Et les annales immortelles
> Des ridicules de Paris.

On sait que les poètes ont le privilège de flatter leurs héros et d'embellir la vérité : cette fois, tout en payant sa dette de reconnaissance, Voltaire ne dit rien que n'aient confirmé tous ceux qui purent apprécier Caumartin. Saint-Simon, si entêté de noblesse, lui reproche d'avoir affecté les grands airs de Villeroi, un langage prétentieux, et montré l'*écorce de hauteur d'un sot grand seigneur ;* il ne peut lui pardonner d'avoir été le premier homme de robe qui se permit de paraître à la cour en justaucorps et manteau de velours, et, plaisante indignation, d'avoir ouvert la porte où passèrent magistrats, avocats, médecins, notaires, marchands, apothicaires et jusqu'aux gros procureurs. Mais, cette réserve faite, le vaniteux duc et pair reconnaît pleinement, on l'a vu, le mérite de Caumartin, et va plus loin encore dans l'éloge que l'historien du *Siècle de Louis XIV*.

Les Caumartin représentent en perfection, sous l'ancien régime, le type du magistrat honnête homme, tel que l'on goûtait celui-ci.

L'honnête homme d'autrefois, c'est l'homme de bonne compagnie, galant, raffiné dans sa politesse, cultivant *l'amour à la platonique* et aussi *l'amour à la non platonique*, bien vu des dames, leur offrant des surprises, des fêtes, *des cadeaux* selon le mot consacré, fécond en madrigaux qu'il fait en général composer par quelque rimeur à gages. « Madame, dira l'un d'eux, il dépend de vous que je sois le plus honnête homme du monde. » Si nombreux qu'ils paraissent au xviiᵉ siècle, les magistrats honnêtes gens ne forment encore qu'une minorité ; au xviiiᵉ siècle, ils sont la grande majorité, et les magistrats de vieille roche qui vivent étrangers au mouvement des idées constituent l'exception. Aussi bien la noblesse d'épée et la noblesse de robe fusionnent-elles de plus en plus par des mariages qui effacent préjugés et distances.

L'exemple des Caumartin, des Lamoignon ne prouve-t-il pas qu'on peut remplir tous ses devoirs, et, en ses loisirs, donner audience à la muse, à l'amitié, sacrifier au dieu de la mondanité ? Ne peut-on accorder à ses plaisirs tout le temps qu'ils nous demandent, pourvu qu'on emploie utilement tout le temps qu'ils nous laissent? Montaigne, qui fut magistrat lui aussi, n'a-t-il pas dit que la sagesse doit être civile, gaie, et qu'elle évite l'âpreté des mœurs? Tout ici, comme ailleurs, n'est-il pas soumis à l'empire de la *divine mesure?* L'ancienne magistrature, vivant enfermée dans le palais comme le moine dans son couvent, n'échappe nullement au reproche de servilité et de vénalité adressé à une partie de ses membres : l'avarice, la cupidité se concilient fort bien avec une existence de cénobite. Au xviiiᵉ siècle, ce n'est pas seulement le magistrat mondain qui nous apparaîtra, c'est aussi le magistrat philosophe, libéral : il combat sans doute encore pour les privilèges de son ordre, mais surtout pour les droits des peuples, proclamant que la nation prime les rois comme l'Église prime les papes, que l'autorité des successeurs des apôtres est un ministère et non un empire, lutte contre les jésuites, contre l'abus de la prérogative monarchique, et s'indigne qu'un homme ait pu subir quarante et un ans de captivité pour *crime de jansénisme.* Beaucoup résistent avec les formes de l'obéissance, et leur respect est bien plus d'écorce que de fond ; ils soutiennent avec une courageuse indépendance cette vieille maxime de liberté : « que les rois ont l'heureuse impuissance de ne rien pouvoir contre les lois de leur pays. » Certains d'entre eux recevront quinze lettres de cachet, supporteront l'exil, des vexations odieuses. Quelques-uns vont plus loin; « il est grand temps, observe l'un d'eux, *de débourbonnailler* la France ». Et ils réclameront ces États généraux qui vont tout d'abord supprimer les Parlements, car, pas plus que les individus, les Compagnies ne prévoient en général les conséquences de leurs actions, et il n'y a peut-être rien d'aussi difficile que de deviner son véritable intérêt dans l'avenir.

N'oublions pas, dans cette revue trop rapide et bien incomplète, Toussaint Rose, marquis de Coye (1615-1701), secrétaire intime et confident de Mazarin, revêtu de nombreuses charges, président en la Chambre des comptes, membre de l'Académie française, très influent à la cour de Louis XIV, où il remplit les fonctions de surintendant ou secrétaire principal du cabinet : il a la *plume*, écrit, signe pour le *roi, de son nom, de son écriture* et de son style, qu'il imite à s'y méprendre, faisant sa correspondance intime et secrète, traitant les affaires les plus importantes. Sa mémoire merveilleuse le rend un vivant répertoire; il a l'esprit mordant et satirique, mais son caractère prudent, avisé, l'empêche de dire ou faire ce qui pourrait lui attirer de graves ennuis. Molière, Boileau, La Bruyère, sont de ses amis, et Saint-Simon le traite fort bien, sans doute parce que le *bonhomme* Rose n'oublie jamais d'appeler les ducs : *Votre Altesse Ducale ;* car il a le tact, l'art du compliment, écrivant par exemple à Mazarin « qu'il sait que Son Éminence est plus vivement touchée par le plus petit malheur de la France que par ses plus grands succès personnels. » Lorsque Louis XIV nomma le duc de La Rochefoucauld grand veneur, il le lui annonça par ce billet : « Je me réjouis, comme votre ami, du présent que je vous fais comme votre maître. » Le baron du Terrage, biographe de Rose, croit que le billet ne fut pas expédié, parce que le président remarqua : « Puisque Votre Majesté veut bien me faire l'honneur de me consulter, je prends la liberté de lui dire que cela est trop brillant, et qu'il y a trop d'esprit pour une lettre d'un Roy à l'un de ses sujets. »

Connaissant à fond le caractère de Louis XIV, sachant le flatter et au besoin lui parler avec cette sorte de franchise habile qu'aiment les grands, discret comme un mort et plein d'expérience, Rose obtient de son maître ce qu'il veut pour lui, pour ceux qu'il protège. C'est lui qui fit admettre l'Académie française au nombre des cours souveraines appelées à haranguer Sa Majesté dans les grandes cérémonies ; qui obtint quarante fauteuils pour les Immortels au lieu de chaises dont ils se contentaient auparavant, ainsi que six places aux différentes pièces de théâtre qu'on représentait à la cour : il intervenait avec une certaine vivacité dans les querelles littéraires, et pas toujours aussi à propos que dans le reste.

Malgré sa circonspection, Rose a bec et ongles, et il ne fait pas bon se frotter à lui. Comme il avait à plusieurs reprises refusé de vendre sa terre de Coye, voisine de Chantilly, au prince de Condé, celui-ci imagina de faire jeter par-dessus le mur du parc de Coye trois cents renards ou renardeaux qui l'ajustèrent en une seule nuit de la belle sorte. Rose entre en fureur, va trouver Louis XIV, et d'emblée lui demande s'il y a

deux rois de France ; puis il raconte l'aventure et conclut : « Si Monsieur le Prince est roi comme vous, il
faut pleurer et baisser la tête sous ce tyran ; s'il n'est
que premier prince du sang, je vous demande justice. »
Ordre fut donné sur l'heure au prince de faire reprendre
ses renards « et tellement qu'il n'en reste pas un ; »
mais Rose, s'il pardonne, n'oublie jamais le procédé et
saisit avec joie l'occasion de décharger sa bile. Comme
il avait remarqué que Monsieur le Prince courtisait fort
les ministres, lorsque ceux-ci venaient dans sa chambre,
les jours de conseil, attendre que le roi fût sorti de la
messe, il lui jeta brusquement cette épigramme : « Monseigneur, il y a longtemps que je vous connais. Je vous
vois bien rôder par ici, parler à tous ces messieurs,
caresser l'un, prendre la main à l'autre ; n'est-ce pas
que vous prétendez à être premier prince du sang ? »
— « Il s'enfuit aussitôt avec une pirouette, ajoute Saint-
Simon, riant et regardant derrière lui. Le sarcasme fut
tel que Monsieur le Prince, avec toute sa présence
d'esprit, demeura confondu sans dire une parole, et
toute l'assistance de rire dans ses barbes en baissant
les yeux. »

Le duc de La Feuillade, croyant sans doute l'embarrasser en lui demandant la différence entre *Parabole,
Faribole, Obole,* s'attira aussitôt cette riposte : « Parabole, c'est ce que vous n'entendez point ; faribole, est
ce que vous dites ; et obole, ce que vous valez. »

D'ailleurs, il supportait bien la plaisanterie, quand
elle ne passait pas les bornes de l'affection. Un jour
que Racine se trouvait souffrant, Rose lui indiqua un

remède de la part de Louis XIV ; le remède ayant réussi : « Voyez-vous, fit le président, le roi est le plus grand médecin du monde après Dieu. — Il faut encore lui savoir gré, remarquait Racine, d'avoir mis Dieu avant le roi. »

S'il était fort parcimonieux de son argent, il n'était pas avare de son crédit, et ses compatriotes de Provins le regrettèrent beaucoup. Il mourut sur un bon mot, sur un mot de caractère ; comme sa femme le pressait de ses bons conseils : « Ma chère amie, dit-il, si ces messieurs, quand ils m'auront enterré, vous offrent des messes pour me tirer du purgatoire, épargnez-vous cette dépense-là, je prendrai patience. » On fit courir ce quatrain :

> Ci-gist le vieux président Rose,
> Secrétaire du cabinet,
> Qui fut en mourant si muet,
> Que sur ses péchés même il eut la bouche close.

Il laissa en mourant une fortune de 800,000 écus.

Mᵐᵉ du Hausset rapporte une anecdote au sujet de la petite-fille de Rose :

« Au bal pour le mariage du Dauphin, plusieurs femmes cherchaient à faire la conquête du Roi, et la présidente Portail n'était pas la moins empressée. Le Roi s'était déguisé en if. Il s'amusa quelque temps au bal, et ensuite, fatigué de son habillement, il rentra chez lui par une porte de derrière, et l'on porta sa mascarade chez son premier valet de chambre. M. de Bridge, écuyer du Roi, était son ami ; il le pria de le lui prêter, ainsi que les clefs de l'appartement. Il s'habilla en if, parut dans la salle, et bientôt fut fortement agacé par la présidente, qui le prit pour le Roi. Il ne fut pas cruel, et proposa à la dame de le suivre chez son premier valet de chambre. En sortant, il vit le Roi qui traversait l'Œil-de-Bœuf, vêtu à l'ordinaire, et l'if qui donnait le bras à la présidente la quitta et s'évada. Elle comprit alors qu'elle avait été trompée et devint furieuse... C'est, au reste, un très bel homme. » Cette Mme Portail avait coutume de dire qu'au lieu d'entrer dans quelque bonne maison, elle était restée au portail; comme on se plaignait de ses continuelles frasques à son grand-père qui l'aimait beaucoup, celui-ci répondit aux Portail qu'elle était en vérité « une coquine, une impertinente, une sotte dont on ne pouvait venir à bout, » et que si on lui reparlait jamais de sa petite-fille, il la déshériterait. Ils se le tinrent pour dit.

Bernard de La Monnoye, conseiller correcteur à la Chambre des comptes de Dijon, avait été, en 1670, le premier lauréat de l'Académie pour le prix de poésie, pendant que Mlle de Scudéry remportait le prix d'éloquence ; il obtint encore quatre fois cette distinction. Ses travaux de critique, ses poésies grecques et latines, et surtout ses Noëls bourguignons, lui acquirent une réputation européenne. D'une grande modestie, il répondait à ceux qui voulaient l'attirer à Paris : « A Dijon, je ne suis qu'un simple correcteur; à Paris, je serais forcément un bel esprit, profession aussi dangereuse que celle d'un danseur de corde. »

Le cardinal d'Estrées lui conseillant de se présenter en 1710, il répond :

> La fortune, à ce qu'on m'a dit,
> Grand prélat, m'est assez amie
> Pour m'offrir, par votre crédit,
> Une place à l'Académie.
> Telle place a de quoi charmer ;
> Mais quoique je doive estimer
> Le bonheur d'en posséder une,
> Mes vœux seraient bien plus contents
> S'il arrivait que de vingt ans
> Il ne pût en vaquer aucune.

Enfin, il vient à Paris, l'Académie le nomme à l'unanimité en 1713, et dans une lettre à son ami, il en reporte tout l'honneur au cardinal d'Estrées et à son neveu.

Comme la comédie d'amateurs, les cabinets de curiosités sont à la fois cause et effet de sociabilité, sources de sympathie, foyers de civilisation, remèdes contre l'égoïsme.

Au XVIIe siècle, les magistrats brillent au premier rang des *Grippés*, comme on appelle les collectionneurs. Parmi ceux-ci je citerai : les présidents Lambert, Tambonneau, de Lanson, de Bretonvilliers ; Boyer d'Aguilles, conseiller au parlement de Provence ; de Fieubet, premier président au Parlement de Toulouse ; Achille III de Harlay, premier président au Parlement de Paris, celui-là sans doute qui donnait à Louis XIV ce conseil : « Oui, sire, il faut baiser les pieds des papes et leur lier les mains ; » Lambert de Thorigny, président en la Chambre des comptes ; René de Longueil, marquis de Maisons, président à mortier ; Peiresc, conseiller au Parlement de Provence ; Petau, conseiller au Parlement de Paris ; Villars, premier président du Parlement de Dombes ; l'historien magistrat Jacques-Auguste de Thou, qui aurait poussé l'amour des livres jusqu'à enlever par supercherie leurs manuscrits les plus précieux aux moines de Corbie ; mais sa vie entière proteste contre cette accusation.

Une mention spéciale est due à Nicolas Fouquet (1), surintendant des finances, procureur général au Parlement, *omnium curiositatum explorator,* un curieux universel, disait un de ses juges. Son père, François Fouquet, conseiller d'État, avait un beau cabinet de médailles et de livres ; il hérita de ses goûts, fit de ses palais de véritables musées. Son frère, l'abbé Louis Fouquet, conseiller au Parlement, achète pour son compte des marbres, des tableaux à Rome ; l'architecte Le Vau, Le Brun, Le Nôtre, créent Vaux-le-Vicomte ; Michel Anguier, Nicolas Legendre, Puget, sont ses sculpteurs attitrés ; La Quintinie a organisé son potager, et le jardinier, *le fleuriste* de Saint-Mandé, « vêtu, logé et meublé comme un honnête homme, » est

----

(1) CHÉRUEL : *Mémoires sur Fouquet,* 2 vol. — LAIR : *Nicolas Fouquet,* 2 vol. — E. DUMESNIL : *Histoire des amateurs les plus célèbres.* — CLÉMENT DE RIS : *Les Amateurs d'autrefois.* — E. BONNAFÉ : *Les Amateurs de l'ancienne France,* 1 vol. — *Dictionnaire des Amateurs français au XVIIe siècle.* — Samuel ROCHEBLAVE : *Essai sur le comte de Caylus,* in-8°, Hachette, et *Les Cochin,* Librairie de l'Art.

une manière de personnage. La bibliothèque de Vaux renferme 27,000 volumes, dont 7,000 in-folio, 8,000 in-8°, plus de 12,000 in-4°, imprimés ou manuscrits. « Le roi d'Espagne n'avait rien de pareil ! » s'écrient deux voyageurs espagnols. On sait qu'après l'arrestation du surintendant, Versailles et les Gobelins héritèrent d'une partie des merveilles de Vaux.

En même temps, Fouquet protège les artistes et les poètes avec autant de générosité que de délicatesse ; et ceux-ci se montrent plus fidèles que les courtisans qu'il avait comblés : ils ont largement payé leur dette, car ils persuadèrent le public de son innocence ou du moins éveillèrent la pitié. Pierre et Thomas Corneille, Bois-Robert, Loret, Scarron, Gombault, Hesnault, Molière, La Fontaine, eurent part à ses bienfaits. Pellisson devint un de ses principaux commis, son intermédiaire auprès des gens de lettres. La Fontaine lui dédie son poème d'*Adonis*, où se trouve le vers charmant :

> Et la grâce, plus belle encor que la beauté.

En 1659, Fouquet accorde à ce dernier une pension de mille francs, à condition qu'il lui payera une redevance poétique, une pièce de vers par trimestre. Le bonhomme s'acquitta tant bien que mal, car il aimait fort l'oreiller de la nonchalance, et l'on sait l'épitaphe qu'il se composa :

> Jean s'en alla comme il était venu,
> Mangeant son fonds avec son revenu,

> Croyant trésor chose peu nécessaire ;
> Quant à son temps, bien sut le dispenser :
> Deux parts en fit, dont il soulait passer :
> L'une à dormir, et l'autre à ne rien faire.

S'il tarde parfois à payer son tribut, il trouve mauvais que Fouquet lui fasse attendre une audience, et n'hésite pas à se plaindre de ce manque d'égards aux Muses offensées dans sa personne. Il conclut d'ailleurs en se montrant bon prince et daigne pardonner :

> Je me console et vous excuse :
> Car, après tout, on en abuse ;
> On se bat à qui vous aura.
> Je crois qu'il vous arrivera
> Chose dont aux courts jours se plaignent
> Moines d'Orbais, et surtout craignent :
> C'est qu'à la fin vous n'aurez pas
> Loisir de prendre vos repas.
> Le Roi, l'État, votre patrie,
> Partagent toute votre vie ;
> Rien n'est pour vous, tout est pour eux...
> A jouir pourtant de vous-même
> Vous auriez un plaisir extrême :
> Renvoyez donc en certains temps
> Tous les traités, tous les traitants,
> Les requêtes, les ordonnances,
> Le Parlement et les finances,
> Le vain murmure des frondeurs,
> Mais, plus que tous, les demandeurs....
> Renvoyez, dis-je, cette troupe
> Qu'on ne vit jamais sur la croupe
> Du mont où les savantes Sœurs
> Tiennent boutique de douceurs ;

> Tant que pour les amants des Muses
> Votre suisse n'ait point d'excuses,
> Et moins pour moi que pour pas un.

La Fontaine ne pouvait ignorer cependant que Fouquet était tout ensemble grand travailleur et grand épicurien devant l'Éternel, sacrifiant fort volontiers aux Grâces, aux Muses, au dieu Cupidon ; doué d'ailleurs d'une merveilleuse facilité, expédiant en quelques heures la besogne d'un jour, et pourvu d'excellents commis. Mais peut-être ne connaissait-il pas ce détail que nous révèle l'abbé de Choisy : tandis qu'on le croyait absorbé par les affaires, portant l'État sur ses épaules, que la cour et la ville se morfondaient dans son antichambre, il descendait, par un escalier dérobé, dans un appartement privé où ses maîtresses se chargeaient de le distraire. Que n'imitait-il, pour plus de vraisemblance, ce grand seigneur qui se faisait remplacer à son bureau par un de ses valets quand il allait en bonne fortune, et, lorsque la duchesse entrait pour l'arracher au travail, le valet, revêtu de la défroque de son maître, levait les bras et laissait entendre qu'il ne fallait pas le déranger dans ses sublimes spéculations ! Au reste, rois, ministres, députés, sous tous les régimes et dans tous les temps, ont cultivé l'art si utile de jeter de la poudre aux yeux, et ce qu'on pourrait appeler : la politique de l'alibi.

A Saint-Mandé, à Vaux, le procureur général ministre tient table ouverte, réunit noblesse de robe et noblesse d'épée. Henriette d'Angleterre, duchesse d'Orléans, vient à Vaux en juillet 1661 avec Monsieur et la reine d'Angleterre : Fouquet ne se contente pas d'éblouir ses yeux, il prétend charmer son esprit, la fait célébrer par Loret, La Fontaine et Molière. Quelques semaines après, c'est Louis XIV lui-même qui passe une journée à Vaux, et peu s'en faut qu'irrité d'un tableau allégorique de Mlle de La Vallière, le jeune roi ne fasse arrêter Fouquet chez lui, pendant cette fête historique. Six mille personnes avaient été invitées. On admira fort le château, les collections, le parc, les eaux de toutes parts jaillissantes, la cascade, la fontaine de la Couronne, les monstres marins ; les courtisans glosèrent tout bas sur les ornements d'architecture portant la devise du ministre : un écureuil grimpant sur un arbre avec ces mots : *Quò non ascendam* (où ne monterai-je pas)? Ces armes parurent un symbole d'ambition, et, après la disgrâce, on se rappela qu'il y avait aussi des couleuvres et des lézards qui semblaient poursuivre l'écureuil, et que ceux-ci figuraient dans les armes de Colbert et de Le Tellier.

Il y eut une loterie gratuite où tous les invités gagnèrent des armes, des bijoux, etc..., puis un souper splendide, organisé par Vatel, qui coûta 120,000 livres. Un théâtre avait été dressé à l'*Allée des sapins*, avec des décorations exécutées par Torelli et Le Brun. On donna d'abord un prologue où Pellisson avait habilement placé l'éloge du roi; à la voix de la Béjart, Dryades, Faunes, Satyres sortirent du bocage et dansèrent un ballet. A ce divertissement succéda la comédie des *Fâcheux*, composée tout exprès par Molière :

un feu d'artifice termina cette fête dont les magnifi-
cences, si au-dessus de celles des résidences royales,
achevèrent de blesser Louis XIV. « Ah! Madame,
disait-il à sa mère, est-ce que nous ne ferons pas rendre
gorge à tous ces gens-là? » On sait le reste : l'arrestation, le jugement, dix-neuf ans de prison d'État, sévères
représailles de la destinée, légitime expiation de la
faute. Son frère et lui n'avaient-ils pas maintes fois,
sous le prétexte commode de la raison d'État, envoyé
à la Bastille ceux qui gênaient leurs ambitions?

Avocat général à vingt-deux ans, procureur général
dix ans après, d'Aguesseau (1668-1751) fait presque une
révolution littéraire au palais par son éloquence fleurie,
un peu concertée, médiocrement originale, quel que fût
l'enthousiasme des gens de robe. C'était, à les entendre,
la raison même qui parlait à la justice, et le président
Denis Talon s'écria : « Je voudrais finir comme ce
jeune homme commence! » Magistrat incomparable,
modèle de tolérance et d'intégrité, il aurait fait un premier président sublime, et, pendant sa longue carrière
de chancelier, se montra faible, insuffisant, l'habitude
de retourner le pour et le contre dans les questions juridiques, de couper les cheveux en quatre, ayant porté
jusqu'à la timidité sa circonspection naturelle, « fruit
d'une conscience vertueuse et tendre. » Exilé deux fois
à son château de Fresnes, il supporte la disgrâce avec
le plus rare sang-froid, embellit sa retraite par le travail et l'amitié. C'est une des plus rares mémoires
et un des plus savants hommes de son temps : his-

toire, mathématiques, philosophie, droit, latin, grec, hébreu, arabe, italien, espagnol, anglais et portugais, il a tout appris et n'a rien oublié. On raconte que Boileau lui ayant récité une épître qu'il venait de composer, il dit tranquillement qu'il la connaissait déjà, et se mit à la répéter. Boileau se fâchait presque, mais il comprit que ce n'était qu'un prodige de mémoire.

Il dessine, aime la musique, retient les chansons les plus légères, « comme s'il n'avait autre chose à faire », écrit M. de Coulanges à Mme de Sévigné. Une dame de qualité demanda à Fontenelle de lui procurer un précepteur, mais elle le voulait tellement savant que l'académicien dit en souriant : « Ma foi, Madame, plus j'y pense, et plus je crois m'apercevoir qu'il n'y a que M. le chancelier qui soit capable d'être le précepteur de M. votre fils. » Tant l'érudition de d'Aguesseau était célèbre ! Personne mieux que lui ne sut défendre son temps et son travail : ayant remarqué qu'il s'écoulait toujours douze à quinze minutes entre l'instant où l'on annonçait le dîner et celui où Mme d'Aguesseau se mettait à table, il résolut d'employer ce petit quart d'heure à quelque ouvrage particulier, et, en quatre ans, cet ouvrage formait plusieurs volumes (1).

Tout cela ne l'empêche nullement de s'occuper d'agri-

---

(1) Faut-il ajouter foi à ce racontar de l'avocat Marais, d'ordinaire assez bien renseigné sur les choses du Palais ? « On rit beaucoup du jeu qui s'est fait de la maréchale d'Estrées, qui a fait semblant d'aimer le chancelier. Avec sa sagesse, il a donné dans le panneau ; il se laissait appeler *mon follichon* par cette

culture, de goûter le charme d'une société choisie.
Boileau, les deux Racine, l'helléniste Boivin, Rollin,
Vanière, sont ses hôtes de prédilection au château de
Fresnes; on faisait ensemble de grandes lectures, on
se montrait les lettres des savants étrangers, on devi-
sait longuement. Dans un élan de passion littéraire, il
dit à Boivin avec lequel il lisait quelque poème grec :
« Hâtons-nous; si nous allions mourir avant d'avoir
achevé ! » C'est à Fresnes que Louis Racine mit la dernière main à son livre sur la *Grâce*, en fit de nombreuses lectures devant son hôte et d'habiles théolo-
giens qui l'approuvèrent. Il composa plusieurs pièces
de vers sur le chancelier et sa demeure hospitalière :

> La solide grandeur dont l'éclat l'environne
> Dans sa disgrâce encor répand un plus grand jour.
> Nous le félicitons quand la cour l'abandonne,
>   Et nous plaignons la cour.

> Frappé d'une peinture et si rare et si belle,
> Si quelqu'un croit qu'ici j'invente ce tableau,
> Qu'il te regarde, Alcandre : il verra le modèle
>   Qui conduit mon pinceau...

> O Fresnes ! lieu charmant, cher à mon souvenir !
> Des biens que tu m'as faits, prompt à m'entretenir,

---

femme, qui a causé la mort du jeune et bel avocat général Chauvelin; et lui, qui sait toutes ces choses, devait savoir que les
femmes de la cour, encore plus que les autres, sont capables de
faire tourner la tête aux plus prudents, et de faire apostasier les
sages. »

> Mon cœur reconnaissant me rappelle à toute heure
> Ces jours délicieux coulés dans ta demeure ;
> Ces exemples si saints dont j'y fus le témoin,
> Et sans cesse il m'anime à les suivre de loin.

D'Aguesseau avait aussi le goût des vers et quelque don poétique. Le cardinal de Polignac lui ayant adressé un dizain complimenteur en style marotique peu après son premier exil, il répondit aussitôt :

> Chez les humains, fortune favorable
> Mène souvent à sa suite amitié ;
> Mais amitié coquette et peu durable,
> Avec l'esprit n'est le cœur de moitié.
> Donc au départ de fortune volage,
> Leste amitié tôt a plié bagage ;
> Amis de cour délogent sans pitié
> Avec faveur : voilà le train vulgaire.
> Or, en ce cas, advient tout le contraire :
> Bonheur s'en va, reste seule amitié.

Sa conversation spirituelle, enjouée à l'ordinaire, se parfumait d'une raillerie fine et douce, d'aimables reparties dont la pointe retombait sur les choses et non sur les personnes. Le célèbre Quirini, depuis cardinal, qui vint le visiter à Fresnes, dit en entrant dans son cabinet : « C'est donc ici que l'on forge les armes contre le Vatican ? — Ce ne sont point des armes, ce sont des boucliers, » répliqua d'Aguesseau. — Dans un procès qui divisait les chirurgiens et le s médecins, La Peyronie le presse d'élever un mur d'airain entre les deux professions. « Mais, si nous élevons ce mur, observe le chancelier, de quel côté faudra-t-il mettre le malade ? » — Un intendant ayant écrit au bas d'un placet une ordonnance au crayon, on en appela au Conseil : « C'est, conclut d'Aguesseau, une affaire à terminer avec de la mie de pain. » Il prétendait aussi que, pour s'instruire et convaincre, il faut faire des raisonnements en logicien, et les arranger en géomètre.

Une dame dit à d'Aguesseau : « Vous qui savez tout, vous ne pouvez rien décider, et M. de Fresnes, votre fils, qui ne sait rien, veut décider tout. »

D'Aguesseau ne voulut pas être de l'Académie, mais son petit-fils en fit partie, et fut reçu par le grammairien Beauzée. Les faiseurs d'épigrammes annoncèrent ce discours de réception de M. d'Aguesseau : « Messieurs, je suis ici pour mon grand-père. » — Beauzée lui répondait : « Et moi, je suis ici pour ma grammaire. »

Quant à M. de Nicolaï, premier président de la Chambre des comptes, on lui prêta cet impromptu :

> Au cercle académique, en dépit des méchants,
>   Avec éclat je suis sûr de paraître ;
> A mes ordres toujours j'ai douze présidents,
>   Pour m'enseigner au moins quarante maîtres,
>   Pour m'imprimer, soixante correcteurs,
>   Pour m'applaudir, quatre-vingts auditeurs.

Voilà quelques traits de l'homme privé, de l'homme sociable ; pour connaître le magistrat, le ministre, l'orateur, il faudrait lire ses œuvres, le livre de M. Boullée, l'étude de Sainte-Beuve, les portraits de Saint-Simon, d'Argenson et Villemain.

Parmi les magistrats que Saint-Simon poursuit de sa rancune éloquente, dont il trace des portraits où l'on reconnaît toujours le plus grand peintre de son siècle, mais un peintre qui pousse au noir et dont la pénétration est souvent obscurcie par la partialité (il ne peut leur pardonner de saper les privilèges des ducs et pairs, de prêter la main à la légitimation des bâtards adultérins de Louis XIV), rappelons ici le premier président de Mesmes et le premier président de Harlay (1), auxquels il revient en vingt endroits de ses *Mémoires* avec une âpreté extraordinaire, mais une âpreté que guident aussi un sincère amour du bien et du vrai, la haine profonde de la servilité et de l'hypocrisie, un besoin impérieux, malgré tout, de rendre hommage aux qualités de ses pires ennemis.

... « Les sentences et les maximes, dit-il par exemple, étaient le langage ordinaire de Harlay, même dans les propos communs : toujours laconique, jamais à son aise, ni personne avec lui; beaucoup d'esprit naturel et fort étendu, beaucoup de pénétration, une grande connaissance du monde, surtout des gens avec qui il avait affaire, beaucoup de belles-lettres, profond dans la science du droit, et, ce qui malheureusement est devenu si rare, du droit public; une grande lecture et une grande mémoire, et, avec une lenteur dont il s'était fait une étude, une justesse, une promptitude, une vivacité de reparties surprenantes et toujours présentes.

---

(1) E. PILASTRE · *Achille III de Harlay*, 1 vol., 1904.

Supérieur aux plus fins procureurs dans la science du Palais, et un talent incomparable de gouvernement, par lequel il s'était rendu tellement maître du Parlement, qu'il n'y avait aucun de ce corps qui ne fût devant lui en écolier, et que la grand'chambre et les enquêtes assemblées n'étaient que des petits garçons en sa présence, qu'il dominait et qu'il tournait où et comme il voulait..., magnifique par vanité aux occasions, ordinairement frugal par le même orgueil, et modeste de même dans ses meubles et dans son équipage, pour s'approcher des mœurs des anciens grands magistrats...

« C'est un dommage extrême que tant de qualités et de talents naturels et acquis se soient trouvés destitués de toute vertu, et n'aient été consacrés qu'au mal, à l'ambition, à l'avarice, au crime. Superbe, venimeux, malin, scélérat par nature, humble, bas, rampant devant ses besoins, faux et hypocrite en toutes ses actions, même les plus ordinaires et les plus communes, juste avec exactitude entre Pierre et Jacques pour sa réputation, l'iniquité la plus consommée, la plus artificieuse, la plus suivie, suivant son intérêt, sa passion, et le vent surtout de la cour et de la fortune... »

Les dits et redits du premier président de Harlay, ses bons mots couraient le Palais, les salons, et il faut en rapporter quelques-uns.

Les Jésuites et les Oratoriens étant sur le point de plaider ensemble, il les manda pour les accommoder, et, en les reconduisant à sa porte : « Mes Pères, dit-il aux Jésuites, c'est un plaisir de vivre avec vous. »

Puis, se tournant vers les Pères de l'Oratoire : « Et un bonheur de mourir avec vous. »

La duchesse de La Ferté ayant, comme tout le monde, essuyé son humeur dans une audience privée, s'en allait en pestant contre lui avec son homme d'affaires, et le traitant de vieux singe. Il la suivait sans mot dire, et la mit dans son carrosse avec force révérences. A quelque temps de là sa cause est appelée, elle gagne son procès, accourt chez Harlay, se confond en remerciments ; lui, répond par de grandes protestations de respect, et, tout d'un coup, la regardant entre les deux yeux : « Madame, je suis bien aise qu'un vieux singe ait pu faire plaisir à une vieille guenon, » et non moins humblement qu'avant, les yeux baissés, la reconduit à son carrosse.

Les frères Doublet, tous deux conseillers, ayant pris les noms des terres de Persan et de Croy qu'ils avaient achetées, vont à son audience ; bien qu'il les connût à merveille, il leur demanda qui ils étaient. Après leur réponse, le voilà qui se confond en révérences, puis se relevant et les toisant comme s'il les remettait avec surprise : « Masques, je vous connais ! » et il leur tourna le dos.

Quelques conseillers devisant un peu trop haut à l'audience, il les rappela à l'ordre fort spirituellement : « Si ces messieurs qui causent ne faisaient pas plus de bruit que ces messieurs qui dorment, cela accommoderait fort ces messieurs qui écoutent. »

Un avocat, plaidant pour un huissier-audiencier du Parlement, débuta par ces mots : « Messieurs, je parle ici pour maître Jean-François Masson, huissier-audiencier en cette cour... » Aussitôt le premier président s'écria avec hauteur : « Avocat, changez vos termes, et dites Masson tout net. La cour ne donne pas la qualité de maître à ses valets. »

Dancourt, apportant à M. de Harlay et aux administrateurs de l'Hôpital général la redevance que la Comédie-Française payait aux pauvres, s'efforça, dans un fort habile discours, de prouver que les comédiens ne devraient pas être mis hors la loi et excommuniés : « Dancourt, répliqua le président, nous avons des oreilles pour vous entendre, des mains pour recevoir les aumônes que vous faites aux pauvres, mais nous n'avons point de langue pour vous répondre. »

Une autre fois, Baron, ayant été envoyé par ses camarades auprès du premier président, commença ainsi sa harangue : « Ma compagnie me députe... » Le magistrat, après l'avoir écouté, repartit : « Je porterai à ma troupe les doléances de votre compagnie. » L'acteur comprit-il la leçon, lui qui prétendait que les comédiens devaient être élevés sur les genoux des reines, que tous les cent ans on peut voir un César, mais qu'il en faut deux mille pour produire un Baron ?

Un jeune magistrat, désireux peut-être de montrer son agilité, hâtait le pas devant Harlay qui marchait un peu péniblement, soutenu par son secrétaire : « Poupart, murmure le premier, de tout ce corps-là, je n'envie que les jambes. »

N'est-ce pas Mme de Harlay qui murmurait à l'oreille de son mari trop absorbé dans ses lectures : « Je voudrais être livre ? »

Au xvie siècle, les magistrats s'occupent fortement de leurs fonctions, et s'ils fréquentent le monde, c'est en général celui de la cour, ce sont des sociétés sérieuses où les nobles sentiments, l'intelligence, l'esprit, la science, tiennent le haut bout ; au xviie siècle, ils s'y mêlent davantage, mais ils gardent le même caractère, à quelques exceptions près, très férus de leur métier qu'ils remplissent avec zèle, passant tous les jours de longues heures au palais, mondains à la façon de Lamoignon ou de Caumartin, ne permettant point à l'accessoire d'empiéter sur le principal. Beaucoup pourraient répéter le mot de l'un d'eux pendant son agonie : « Qu'on ouvre grandes les portes ! La mort du juste est un enseignement : le peuple m'a vu bien vivre, je veux qu'il me voie bien mourir ! » Au xviiie siècle, le goût de la sociabilité progresse à pas de géants, les magistrats talon-rouge abondent qui s'accommodent aux mœurs du temps (1), vont à la Comédie, à l'Opéra, se battent en duel, jouent gros jeu, voyagent beaucoup en Europe et dans le pays de Tendre (2). Des conseil-

----

(1) Un premier président de Grenoble, consulté par un confrère sur ses prérogatives lorsqu'il assistait aux spectacles, répondit : « J'occupe au Parlement la première place ; chez moi, je la cède à tout le monde ; ailleurs je n'en ai point d'assignée, ce dont je suis fort aise. »

(2) *Mémoires du président Hénault.* — SAINTE-BEUVE : *Causeries du lundi*, tome XI. — Lucien PEREY : *Le Président Hénault et Mme du Deffand.* — DE LESCURE : *Introduction à la correspondance de Mme du Deffand.* — Comtesse D'ARMAILLÉ : *La Reine Marie Leczinska.* — Henri LYON : *Le Président Hénault*, 1 vol., 1903. — BARDOUX : *Les Légistes au XVIIIe siècle.* — P. DE NOLHAC : *Louis XV et Marie Leczinska.* — *Journal de Mathieu Marais.* —

lers, des présidents ne dédaignent point d'écrire des pièces pour les théâtres de société, d'y figurer comme acteurs ou metteurs en scène; d'aucuns, sous le voile transparent de l'anonymat, font jouer des pièces à la Comédie-Française. On cite tel garde des Sceaux qui passait pour exceller dans les parodies. A certains parlementaires on reproche de faire les juges parmi les courtisans, et les courtisans parmi les juges. Et quant à leurs femmes, s'il fallait les juger d'après le théâtre de Collé, elles feraient concurrence aux plus illustres dévergondées de la cour et auraient des *mœurs à l'escarpolette*. Sans doute Mlle de Quatre-Solz, Mmes Ferrand, de Bernières, Portail, de Maupeou, de Thorigny, ne pourraient prétendre au prix de vertu, mais en somme Collé n'a peint que des exceptions; seulement il semble que la majorité respire un air plus libre, ne se sente plus enfermée dans le décorum comme autrefois, et se montre de moins en moins désireuse de réaliser l'idéal du bonhomme Chrysale.

Le type de ces magistrats mondains, c'est le président Hénault (1685-1770), amphitryon et protecteur des gens de lettres, auteur de Mémoires fort agréables et d'autres ouvrages qui ont moins bien subi l'épreuve du temps, membre de l'Académie française, très accrédité

Mémoires du marquis d'Argenson. — GRELLET-DUMAZEAU : *La Société parlementaire au XVIIIe siècle.* — *Mélanges de littérature et d'histoire,* année 1856 : *Conversation du président de Meinières avec Mme de Pompadour.* — Emmanuel DE BROGLIE : *Les Portefeuilles du président Bouhier; Souvenirs du président Bouhier.*

à la cour et chez les ministres, exempt d'ambition politique, d'intérêt et d'envie, menant de front la musique, la poésie, la littérature légère, les études historiques, ami trop intime de Mme du Deffand et de Mme de Castelmoron pendant quarante ans, célèbre par ses soupers, ses galanteries, la grâce de son esprit, la sûreté de son commerce et son obligeance, surintendant de la maison de la reine Marie Leczinska :

> Vous qui de la *Chronologie*
> Avez réformé les erreurs ;
> Vous dont la main cueillit les fleurs
> De la plus belle poésie ;
> Vous qui de la philosophie
> Avez sondé les profondeurs,
> Malgré les plaisirs séducteurs
> Qui partagèrent votre vie ;
> Hénault, dites-moi, je vous prie,
> Par quel art, par quelle magie,
> Avec tant de succès flatteurs,
> Vous avez désarmé l'envie.

De tracer ici son portrait en pied, il ne saurait être question, mais on peut essayer de rappeler quelques traits qui donnent un avant-goût de cette physionomie originale.

Comme magistrat, et bien qu'il ait d'assez bonne heure vendu sa charge, son nom demeure attaché à un incident qui se passa lors de la déclaration de majorité du roi (22 février 1723). La séance offrait un intérêt spécial : le roi devait parler, le régent rendrait compte de la régence, et quelle régence ! le premier président prendrait la parole pour le Parlement. Or donc, le cardinal Dubois, ne voulant se fier qu'à une seule personne de tout ce qui se dirait dans ce lit de justice, demanda conseil à d'Argenson, qui, sans hésiter, nomma son ami Hénault. — « Cela serait bon, dit en souriant le premier ministre, s'il fallait écrire la vie de Madame... — Non, Monseigneur, j'en réponds à Votre Éminence. » Hénault compose les deux discours, Dubois écoute la lecture avec ravissement, se lève pour embrasser l'auteur au moment où le régent faisait cette allusion au *Système :* « Je ne vous cacherai rien, sire, pas même mes fautes ; car c'est ainsi que j'appellerai tout ce qui n'a pas réussi pour le bonheur de l'État. » Or, tandis qu'il travaillait ainsi pour la gloire du régent, voilà que le premier président de Mesmes, son ami intime, lui lit les projets présentés par l'abbé Pucelle, l'abbé Menguy et de Vienne, conseillers au Parlement, et le prie de les refondre en un seul discours. Hénault obéit, et il eut le plaisir extrême d'entendre réciter mot à mot les trois discours qu'il avait fabriqués, où il avait proportionné les paroles aux personnages. Voilà une assez rare souplesse de talent. Il en donna d'autres preuves : par exemple, il fit le discours du confrère qui le recevait à l'Académie française, et ce discours eut beaucoup plus de succès que celui de l'élu. Hénault préféra toujours les coulisses à la scène, l'envers de la tapisserie à l'endroit ; il aimait les rôles de pénombre, et servit plus d'une fois d'intermédiaire officieux entre la Cour et le Parlement : tout ce qu'il y avait en lui d'imagination, de passion, il le consacrait à l'histoire, aux salons et aux femmes.

Voici quelques lignes de son portrait par Mme du Deffand :

« Toutes les qualités de M. le président Hénault et même ses défauts sont à l'avantage de la société; sa vanité lui donne un extrême désir de plaire, sa facilité lui concilie tous les différents caractères, et sa faiblesse semble n'ôter à ses vertus que ce qu'elles ont de rude et de sauvage dans les autres. Ses sentiments sont fins et délicats : mais son esprit vient trop souvent à leur secours pour les expliquer et les démêler; et comme rarement le cœur a besoin d'interprète, on serait tenté quelquefois de croire qu'il ne ferait que penser ce qu'il s'imagine sentir. Il paraît démentir M. de La Rochefoucauld, et il lui ferait peut-être dire aujourd'hui que le cœur est souvent la dupe de l'esprit. Il est impétueux dans toutes ses actions, dans ses disputes, dans ses approbations. Il paraît vivement affecté des objets qu'il voit et des sujets qu'il traite; mais il passe si subitement de la plus grande véhémence à la plus grande indifférence, qu'il est aisé de démêler que, si son âme s'émeut aisément, elle est bien rarement affectée... »

Lorsque Mme du Deffand aima ou crut aimer Hénault, il avait quarante-cinq ans, venait de perdre sa femme, et sa liaison avec Mme de Castelmoron, la grande affection de sa vie, battait son plein. Il n'apportait donc à sa nouvelle amie que des restes, *la rinçure de son verre*, et elle ne tarda pas à s'en apercevoir; aussi ne lui épargne-t-elle ni les coups de griffe ni les épigrammes. Va-t-elle aux eaux de Forges, tout lui est prétexte à taquineries, que son automnal sigisbée pare et renvoie avec beaucoup de dextérité.

« ...Je vous passerai de n'être pas si exact sur vos amusements; vingt-huit lieues d'éloignement sont un rideau trop épais pour prétendre voir au travers. De plus, j'ai mis ma tête dans un sac, comme les chevaux de fiacre, et je ne songe plus qu'à bien prendre les eaux... Tous vos sentiments pour moi sont d'autant plus beaux qu'il n'y en a pas un qui ne soit naturel. Je crois ce que vous me dites, que le plaisir d'être avec moi est toujours empoisonné par le regret ou la contrainte où vous vous figurez être de ne pouvoir pas être ailleurs. Il serait bien difficile de pouvoir contenter quelqu'un de qui le bonheur ne peut être que surnaturel... Vous avez l'absence délicieuse... Je n'ai ni tempérament ni roman... »

Passe pour l'amitié émue, pour la galanterie spirituelle! Mais ne cherchons point l'amour là-dedans. D'ailleurs, le président riposte sur le même ton : « A dire vrai, je commence à m'ennuyer beaucoup, et vous m'êtes un mal nécessaire. » Ou bien encore il plaisante son amie sur l'*entreprise conjugale* dont la menace la présence imaginaire de son mari à Forges (la marquise avait cru le reconnaître parmi les baigneurs) : « Prenez-y garde, au moins; les eaux de Forges sont spécifiques, et ce serait bien le diable d'être allé à Forges pour une grosseur, et d'en rapporter deux... »

Donc leurs esprits se regrettaient, leurs cœurs ne se regrettaient point, ou si peu! Hénault n'avait-il pas, pour se consoler, Mme de Castelmoron, ses soupers, les salons où il passait sa vie? Et quels salons! Quelles charmantes amitiés! La marquise de Lambert, M. et Mme de Guise, la princesse de Léon, la duchesse du Maine et la cour de Sceaux, l'Académie française, d'Argenson, de Mesmes, de Maisons, la maréchale de Villars, Chauvelin, les Brancas, le prince de Conti, Mme de Boufflers, les Choiseul, la duchesse de Luynes, le cercle de la reine!...

Chez la duchesse du Maine, il goûtait beaucoup Mme Dreuilhet, veuve d'un président à mortier au Parlement de Toulouse. Dans sa jeunesse, elle avait été belle, coquette, et son salon de Toulouse devint le rendez-vous des gens d'esprit et des gens de qualité : couronnée aux Jeux Floraux, déjà célèbre par ses chansons, par une gaieté intarissable qui s'épanchait librement sur tous les sujets et semblait commander à l'âge, aux infirmités, elle avait, après la mort de son mari, gagné Paris à tire-d'aile. On lui fit fête aussitôt. Un jour qu'elle soupait chez la duchesse du Maine, cette princesse, qui n'eut pas de plus grand ennemi que l'ennui et aurait mis le feu au royaume pour le conjurer, lui demanda de chanter dès le potage. Hénault ayant objecté que, dans son état de santé et devant rester quatre heures à table, la présidente ne pourrait tenir bon jusqu'à la fin : « Vous avez raison, président; mais ne voyez-vous pas qu'il n'y a point de temps à perdre, et que cette femme peut mourir au rôti? » La bergère de Sceaux ne pouvait se passer des personnes dont elle ne se souciait point, et le président demeura bouche bée devant une réponse si péremptoire.

C'est Mme Dreuillet qui, après s'être fait bien prier pour dire un remède infaillible contre les penchants du cœur, laissa échapper enfin cette belle sentence : « Le remède le plus sûr pour faire cesser la tentation, c'est d'y succomber. » Malgré ses soixante-dix ans, elle se montrait plus capable que bien d'autres de ramer sur les galères du bel esprit dans cette cour minuscule de Sceaux : tant et si bien qu'elle y mourut en 1730. Son *Épithalame,* composé pour le mariage d'une de ses amies, étant un peu long, je me bornerai à reproduire un son net improvisé par elle sur des bouts-rimés :

Je vous adorerais, n'eussiez-vous que le buste,
Fussiez-vous tout pétri de neige et de glaçons ;
Ne puissiez-vous cueillir d'amoureuses moissons,
Je vous sacrifierais l'amant le plus robuste.

Eussé-je à mes genoux le roi le plus auguste,
Par ma fidélité je ferais des leçons
Aux beautés qui, traitant leurs sermons de chansons,
Pensent qu'un changement, s'il est heureux, est juste.

De mon sexe pour vous j'ai dépouillé l'orgueil;
Je veux bien l'avouer, un rebutant accueil
Serait même à mes feux une inutile digue.

Ne puissiez-vous d'amour faire agir les ressorts,
Mon cœur en sentiment, en tendresse prodigue,
Du seul plaisir d'aimer soutiendrait les transports.

Présenté à la reine par son amie la duchessse de

Luynes, Hénault entra dans la confiance de cette princesse assez avant pour qu'à la mort du comte de Rieux, elle demandât spontanément au roi de lui accorder la charge de surintendant de sa maison, sinécure assez glorieuse qui lui permettait d'approcher continuellement de Sa Majesté. Marie Leczinska est une des méconnues de l'Histoire, et le portrait d'Hénault, les volumes de Mme d'Armaillé, de M. de Nolhac, n'ont pas encore dissipé les préventions que firent naître sa piété un peu étroite, son effacement et sa timidité. Son propre père, le frivole Stanislas, se ligue avec Louis XV pour la condamner au nom du dieu Plaisir : à l'entendre, sa femme et sa fille étaient bien les deux reines les plus ennuyeuses qu'il eût rencontrées ; le roi, venant chez cette dernière, trouvait un accueil si maussade, que son seul amusement consistait à tuer les mouches contre les vitres (1).

Marie n'est pas riche, elle n'a que cent mille francs d'argent de poche, se montre grande aumônière, ne déteste pas le cavagnole (2), et il faut qu'Hénault mette en équilibre son mesquin budget, avise aux moyens de combler le déficit : les lettres que lui écrit la reine trahissent ces préoccupations d'ordre positif. Des causeries fort gaies où la médisance, la politique, les intrigues de cour n'ont point droit de cité, des lectures sérieuses

---

(1) « La reine est douce comme un mouton, dit un jour Tressan. — Oui, fit Louis XV, comme un mouton que diable mène en laisse : » mot plus piquant que vrai.

(2) Une espèce de loto.

alternant avec la tapisserie, la guitare ou le clavecin, une ironie douce qui s'exerce sur les choses, de fines reparties, la haine de la flatterie, le besoin de discuter, le goût d'être contredite, l'art de redevenir la reine d'une chambre à l'autre, voilà quelques traits de sa vie intime et de son caractère. Elle sait à fond cinq langues; d'où cette devise au moment de son mariage : une lyre à cinq cordes. Point d'immixtion dans les affaires, une réserve absolue, une modestie héroïque; la vice-reine règne, gouverne; elle se contente de souffrir, d'attendre la revanche, si rare, hélas! de la vertu.

Comme le président lui avait offert le manuscrit de son *Abrégé chronologique,* elle le lui retourna avec ces mots : « Je pense que M. Hénault, qui dit tant de choses en si peu de mots, ne doit guère aimer le langage des femmes, qui parlent tant pour dire si peu, » et elle avait signé : « Devinez qui! » Hénault hasarda ce quatrain qui reçut, comme on pense, bon accueil :

> Ces mots tracés, par une main divine,
> Ne m'ont causé que trouble et embarras :
> C'est trop oser, si mon cœur la devine,
> C'est être ingrat de ne deviner pas.

La reine avait le don de la repartie et des réflexions morales. Son premier écuyer, M. de Tessé, s'étant écrié : « Dans ma famille, nous avons tous été tués au service de nos rois. — C'est bien heureux, repart-elle, que vous soyez resté pour me le dire. » Quand on lui annonce la mort du maréchal de Saxe, cet autre tapissier de Notre-Dame, qui était protestant : « Quel chagrin, s'écrie-t-elle, de ne pouvoir dire un *De Profundis* pour un homme qui nous a fait chanter tant de *Te Deum!* » Mme de Pompadour lui demandant je ne sais quelle autorisation : « Vous êtes la maîtresse, » répond-elle. Voici quelques maximes qui durent charmer son surintendant : « La miséricorde des rois est d'exercer la justice; et la justice des reines, c'est d'exercer la miséricorde. — Les bons rois sont esclaves et leurs peuples sont libres. — Les femmes dont on a le mieux parlé après leur mort sont celles dont on parlait le moins pendant leur vie. »

Pendant une grande maladie, le président avait promis à Mme de Castelmoron de faire une confession générale s'il en réchappait. Il tint parole, et comme la confession durait fort longtemps, il observa : « Je cherche mes fautes, et il y en a beaucoup; on n'est jamais si riche que quand on déménage. » Les satiriques ne manquèrent pas cette occasion de le railler : « Vous verrez, dirent-ils, qu'il a pris le bon Dieu pour un homme en place. » Lorsqu'il fut décidément sur le point d'aller voir là-haut « si Dieu gagne à être connu, » Mme du Deffand, pour en tirer quelques paroles, lui demanda s'il se rappelait Mme de Castelmoron. Ce nom produisit un effet magique, et la questionneuse ayant voulu savoir s'il l'avait plus aimée que Mme du Deffand, voilà le mourant qui se lance dans un parallèle où il porte aux nues les qualités de Mme de Castelmoron, détaille les défauts de sa rivale, et cela dura une bonne demi-heure sans qu'on pût l'arrêter. « Ce fut le chant du cygne, » dit Grimm.

Est-ce pour se venger de cette déconvenue que la marquise écrivit à Voltaire que le président ne parlait point de ses amis dans son testament ? Et Voltaire de tomber à bras raccourcis sur celui qu'il avait célébré en vers et en prose :

> ...Je chante la palinodie.
> Sage du Deffand, je renie
> Votre président et le mien ;
> A tout le monde il voulait plaire ;
> Mais ce charlatan n'aimait rien :
> De plus il disait son bréviaire.

Cette fois, la marquise fut un peu honteuse d'avoir donné une si belle entorse à la vérité, car Hénault lui laissait six mille livres de rente viagère.

Hénault, dans ses *Mémoires,* crayonne agréablement plusieurs de ses collègues, le premier président de Mesmes, l'abbé Menguy, l'abbé Pucelle. « Il (M. de Mesmes) m'envoyait chercher tous les matins, à la sortie du palais, pour prendre du chocolat avec lui, et me gardait jusqu'au dîner où il me forçait quelquefois d'assister, quoiqu'alors je ne dînasse point... (Hénault préférait le souper.) Les grâces de son esprit l'avaient toujours fait vivre dans la meilleure compagnie, et sa condition l'avait mis à portée de la choisir dans ce qu'il y avait de plus grand en France. C'est là qu'il avait pris cette connaissance des hommes que l'esprit seul ne donne pas, mais que le monde ne donne aussi qu'aux esprits supérieurs ; de là ce talent qui lui était propre et qui est nécessaire aux premières places, de dire à chacun ce qui lui convient et de gagner les hommes avant de chercher à les persuader. Le goût de la magnificence et de la représentation que nul homme en France n'égalait, soutenu par un air de grandeur qui lui était naturel, et qui se joignait à une figure au-dessus d'une autre, faisaient respecter sa dignité ; et la flexibilité de son humeur, qu'il devait plus à sa raison qu'à son tempérament, ne faisait point craindre de l'approcher. On sait ce que c'est que les assemblées de Chambres, cette image d'une république qu'il faut réduire sans la maîtriser : il y était supérieur, et il n'a jamais été remplacé dans cette partie... Haut et sentant ce qui était dû à sa place, et voulant le faire sentir, à cause du peu d'égards que les gens du monde ont pour la magistrature, il était haut avec eux par politique, quoique affable et d'humeur commode avec les autres. On craignait de lui déplaire parce qu'il en imposait, et on recherchait son amitié parce qu'il était de bon air d'être son ami... Ordinairement M. d'Agues-seau, alors procureur général et d'un autre caractère, l'accompagnait (chez le roi), et l'on disait : « Il mène le procureur général à la Cour, et le procureur général le mène au Parlement ; » c'était les peindre tous les deux... Se promenant un jour avec M. de Mesmes dans le jardin du Palais-Royal, au moment des plus vio-lentes remontrances du Parlement, et impatienté de la résistance qu'il rencontrait chez ce magistrat, le Régent s'emporta au point de laisser échapper les juremens les plus grossiers. Le premier président lui dit avec un grand sang-froid : « Votre Altesse ordonne-t-elle qu'on fasse registre de sa réponse ? » Le prince, honteux de sa violence, s'excusa sans hésiter des mots qui venaient de lui échapper, et reprit le ton convenable à la discussion... »

« L'abbé Menguy était un de ces hommes extraordinaires qu'on ne saurait peindre que par enthousiasme. C'était bien de lui que l'on pouvait dire qu'il n'était jamais moins seul que quand il était seul. Son âme ne le laissait pas en repos ; on eût dit qu'il était toujours en présence de son génie... Idées, tours, expressions, tout lui était soumis ; il joignait la force des raisonnements aux grâces de la séduction... Comme on ne veut point que les hommes soient parfaits, on lui choisissait des défauts les plus proches de ses vertus ; on voulait qu'il fût un peu léger, parce qu'il était plein de feu et de premier mouvement ; on disait qu'il variait quelquefois, parce qu'il n'était pas opiniâtre ; on lui disputait le courage et la fermeté d'esprit, parce qu'il se rendait volontiers à la raison dès qu'il la connaissait... »

« L'abbé Pucelle, neveu du maréchal de Catinat, était le Démosthène du Parlement ; sans affecter l'éloquence, il n'en était que plus éloquent ; le désordre était son art ; la Constitution était pour lui ce que Philippe était pour l'orateur athénien. Les tableaux les plus touchants, les images les plus fortes, les entrailles émues, les larmes qui lui échappaient, c'était bien plus qu'il n'en fallait pour émouvoir la plus grande partie du Parlement... Il arrivait ce qui arriva toujours : c'est qu'on le ménageait plus que l'abbé Menguy parce qu'il était plus véhément, qu'il proposait toujours les partis les plus forts, et que, dans les Compagnies, on n'en impose jamais tant que quand le prétexte de la vérité autorise à ne rien ménager. »

« Il y avait dans notre compagnie plusieurs sortes de personnes : les unes amies de la paix, ne cherchant que la conciliation, par conséquent suspectes au reste de leurs confrères; les autres, plus jalouses de leur opinion que de leur bonheur et de celui de l'État, et plus contentes de jouer un personnage dans le mauvais parti que d'être ignorées en allant au bien; d'autres qui sentaient bien que ni par leur éloquence, ni par leur érudition, elles ne feraient parler d'elles, et qui voulaient mettre à la place des talents une fausse fermeté qui leur attirait l'attention de la compagnie. Or, cette compagnie, plus que toute autre, est amoureuse du merveilleux, et il suffit qu'on y propose un parti singulier pour qu'un grand nombre le saisisse avec ardeur ; il y en avait, et c'est toute la jeunesse, qui, sans connaissance de cause, sans songer si l'État en pouvait souffrir, sans se soucier même si le parti était bon ou mauvais, mais dans la vue seule de faire une nouvelle dans la ville, adoptaient les partis les plus violents ; d'autres, enfin, qu'un zèle aveugle portait trop loin et qui, avec des intentions droites, étaient plus à craindre, parce que leur désintéressement donnait crédit à leurs préventions. »

Un autre magistrat mondain, le président de Montesquieu (1689-1755), vend sa charge comme Hénault (1), un peu avant lui, se consacre à la littérature, aux

----

(1) Louis VIAN : *Histoire de Montesquieu*. — *Sainte-Beuve*, tome VII. — Albert SOREL: *Montesquieu*. -- Edgard ZÉVORT : *Montesquieu.* —

salons, aux voyages, passe une bonne partie de sa vie dans sa terre de la Brède. Il prélude à ses grands ouvrages par de nombreux travaux scientifiques et historiques pour l'Académie de Bordeaux, qui achèvent de mûrir son talent, et par des livres libertins : les *Lettres persanes*, le *Voyage à Paphos*, le *Temple de Gnide* (l'Apocalyse de la Galanterie, comme l'appela Mme du Deffand), qui figurent bientôt sur la table des beautés à la mode, comme y figurera plus tard, mais pour des raisons plus sérieuses, l'*Esprit des Lois;* — ils lui valurent de nombreuses bonnes fortunes, car il ne signait point, selon l'usage des gens du bel air, mais c'était le secret de Polichinelle. Il lut *le Temple de Gnide* devant la société de Mlle de Clermont, à Chantilly, et l'on assure qu'il obtint les bonnes grâces de cette princesse que l'audace de ses couplets scatologiques fit surnommer par Louis XV la *Muse m...* *du temps.* Plus sensuel que sentimental, il s'étonnait d'aimer encore à trente-cinq ans, mais ses amours ne sont que feux de paille, curiosité voluptueuse; les femmes l'amusent, ne le retiennent pas, et cet axiome géométrique semble indiquer qu'il ne leur garde guère de reconnaissance : « La société des femmes gâte les mœurs et forme le goût. »

L'histoire de son cœur semble tout entière contenue dans ces deux phrases : « J'ai été assez heureux pour

---

Comte DE SÉGUR : *Le Royaume de la rue Saint-Honoré*, 1 vol., 1897. — GRELLET-DUMAZEAU : *La Société parlementaire au XVIIIe siècle,* 1 vol., Plon.

m'attacher à des femmes que j'ai cru qui m'aimaient ; dès que j'ai cessé de le croire, je me suis détaché soudain... Il est heureux de vivre dans ces climats qui permettent qu'on se communique, où le sexe qui a le plus d'agréments semble parer la société, et où les femmes, se réservant aux plaisirs d'un seul, servent encore à l'amusement de tous. » C'est ainsi qu'il se trahit dans ses premiers livres, ou bien encore dans des mots comme celui-ci. Quelqu'un remarquant devant lui que Fontenelle n'aimait personne : « Eh bien ! répond-il, il n'en est que plus aimable en société. » Ne confesse-t-il pas quelque part qu'il n'a jamais eu de chagrin qu'une heure de lecture n'ait dissipé, qu'il était l'ami de tous les esprits et l'ennemi de tous les cœurs, qu'il ne demande autre chose à la terre que de tourner sur son centre ? Ses bienfaits eux-mêmes semblent partir de son cerveau : il y manque la grâce de l'enthousiasme, le rayonnement de la charité. On pense à cet autre philosophe qui se vantait de n'avoir jamais ri depuis sa jeunesse. Sachons-lui gré d'avoir aimé le bien public, l'humanité : mais c'est là un sentiment presque philosophique, un sentiment un peu hautain, qui se résume dans l'histoire de ce batelier dont Montesquieu rachète le père capturé par les pirates : ce batelier finit par découvrir son bienfaiteur anonyme, se jette à ses pieds, le supplie de venir contempler son ouvrage ; Montesquieu nie tout et se dérobe brusquement. On pense à la déesse d'Euripide qui aime peut-être le jeune Hippolyte, et s'éloigne au moment de sa mort, car *les larmes sont interdites à ses yeux*. Et cette sécheresse de cœur percera jusque dans les ouvrages du président : il a des idées, il n'a pas de sentiments politiques.

Aussi bien le voyons-nous assez entiché de noblesse, excellent administrateur d'une belle fortune (on cite de lui maint trait d'avarice et plus d'un trait de générosité), modeste au point de croire que son médiocre fils a plus de mérite que lui, amassant dans le monde les matériaux des ouvrages qu'il écrit dans la solitude de la Brède, qu'il lira ensuite, avant de les imprimer, devant des sociétés choisies : le club de l'Entresol, cette Académie des sciences morales avant la lettre, dut lui en fournir de bien précieux. La conversation est pour lui une sorte de travail, et la duchesse de Chaulnes n'avait pas tout à fait tort de dire : « A quoi cela est-il bon, un génie ? Cet homme venait faire son livre dans la société, il retenait tout ce qui s'y rapportait ; il ne parlait qu'aux étrangers dont il croyait tirer quelque chose d'utile. » Il est certain qu'il excellait à extraire de chacun sa substance médullaire, à faire parler, à écouter diplomates, financiers, capitaines, jurisconsultes, compatriotes et étrangers. Il n'est pas moins sûr qu'il tire de merveilleuses ressources de ses voyages, qu'il fait d'immenses extraits de ses lectures, qu'il *cause* volontiers ses propres idées et les essaye sur ses auditeurs avant de les écrire.

Rappelons toutefois l'opinion de quelques bons juges sur la conversation de Montesquieu :

« Dans le feu des conversations, on trouvait toujours le même homme avec tous les tons. Il semblait plus merveilleux encore que dans ses ouvrages : simple, profond, sublime, il charmait, il instruisait, et n'offensait jamais. » (MAUPERTUIS.)

« Quand il parlait, ce dont il n'était ni prodigue, ni avare, on était toujours sûr d'être avec lui. C'était tour à tour la gaieté piquante de Rica, les vues vastes et concises d'Usbeck, quelquefois l'énergique et pittoresque expression des passions de Roxane, et toujours cette même énergie lorsque sa haine contre le despotisme allumait son imagination. » (GARAT.)

Sa conversation, d'après d'Alembert, était légère, agréable et instructive par le grand nombre d'hommes et de peuples qu'il avait connus. Elle était coupée comme son style, pleine de sel et de saillies, sans amertume et sans satire ; personne ne racontait plus vivement, plus promptement, avec plus de grâce et moins d'apprêt. Il savait que la fin d'une histoire plaisante en est toujours le but ; il se hâtait donc d'y arriver, et produisait l'effet sans l'avoir promis.

« Il met plus d'esprit dans ses livres que dans sa conversation, parce qu'il ne cherche pas à briller, et ne s'en donne pas la peine. » (D'ARGENSON.)

Tout ceci veut dire que Montesquieu a infiniment d'esprit devant ses amis, dans une société d'élite, mais qu'il se recueille, se dérobe à la discussion en présence des indifférents : un peu comme Renan qui se gardait bien de contredire dans le monde, et laissait son esprit s'y reposer.

Malgré ses distractions continuelles, les femmes le trouvaient fort aimable et spirituel ; parfois cependant il rabrouait à coups de boutoir les importuns des deux sexes. Certain soir qu'une demoiselle un peu coquette le harcelait de questions, il riposta au moment où elle lui demandait une définition du bonheur : « Le bonheur, c'est la fécondité pour les reines, la stérilité pour les filles, et la surdité pour ceux qui sont auprès de vous. » Une autre fois, dans la chaleur d'une discussion, certain conseiller s'écrie : « Monsieur le Président, si cela n'est pas comme je vous le dis, je vous donne ma tête ! — Je l'accepte, repart Montesquieu, les petits cadeaux entretiennent l'amitié. » Au reste, il n'a rien d'agressif dans le caractère, mais il sait parfaitement se défendre, et rend fort bien la monnaie de sa pièce à Voltaire qui criblait ses livres de sarcasmes : « Voltaire n'est pas beau, il n'est que joli. C'est l'homme du monde qui dit le plus de mensonges dans le moins de temps possible... »

Les salons parisiens qu'il fréquente le plus assidûment sont ceux de Mmes de Lambert, Geoffrin, de Rochefort, du Deffand, d'Aiguillon, de Tencin. Celle-ci lui prête un concours fort actif, force les habitués de son salon de souscrire à l'*Esprit des Lois,* en prend de nombreux exemplaires qu'elle distribue de tous côtés, demande à Piron d'improviser un madrigal en son honneur. On sait le mot de ce dernier à une belle dame qui s'égarait dans un commentaire élogieux, mais incohérent, de l'*Esprit des Lois :* « Madame, croyez-moi, sauvez-vous par *le Temple de Gnide.* »

Comme Montesquieu aime mieux les maisons où il peut se tirer d'affaire avec son esprit de tous les jours, que celles où il doit se mettre en grande toilette, il donne, malgré tout, la préférence à Mme de Rochefort, fille du Maréchal de Brancas, fidèle amie de cœur du duc de Nivernois, et à la duchesse d'Aiguillon : celle-ci a tous les samedis un souper où s'empressent les hommes les plus distingués. Elle sait quatre langues, les auteurs la consultent sur leurs ouvrages, elle est le journal vivant de la Cour, de la ville, des provinces et de l'Académie ; son impartialité lui concilie tous les suffrages. Montesquieu ne quitte guère sa maison, il l'aime infiniment, la loue de ne point penser comme les autres ; et puis il rencontre chez elle Mme Dupré de Saint-Maur, femme de l'intendant de Bordeaux, qui lui ferma les yeux à Paris, et dont il dira : « Elle est également bonne à en faire sa maîtresse, sa femme ou son amie. » L'a-t-il aimée ? Peut-être. En tout cas, il embauma l'amour dans l'amitié, et n'eut point d'admiratrice plus dévouée.

Au début de sa carrière, il fréquente chez le maréchal de Berwick, gouverneur de la province, chez milady Black, la belle et spirituelle comtesse de Pontac, Mme Duplessis, Mmes de Bouran et Dángeart, Mme Duvergier, femme du procureur général, à laquelle il écrit : « Pendant que nous fûmes dans le petit chemin, quoique entre deux ruisseaux, nous ne formâmes pas une seule pensée galante ; nous avons bien réparé cela depuis le retour. »

Plus tard ce seront : Mme Duquat qu'il appelle sa *Madame de Tencin de campagne*, Mme Gausseu, Mme Dorly, le président Barbot, grand dilettante, érudit que Montesquieu consulte sur ses ouvrages, l'abbé Guasco, son confident enthousiaste et son commensal. A la Brède, il se contente de compagnies d'un autre genre; comme plus tard le philosophe Jouffroy, il va chercher les paysans dans leurs chaumières, sur la route, au milieu des champs, et leur conversation l'intéresse sans doute, puisqu'il disait avoir trouvé parmi eux des Solons et des Démosthènes.

« Nul homme à talent ou sans talent, dit Garat, ne fut jamais plus simple que Montesquieu dans son ton et dans ses manières; il l'était dans les salons de Paris autant que dans ses domaines de la Brède, où, parmi les pelouses, les fontaines et les forêts dessinées à l'anglaise, il courait, du matin au soir, un bonnet de coton blanc sur la tête, un long échalas de vigne sur l'épaule, et où ceux qui venaient lui présenter les hommages de l'Europe lui demandèrent plus d'une fois, en le tutoyant comme un vigneron, si c'était là le château de Montesquieu. »

Faut-il ajouter à ce dernier trait que, pendant un séjour auprès du roi Stanislas, à Lunéville, il parut si insignifiant que les domestiques le considéraient comme un imbécile? Ce n'est pas seulement pour son propre valet de chambre qu'on n'est jamais un grand homme. Montesquieu venait de terminer l'*Esprit des Lois*, ce grand travail l'avait épuisé, et il promenait sa fatigue silencieuse, insoucieux de l'opinion des grands et des petits, chargeant ses livres de répondre pour lui.

Un troisième type de magistrat mondain, c'est le premier président de Brosses (1) (1709-1777), mêlé fort avant aux luttes parlementaires contre la bulle *Unigenitus,* les jésuites, le chancelier Maupeou et l'absolutisme ministériel, aux querelles de préséance avec les commandants de sa province, membre libre de l'Académie des Inscriptions et Belles-Lettres, savant homme et homme d'esprit, d'une verve et d'une gaieté intarissables, adorant les arts, les salons de Paris et de Dijon, menant de front les études les plus diverses, resté célèbre par un débat fort piquant avec Voltaire, où celui-ci n'eut pas l'avantage, et par ses *Lettres familières écrites d'Italie,* où des tableaux licencieux, force anecdotes libertines coudoient des réflexions pénétrantes sur les mœurs de nos voisins : un littérateur de province auquel manquèrent le talent de se concentrer et l'atmosphère de Paris. Car il a beau faire de nombreux voyages dans la capitale, il reste fidèle à la Bourgogne, fidèle à ses devoirs de magistrat, à cette société de la place Saint-Jean qui fournissait de nombreux aliments à son activité de cœur et d'intelligence. Et l'on prend plaisir à constater, chemin faisant, que toute l'activité intellectuelle et morale ne s'était pas réfugiée à Paris, comme l'ont proclamé la plupart des

---

(1) POISSET : *Le Président de Brosses.* — Henri MAMET : *Le Président de Brosses, sa vie et ses œuvres.* — SAINTE-BEUVE : *Causeries du lundi,* tome VII. — Gaston BOISSIER : *Un grand homme de province.* — Henri CHABEUF : *Du président de Brosses, à propos d'une esquisse de Paul Véronèse,* tome V, IV⁰ série, Mémoires de l'Académie de Dijon.

historiens ; qu'il y avait dans un grand nombre de villes parlementaires, à Toulouse, à Bordeaux, à Marseille, et même dans les centres moins importants, des salons, foyers d'esprit, de bonne grâce ; que ces académies de province ne méritent pas les sarcasmes dont on les a poursuivies. Une histoire de la société française en province mériterait de tenter ces savants distingués qui, loin de la capitale, plus près des choses et des personnes, ont déjà fait tant de précieuses découvertes, dissipé tant de préjugés et de légendes. Et, dans cette histoire, les salons des parlementaires, des gouverneurs de province, la vie de château, les réunions des académies, auraient la place d'honneur.

Pour ne citer qu'un exemple, la société dijonnaise au xviie siècle offre des variétés précieuses, réunit l'agrément et l'érudition, suit le mouvement de Paris, s'imprègne largement des idées du siècle, fonde mainte œuvre d'intérêt général. Quelle bonne fortune de rencontrer des lettrés tels que Févret de Fontette, l'abbé Cortois, depuis évêque de Belley ; Maletête, connu par un *Esprit de l'Esprit des lois,* ami d'Helvétius, grand protagoniste de la musique de Rameau ; Quintin, procureur général au Parlement, collectionneur et causeur ; Fyot de La Marche, depuis ambassadeur à Gênes, « de qui l'on ne pouvait dire s'il fallait davantage aimer la bonté de son cœur, admirer la force de son âme, ou se plaire aux charmes de son esprit ! C'est un titre, ajoute notre président, c'est pour ainsi dire une louange qu'on se donne à soi-même que de se compter au nombre de ses amis » ; — le premier président de La Marche, ami intime, correspondant de Pont de Veyle, et peut-être son collaborateur dans ses pièces de théâtre ; son fils, le président de Bosjan, qui publia en 1752 les *Mémoires de Berval;* l'avocat général Loppin de Gemeaux ; Legouz de Gerland, un Mécène de province ; Guyton de Morveau ; le président de Ruffey, *fort galant homme, plein de connaissances, aimant les vers avec passion, même les siens;* l'intendant Joly de Fleury ; le conseiller de Chamblanc, dont l'esprit très réel mais trop affecté justifiait l'observation de son collègue de Brosses : « Tu veux être singulier, et tu n'es que ridicule; » les présidents de Bévy, de Bourbonne et de Chevigny...

Les femmes, de leur côté, sont brillamment représentées, et plus d'une aurait figuré avec honneur aux soupers de Mᵐᵉ du Deffand ou de Mᵐᵉ de Tencin : telles, Mᵐᵉˢ de Bourbonne, Cortois, J. de Bévy, Perreney de Vellemont, Mᵐᵉ des Montots que le président célèbre dans une lettre d'Italie : « Ce serait bien en vain qu'on courrait le monde pour trouver ailleurs un cœur aussi sensible et aussi vrai, une âme plus pure et meilleure, un caractère aussi égal, aussi sociable, aussi doux. Qu'a-t-elle besoin d'une aussi jolie figure ? Elle devrait la laisser à quelque autre : elle n'en a que faire pour être universellement chérie de tout le monde. Je lui passe pourtant ses yeux si doux et si fins, parce qu'ils sont le plus beau miroir de la plus belle âme qui ait jamais été... »

Qui encore ? La belle Mᵐᵉ de Saint-Contest dont le salon hospitalier réunissait non seulement les magistrats, mais la noblesse, la haute bourgeoisie, les grands fonctionnaires; la présidente Bouhier qui disait à son mari : « Chargez-vous de penser, laissez-moi écrire; » Mlle de Thil, l'amie de Mme du Châtelet; Mme de Saint-Julien née de La Tour-du-Pin, correspondante de Voltaire qui l'avait surnommée : Papillon-philosophe; la marquise de Paulmy, Mmes de Brosses-Crèvecœur, Lebault, de Sassenay, et la baronne de Clugny.

Cette aimable société se voit sans cesse, et soupers, parties de campagne, dîners intimes, dîners de gala, soirées, bals, comédies de société se succèdent sans interruption, avec l'accompagnement obligatoire des petits vers, lectures, amitiés émues et passionnettes. Parfois aussi on offre des fêtes au peuple : ainsi, après la grande maladie de Louis XV à Metz, M. Chartraire de Montigny, trésorier des États, eut à souper quatre-vingts ouvriers ou fournisseurs; et il y avait encore deux autres tables réservées aux musiciens et comédiens, aux commis et secrétaires de l'amphitryon :

« Les invités vinrent sur les quatre heures chez M. de Montigny, à l'issue d'un *Te Deum* chanté aux Jacobins, tous avec des cocardes blanches, et en ressortirent avec un char de triomphe, orné de guirlandes, chargé de bergers, de bergères, de divinités champêtres mêlées avec celles du ciel, tous habillés aux dépens dudit sieur de Montigny, qui accompagnait toute cette marche aux cris de : Vive le roi ! On revint chez lui, où il y eut un concert prodigieux sur amphithéâtre à ce destiné, dans la galerie qui a vue sur le jardin de M. de Tavannes. Le souper qui suivit fut admirable. Il y avait à la table des artisans un saumon pesant trente livres, tout le reste à proportion. Je ne vous dis rien de l'illumination, ni des fontaines de vin qui coulait comme l'eau dans la Seine. Après le souper, on jeta toutes les confitures par la fenêtre. J'oubliais de vous dire que le char de triomphe en était chargé, et qu'on en distribuait au peuple. Soit ivresse ou excès de joie, toutes les porcelaines et les cristaux furent pareillement jetés par les fenêtres, tout fut brisé, et cette aventure coûta, dit-on, dix mille livres. »

Un homme d'une érudition universelle qui, par certains traits, rappelle ses compatriotes les présidents Bouhier et de Brosses, M. Henri Chabeuf, peint avec force cette société parlementaire, « spirituelle, sceptique et sensuelle, éprise de tous les luxes, surtout de celui de l'esprit, qui, par des chemins fleuris, s'achemine tout doucement vers l'abîme où va s'engloutir le trop aimable et inconscient xviiiᵉ siècle. » Il y avait, ajoute-t-il, un décorum que l'on gardait extérieurement, mais c'était, à tout prendre, un singulier monde que la bonne compagnie d'alors ; une fois la pourpre du palais mise au vestiaire, on parlait plus que librement, on faisait ses délices des œuvres les plus risquées de Voltaire et autres ; ne sait-on pas que Malesherbes citait à tout propos les vers de la *Pucelle?* Mais, à l'exemple de Voltaire, on considérait la religion comme un frein utile pour retenir dans la soumission la multitude des pauvres diables; comme Cicéron, dont un palimpseste n'avait pas encore livré le *de Republicâ,* on faisait de

Dieu un instrument de gouvernement. De là ces étranges dissonances entre le fond et la forme ; ces à-coups judiciaires comme l'arrêt qui frappe le jeune La Barre. Des magistrats, qui tenaient entre eux les plus libres propos, condamnaient ainsi à des supplices d'un autre âge les plus légères atteintes à une foi qu'ils ne respectaient même pas en paroles. Ce qu'a coûté au xviiie siècle et à la France ce pharisaïsme, on le sait ; avec leur terrible logique, les masses révolutionnaires ont traduit en actes les idées et le langage des salons ; certes, le châtiment a dépassé la faute, mais on peut dire que jamais société ne fut plus délibérément son propre fossoyeur... Je ne fais pas ici un réquisitoire contre Charles de Brosses, je voudrais seulement qu'on se résignât une fois pour toutes à le voir tel qu'il a été, c'est-à-dire un homme de son temps ; n'en est-on pas toujours plus ou moins ?...

A Paris comme à Dijon, de Brosses vit pleinement sa vie ; il est à tout et suffit à tout, au jeu, au travail, à la vie de salon, à la vie de cabinet : opéra, concerts spirituels et temporels, ventes de tableaux, Académie des Inscriptions, conversation des savants, des gens de lettres, visites aux hommes célèbres, tout devient son domaine, son plaisir. Il fréquente le cercle de la marquise de Crèvecœur, et on le voit aussi chez Mmes Dupin, du Bocage, de Ménières, chez Helvétius et Foncemagne ; sans oublier les amis bourguignons, Buffon et Sainte-Palaye. Il correspond avec de nombreux savants français et étrangers. Veut-on savoir comment il juge Diderot ? « C'est un gentil garçon, bien doux, bien aimable, grand philosophe, fort raisonneur, mais faiseur de digressions perpétuelles. Il m'en fit bien vingt-cinq hier, depuis neuf heures qu'il resta dans ma chambre jusqu'à une heure. Oh ! que Buffon est bien plus net que tous ces gens-là ! » Et voici pour Turgot : « Il est très instruit et fort homme de bien. Pourvu qu'il ne veuille pas nous mener d'une manière tranchante, par système encyclopédique ! Je ne donnerais pas le royaume d'Ithaque à administrer à l'abbé Raynal. Le corps politique est trop affaibli pour supporter les remèdes brusques. »

Pendant un exil du Parlement, de Brosses se retire à Neuville-les-Dames, où florissait un chapitre noble de dames de l'Ordre de Saint-Benoît ; Mme de Brosses douairière s'y était installée avec ses deux filles. Il y joue la comédie, remplit le rôle de Philippe Hombert dans *Nanine*, du Bourru dans la pièce de Goldoni. Un président qui joue la comédie avec des chanoinesses, quel trait de mœurs ! Mais quel singulier couvent ! On y donnait des bals fort agréables. Et ce n'est pas le seul prieuré où se pratiquent de tels compromis entre la vie mondaine et la vie religieuse, de même que le président n'est pas le seul magistrat qui se console si allègrement : son biographe le remarque, non sans quelque surprise :

« La plupart de ces proscrits, insoucieux de l'avenir, se consolaient par des épigrammes et des soupers de la ruine simultanée des finances et du droit public de France. Ainsi en était-il dans toute la France, et si l'on excepte, avec Malesherbes, quelques Romains comme lui *dérobés aux heureux temps de la république,* avouons-le, partout les parlementaires subissaient leur dispersion avec plus de gaieté que de grandeur. » A son tour, M. Grellet-Dumazeau, dans un excellent travail sur les parlementaires parisiens exilés à Bourges en 1753-1754, raconte qu'ils finirent par donner la comédie de société à quatre reprises : plusieurs jouent gros jeu, courtisent les dames ; et même l'un d'eux se battit en duel avec un officier ; un autre voulait donner un bal. Fallait-il cependant, comme le souhaitaient quelques-uns, se couvrir la tête de cendres et vaticiner à l'instar des prophètes bibliques ? Et, quand on critique ces divertissements, n'oublie-t-on pas un peu trop l'amertume de ces longs exils, la privation des habitudes, l'absence de confortable, et l'ennui, le lourd ennui, plus pesant encore aux femmes qu'à leurs maris ? Quelques magistrats reçoivent quinze lettres de cachet, subissent des vexations odieuses. Le Parlement de Paris, exilé à Pontoise en 1720, n'avait-il pas donné l'exemple des festins, du jeu et des bals ?

Dijon a son grand homme, le président Bouhier, élu membre de l'Académie française en 1727 avec dispense tacite de résidence, critique, antiquaire, collectionneur, historien, poète, l'ami intime de Mathieu Marais et de Valincour, un des grands curieux du siècle, et l'un de ses épistoliers les plus exacts, car il n'a pas moins de cent quinze correspondants, aussi connu pour son érudition que pour la bonté de son âme : au demeurant, prosateur lourd, tout à fait médiocre, et la postérité, ou l'a dit, juge les auteurs sur ce qu'ils ont écrit au public, non sur ce qu'ils ont écrit à leurs amis. Sa famille fournit au Parlement, à ce *Sénat bourguignon*, sept générations de conseillers. De Brosses rend cet hommage à la bienveillance de son accueil : « A-t-il jamais eu autre chose à écouter que ce qu'on avait à lui faire entendre? Autre chose à dire que ce qu'on souhaitait d'apprendre? On aurait cru qu'il ne savait que ce qu'on voulait savoir de lui. » Et je ne connais rien de plus stoïque que ce mot pendant son agonie : « Chut! dit-il à ceux qui l'entouraient, j'épie la mort! » Bouhier est l'intermédiaire des salons et des cercles littéraires de Dijon; même une petite Académie libre se groupait autour de lui, dans des conférences hebdomadaires remplies par de libres entretiens, par de sérieuses lectures, chacun apportant à tour de rôle son écot. Plus tard, le président de Ruffey recueillit les restes de la société littéraire formée par Bouhier : on fit des recrues, on se donna des statuts, la forme, les habitudes d'une académie, et de Brosses s'en montrait un des membres les plus laborieux. Cette société finit par se fondre dans l'Académie de Dijon, fondée en 1740 par un doyen du Parlement.

Il tenait un grand état dans sa bien-aimée et bien aimable ville de Dijon. « Le vieil hôtel de famille s'ouvrait largement à la belle société, observe M. Emmanuel de Broglie, et la bibliothèque ne faisait nullement tort aux pièces plus mondaines où les grandes dames, soit de la province, soit de la Cour, qui suivaient leurs maris, venaient briller dans un salon où l'on aurait pu se croire à Paris. C'est ainsi que successivement la duchesse de Saint-Aignan, dont le mari gouverna la

Bourgogne à la place du duc de Bourbon ; la marquise de Tavannes, femme du commandant militaire, et Mme de Saint-Contest, femme de l'intendant de Bourgogne, celui qui fut plus tard ministre d'État, vinrent, pendant leur séjour à Dijon, apporter aux réunions du président toutes les grâces et les belles manières de la capitale... Il était également un grand amateur de musique ; il suivait assidûment les concerts qu'on avait organisés par souscription dans une salle spéciale, et les salons de la rue Saint-Fiacre entendaient parfois les accords des voix et de l'orchestre succéder aux graves discussions sur les matières de droit et d'érudition. »

La bibliothèque de Bouhier, comprenant 35,000 volumes et 2,000 manuscrits choisis, avait une réputation européenne, attirait à Dijon une foule de savants ; il en faisait les honneurs à tous, prêtait livres et manuscrits, les laissant consulter aux érudits ; s'il y eut dans cette libéralité si rare quelque arrière-pensée d'ostentation innocente, de vanité assez légitime, ne nous en plaignons pas : tout le monde y gagnait. L'Académie de Bouhier se réunissait naturellement dans sa galerie-bibliothèque, toute décorée de statues, tableaux, de cartes et médailles, avec des échelles mobiles pour mettre en communication rapide avec les ouvrages (1). Aussi rien ne semblait plus légitime, n'était mieux accepté que le principat du président.

Bouhier, dans sa correspondance avec Marais, parle

---

(1) Bouhier rédigea ainsi son épitaphe : « Ci-gît un homme qui cultiva les douces muses et la triste Thémis. »

souvent de Voltaire, et en général avec peu de sympathie. Tous deux s'amusent des coups de bâton que lui fit donner le chevalier de Rohan, et Marais ajoute vertement : « On s'est souvenu du mot de M. le duc d'Orléans à qui il demandait justice sur pareils coups, et le prince lui répondit : « On vous l'a faite. » L'évêque de Blois a dit : « Nous serions bien malheureux si les poètes n'avaient pas d'épaules... » D'autres ne sont pas plus épargnés : ainsi le cardinal de Noailles, *une éminente girouette;* la duchesse de Gontaut qui tenait un salon littéraire avec beaucoup d'éclectisme. Elle voulut faire entrer à l'Académie le chevalier de Ramsay, disciple et admirateur de Fénelon; voilà une bonne occasion de dauber sur la duchesse et sur d'Olivet qui avait écrit une lettre assez maladroite pour se justifier de cet échec. Et ce trait de Bouhier : « Au bout du compte, La Motte avait su faire aimer ses défauts. Je ne sais si Voltaire fera aimer ses vertus. » — Ils ne s'interdisent pas non plus les à peu près, les demi-calembours : « ...Le *Temple du Goût* ou du *Dégoût* (de Voltaire). »

Un autre correspondant de Bouhier lui envoie une de ces poésies légères appelées Kyrielles parce que le même mot se trouve répété à chaque vers : le président se montrait friand de ces riens, les racontait à ses amis de Dijon, les collectionnait avec soin :

La Kyrielle des riens.

Un rien fait pencher la balance,
Un rien nous pousse auprès des grands...

Le président va souvent à Paris, où il finit par être aussi connu qu'à Dijon, recherche les salons littéraires, les salons parlementaires, fréquente chez les grands seigneurs originaires de Bourgogne : les Bauffremont, la maréchale de La Motte, Mme de Brienne, la petite Cour de la duchesse du Maine à Sceaux, la marquise de Lambert, les Molé, les d'Aligre, les Le Pelletier, les Lamoignon, Turgot, Lambert, prévôt des marchands, le choient, le fêtent à l'envi. Très avisé, il se garde bien de se compromettre dans les querelles littéraires, s'efforce de rester bien avec tout le monde, et y réussit en perfection. Ses correspondances entretiennent un crédit, une réputation qu'il soigne savamment. (1) Le « froid chancelier du Parnasse, » d'Alembert, le

____

(1) Bouhier fait grand accueil aux lettres de Valincourt, l'ami, le confident de Racine et Boileau, historiographe du roi, gouverneur et confident du duc du Maine, gentilhomme de la Chambre, membre de l'Académie des sciences, de l'Académie française ; *l'honnête homme* par excellence, celui qu'on avait surnommé : *le solitaire de Saint-Cloud.* Ce solitaire recevait à Saint-Cloud l'élite de l'élite, et l'on considérait comme un grand honneur de faire partie de ces cérémonies. « C'était, dit Saint-Simon, un homme d'infiniment d'esprit, et qui savait extraordinairement, d'ailleurs, un répertoire d'anecdotes de Cour, où il avait passé sa vie dans l'intrinsèque, parmi la compagnie la plus illustre et la plus choisie, solidement vertueux et modeste, toujours dans sa place, et jamais gâté par les confiances les plus importantes et les plus flatteuses, d'ailleurs très difficile à se montrer, hors avec ses amis particuliers, et peu à peu, très longtemps devenu grand homme de bien... » Ses lettres à Bouhier contiennent de fins jugements sur les hommes et les choses. C'est lui qui, après l'incendie de sa maison et de sa bibliothèque, dit simplement : « Je n'aurais pas tiré profit de mes livres si je n'avais appris à m'en passer. »

remarque avec finesse : « Les hommages que M. le président Bouhier recevait de tous les savants de l'Europe, étaient non seulement la juste récompense de son mérite, mais le fruit de la correspondance régulière qu'il entretenait avec un grand nombre d'entre eux. Rien n'est plus propre à nourrir, si l'on peut parler ainsi, la réputation d'un homme de lettres, et quelquefois même à la fonder, au moins pour un temps, qu'un grand commerce épistolaire ; c'est un moyen de célébrité que Leibnitz lui-même ne négligeait pas ; le littérateur qui lui écrivait était sûr d'être honoré d'une réponse... »

Dufort de Cheverny nous présente en ces termes un de ses amis : « Le président de Salaberry avait la figure et le corps calqués sur Henri IV, et il était un modèle parfait de ce prince, au moral comme au physique. Bien fait dans sa moyenne taille, il avait dans les yeux un feu qui intéressait toutes les femmes, même avant qu'il parlât, avec une imagination et une vivacité qui étonnaient, et une gaieté dans les idées dont il semblait ne pas se douter. Aimant les femmes par-dessus tout, loyal et probe dans toutes les actions de sa vie, mais inconstant par nature, il savait plaire, jouer et courir à une autre, avec une adresse et une grâce merveilleuses : il aurait ennobli le libertinage. — Ne se donnant pas la peine de lire à cause de sa vivacité, parlant facilement et beaucoup, il saisissait une idée, quelque abstraite qu'elle fût, et l'abandonnait avec la même violence, soit par satiété, soit pour avoir le plaisir de soutenir le contraire. Distrait, mais d'une façon aimable, il répondait une demi-heure après à une question qu'il semblait ne pas avoir entendue. Bien dirigé, il eût été capable de grandes choses; mais son grand malheur était de mettre sa confiance plutôt dans un nouveau venu que dans un ancien ami... »

Et voici le bouquet : « Je ne tardai pas à voir son âme à découvert; il était la vérité même, et j'appris par lui qu'il était traité à merveille par plusieurs femmes dont je ne me serais pas douté. Il n'en *tirait aucune vanité*, mais il s'y livrait avec passion, et menait plusieurs intrigues avec une adresse merveilleuse, malgré ses distractions. »

Le procureur général La Chalotais (1), l'adversaire du duc d'Aiguillon et des jésuites, suivait avec plus de modération le mouvement mondain : d'ailleurs il allait souvent à Paris, fréquentait le théâtre et les salons littéraires, celui de la marquise de Lambert entre autres, envoyait à ses amis de la capitale du beurre de Bretagne en cadeau : même il eut l'idée de demander à Adrienne Lecouvreur des leçons de déclamation, une correspondance s'engagea entre eux, et, à défaut de leçons, la tragédienne donnait ces excellents conseils au jeune avocat général : « Vous dites que vous voudriez que je vous apprisse l'art de la déclamation, dont vous avez besoin : avez-vous donc oublié que je ne déclame point? La simplicité de mon jeu en fait l'unique

---

(1) Barthélemy POCQUET : *Le Duc d'Aiguillon et La Chalotais*, 3 vol., Perrin. — MARION : *La Bretagne et le duc d'Aiguillon.* — Louis DE VILLERS : *La Chalotais agriculteur.*

et faible mérite, mais cette simplicité que le hasard a fait tourner à bonheur chez moi me paraît indispensable dans un homme comme vous. Il faut premièrement autant d'esprit que vous en avez, et puis laisser faire la belle nature. Vouloir l'outrer, c'est la perdre. Grâce, noblesse et simplicité dans l'expression, et mettre la force seulement dans le raisonnement et dans les choses, c'est ce que vous direz et ferez bien mieux que personne. »

La correspondance du président Dugas et de Saint-Fonds (1709-1739) fourmille de traits et d'histoires qui jettent une vive lumière sur la société de Lyon dans la première partie du xviiiᵉ siècle ; chemin faisant, la politique, la guerre, la vie à Paris, à la campagne, les questions de tout ordre s'y reflètent d'une manière assez originale, dans un échange d'impressions très sincères entre deux hommes distingués, vertueux et pieux, qui s'aiment d'une amitié parfaite, et ne laissent pas passer un jour sans s'écrire lorsqu'ils sont séparés. Dugas fonde l'Académie de Lyon, versifie beaucoup à tort et à travers, car ses vers ne valent pas le diable, mais il conte avec bonne humeur ses pensées, les scènes et conversations auxquelles il se trouve mêlé ; son ami fait comme lui, et comme ils ont connu, pratiqué nombre de gens d'esprit ou de talent, cette correspondance semble fort nourrie, savoureuse, et se lit avec agrément. Citons en quelques lignes.

Le Régent ayant écrit au Chancelier : « Les intérêts de l'Église et de l'État m'obligent de vous redemander les sceaux que je vous confiai, il y a près d'un an. Vous les remettrez à M. de La Vrillière. » Le Chancelier répondit : « Monseigneur, je ne méritais pas l'honneur que vous me fîtes, il y a près d'un an, en me confiant les sceaux. Mais je mérite encore moins l'affront que vous me faites aujourd'hui en me les ôtant (1). »

« Le Parlement a eu audience sur les remontrances. M. le premier président a porté la parole avec beaucoup de dignité. Voici une épigramme sur ce sujet que je retins hier pour vous en faire part :

> A l'Écho, ce matin, je demandais comment
> Tournera le gouvernement,
> Après le beau discours du président de Mesme,
> L'Écho m'a répondu : De même.

« De toutes les provisions qu'on a accoutumé de faire quand on se met en ménage, je n'en connais point de plus nécessaire qu'un grand fonds de douceur et de complaisance. »

On conseillait à un paysan d'aller voir les magistrats pour hâter la solution d'une affaire. Mais lui, secouant la tête : « Vouay, m'écouteront-ils ? Ils ne font tote la journa que bruire leurs violons et leurs muzettes. »

Le duc d'Elbeuf et le duc de La Ferté soupaient chez un ami. « Le repas se passait d'assez bonne grâce, mais comme le duc d'Elbeuf... ne disait pas un mot de vérité dans tous les discours qu'il tenait, le duc de

---

(1) *Correspondance littéraire et anecdotique entre M. de Saint-Fonds et le président Dugas*, publiée et annotée par M. William POIDEBARD, 2 vol. in-4°, Lyon.

La Ferté, qui s'était contenu de son mieux pendant longtemps, ne put à la fin y résister : il se tourna vers le laquais de M. d'Elbeuf et lui dit : *Cliton, donne à boire à ton maître.* Or, vous savez que Cliton, dans la comédie de Corneille, est le valet du Menteur... »

Les magistrats littérateurs et lettrés sont très souvent des magistrats collectionneurs et mondains. Je viens d'en citer plusieurs, et la liste serait inépuisable; rappelons seulement quelques noms connus (1), d'après l'étude de M. Quesnay de Beaurepaire qui lui-même a écrit trois bons romans : *le Berger, le Forestier, le Marinier.* C'est lui qui répondait à la baronne de Bury, comme elle le félicitait du courage avec lequel il avait requis dans une grave affaire : « Je n'ai pas eu de courage puisque je n'ai pas su en inspirer aux jurés. »

« La magistrature française, dit-il, — c'est une de ses gloires, — a de tout temps manifesté des aspirations supérieures. Elle a toujours vu que l'instruction requise sur les bancs du collège n'est qu'une préparation... Voués à l'art oratoire ou à l'audition des orateurs, appelés à buriner dans leurs arrêts les déductions claires et les formules saisissantes, vivant dans un milieu d'allusions et de citations, voués enfin par métier à la rhétorique, les magistrats sont par une pente naturelle devenus des lettrés... Ceux-ci se sont bornés

----

(1) Discours de rentrée de l'avocat général Séguier en 1770. — *L'Amour des Lettres :* Discours prononcé par M. l'avocat général Quesnay de Beaurepaire, ROUGIER, éditeur, 1, rue Cassette.

aux fortes lectures ; ceux-là, plus curieux, ont développé leur goût dans l'art critique ; tels sont allés plus loin, vers la faculté créatrice ; qu'importe? C'est toujours la gymnastique de l'esprit... Je fais autant de cas de Chauvelin qui hors du Palais devient un théologien profond, que de d'Ormesson qui passe ses nuits à creuser les moralistes, que du conseiller Montmort, savant géomètre à ses heures, ou du conseiller de Sacy, qui devient un maître orientaliste. Ils ont augmenté leur valeur, tout est là... »

Au xvie siècle, voici deux conseillers au Parlement de Bordeaux, unis par l'amitié la plus tendre, La Boétie, l'auteur de *Servitude volontaire*, et Montaigne, le sage Montaigne, l'auteur de ces *Essais* que le cardinal Duperron appelait le bréviaire des honnêtes gens. J'ai déjà nommé Étienne Pasquier, les de Thou; Noël du Fail, magistrat breton, qui publia les *Propos rustiques*, et les *Contes d'Eutrapel*, méritait les études que lui ont consacrées Baudrillart et Arthur de La Borderie (1).

Les Lefèvre d'Ormesson composent une dynastie; et le premier Bignon fut surnommé *le grand avocat général*, bien qu'il eût Lamoignon pour collègue; sa correspondance avec Scaliger, de Thou, Grotius, ses travaux sur Grégoire de Tours attestent son érudition et son esprit; son petit-fils, le conseiller Jean-Paul, membre

---

(1) *Les Propos rustiques*, édités par Arthur de La Borderie, un vol., Lemerre. — BAUDRILLART : *Revue des Deux Mondes*, 1er mars 1889.

de l'Académie des sciences, de l'Académie française et de l'Académie des inscriptions, horticulteur passionné, collabora au *Journal des Savants*, et écrivit même un roman, *les Aventures d'Abdallah*.

Il faut ajouter le président Cousin, auteur d'une *Histoire de l'Église* et d'une *Histoire de Constantinople*; le substitut La Mothe Le Vayer, surnommé par Naudet, non sans exagération : le Plutarque français ; Hai du Chatelet, « homme de bonne mine, esprit ardent, ayant toujours belles ripostes. » Comme il plaidait courageusement la cause de Montmorency devant Louis XIII : « Je pense, dit celui-ci, que M. du Chatelet donnerait un de ses bras pour sauver M. de Montmorency. — Je voudrais, sire, répondit-il, les avoir perdus tous les deux, car ils sont inutiles à votre service, et en avoir sauvé un qui vous a gagné et vous gagnerait encore des batailles. »

Deux avocats généraux académiciens, Bazin de Bezons et Salomon, étaient gens de valeur, et ne méritaient pas d'être drapés par Tallemant des Réaux. Citons cependant quelques lignes de ces satires, assez plaisantes, mais dont il faut rabattre les trois quarts :

« C'est M. Chapelain qui l'a fait recevoir (Salomon). Il n'était pas mal fait, mais fat. Voulant se faire auteur, il donna à imprimer des vers latins et un méchant *Benedicite* en vers français, où il y avait, entre autres sottises, que les montagnes sont *les mamelles de la nature*, et que les fontaines *couloient d'argent potable*. Il se trouva qu'il avait volé cette belle pièce à un moine de son pays, qui la réclama à cor et à cri comme précieux joyau. Il adressa aussi à M. de Groluis un ouvrage dont le milieu était très mauvais; il avait emprunté le commencement et la fin à Roljac... »

« Bazin de Bezons est gendre d'un Talon. Petit bout d'homme tout rond, joufflu comme un des quatre vents, et aussi bouffi d'orgueil qu'il y en ait au monde. Avant d'être avocat général, il allait dans la société du faubourg Saint-Germain, où l'on joue la comédie. Pour se faire nommer, il a mis le siège devant la présidente de Pommereuil. »

Au XVIIIe siècle s'épanouit un genre littéraire nouveau, sous le nom de factums, mémoires et comptes rendus. Ils font souvent la réputation de leurs auteurs, mais en même temps l'opinion publique a grandi, et ses interprètes, parfois très crottés, malmènent ceux qui déplaisent ou qui semblent abandonner la liberté. On apprend un jour que le premier président Portail et le chef du parquet ont fait défection : le lendemain, le palais est couvert d'écriteaux avec ces mots : « Palais à vendre. Les fondements et le dedans en sont bons; il n'y a que le portail qui n'en vaut rien, et le parquet est en mauvais état. » Ceci rappelle la question d'une légitimiste impénitente à un jeune substitut qui prenait congé d'elle pour aller, disait-il, au parquet : « Est-ce pour le cirer? »

N'oublions pas d'Argental, conseiller d'honneur au Parlement de Paris, neveu de Mme de Tencin, ami d'Adrienne Lecouvreur, confident et correspondant de Voltaire; Bachaumont, président à mortier au Parlement de Paris; le président Dupaty, du Parlement de

Bordeaux, qui se délassait de ses études sur l'Hospital et Beccaria, en écrivant les *Lettres sur l'Italie* et des vers badins. Voltaire, quand on lui parlait des talents du magistrat, répondait : « Oui, c'est un bon écrivain, » et il affirmait : « C'est un bon magistrat, » lorsqu'il était question du lettré. — Lefranc de Pompignan, premier président de la Cour des Aides de Montauban, membre de l'Académie française, plus connu par sa querelle avec Voltaire que par ses tragédies, ses traductions, ses poésies; et cependant il composa une belle ode dont on cite encore quelques strophes, celle-ci par exemple :

> Le Nil a vu sur ses rivages
> Les noirs habitants des déserts,
> Insulter par leurs cris sauvages
> L'astre éclatant de l'univers.
> Cris impuissants! Fureurs bizarres!
> Tandis que ces monstres barbares
> Poussaient d'insolentes clameurs,
> Le Dieu, poursuivant sa carrière,
> Versait des torrents de lumière
> Sur ses obscurs blasphémateurs.

Son caractère inspirait tant d'estime que son élévation au poste de premier président fut saluée par des fêtes publiques.

Les premiers présidents de Mesmes, Portail, l'avocat général Séguier, l'avocat général d'Aguesseau, Voyer d'Argenson, lieutenant général de la police de Paris, entrent aussi à l'Académie française.

Malesherbes est élu comme par acclamation le jeudi 12 janvier 1775; à la mort de Dupré de Saint-Maur,

« par une admiration extraordinaire de ses hautes qualités, cette Compagnie a arrêté de le recevoir et de l'inviter à venir prendre place dans son sein. » Malesherbes voulait obtenir non seulement l'unanimité des suffrages des présents, mais celui de Voltaire avec lequel il avait eu quelques démêlés au temps du chancelier Maupeou. « M. de Malesherbes, écrit Bachaumont, a écrit à M. de Voltaire pour avoir son suffrage, et M. de Voltaire lui a répondu. Ces deux lettres sont, dit-on, un chef-d'œuvre d'adresse pour s'épier, s'observer, ne pas se compromettre. »

Après 1789, Cambacérès, Merlin de Douai, Regnault de Saint-Jean-d'Angely, Pons de Verdun, Target, font partie de l'Institut; le premier président de Sèze y apparaît en 1816; puis l'avocat général Marchangy, auteur d'une *Gaule poétique* et d'autres ouvrages qui eurent leur instant de célébrité.

La *Physiologie du Goût*, « cette bible de la gaieté épicurienne, » a rendu célèbre Brillat-Savarin, et c'est justice. Magistrat sous l'ancien régime, député à la Constituante, émigré malgré lui, et faisant un peu tous les métiers pour vivre en exil, jusqu'à jouer du violon dans un théâtre, il fut encore officier, et enfin conseiller à la Cour de Cassation. Il adorait le monde et compta parmi les plus aimables causeurs du salon de sa parente Mme Récamier. Marchangy et lui moururent des suites d'un refroidissement attrapé, en 1826, à la messe commémorative du 21 janvier. Le premier président commit ce jour-là un double homicide involontaire.

N'avait-il pas ajouté, de sa main, sur la lettre de convocation : « Monsieur le Conseiller, j'espère qu'on vous verra à cette messe solennelle, d'autant plus que ce sera la première fois ? »

Citons quelques aphorismes de la *Physiologie du Goût*. Aussi bien cette question du dîner ne joue-t-elle pas un rôle éminent dans une histoire de la société polie, et de toutes les sociétés ?

« Les animaux se repaissent, l'homme mange, l'homme d'esprit seul sait manger.

« La découverte d'un mets nouveau fait plus pour le bonheur du genre humain que la découverte d'une étoile.

« La destinée des nations dépend de la manière dont elles se nourrissent.

« Dis-moi ce que tu manges, je te dirai ce que tu es.

« La table est le seul endroit où l'on ne s'ennuie jamais pendant la première heure.

« Un dessert sans fromage est une belle à qui il manque un œil.

« On devient cuisinier, mais on naît rôtisseur.

« Attendre trop longtemps un convive retardataire est un manque d'égards pour tous ceux qui sont présents.

« Celui qui reçoit ses amis et ne donne aucun soin personnel au repas qui leur est préparé, n'est pas digne d'avoir des amis.

« Convier quelqu'un, c'est se charger de son bonheur pendant tout le temps qu'il est sous notre toit.

« La gourmandise est une préférence passionnée,

raisonnée et habituelle pour les objets qui flattent le goût... Sous le rapport physique, elle est le résultat et la preuve de l'état sain et parfait des organes destinés à la nutrition. Au moral, c'est une résignation implicite aux ordres du Créateur qui, nous ayant condamnés à manger pour vivre, nous y invite par l'appétit, nous soutient par la saveur, et nous en récompense par le plaisir... Sous le rapport de l'économie publique, la gourmandise est le lien commun qui unit les peuples par l'échange réciproque des objets qui servent à la consommation journalière...

« Le plaisir de manger est la sensation actuelle et directe d'un besoin qui se satisfait... il nous est commun avec les animaux... Le plaisir de la table est la sensation réfléchie qui naît des diverses circonstances de faits, de lieux, de choses et de personnes qui accompagnent le repas... il est particulier à l'espèce humaine... »

Brillat-Savarin rattache de piquantes anecdotes à l'étiquette de la table et à la recette de certains mets. *L'Omelette au thon*, *les Œufs au jus*, *Victoire nationale*, *les Ablutions*, *le Plat d'anguille*, *le Piège*, *Une journée chez les Bernardins*, *Bonheur en voyage*, *le Turbot*, *la Poularde de Bresse*, *le Faisan*, *la Fondue*, sont des récits charmants en leur genre.

Ne quittons pas cet épicurien bienfaisant sans lui emprunter encore quelques traits.

« Monsieur le Conseiller, disait une vieille marquise, lequel préférez-vous du bourgogne ou du bordeaux? — Madame, répondit le magistrat interpellé, c'est un procès dont j'ai tant de plaisir à visiter les pièces, que j'ajourne toujours à huitaine le prononcé de l'arrêt. »

« Je n'ai pas grande idée de cet homme, disait le comte de M... en parlant d'un candidat qui venait d'attraper une place : il n'a jamais mangé de boudin à la Richelieu, et ne connaît pas les côtelettes à la Soubise. »

Un buveur était à table, et au dessert on lui offrit du raisin : « Je vous remercie, dit-il, je n'ai pas coutume de prendre mon vin en pilules. »

Le président Henrion de Pansey dit un jour à trois grands savants, MM. de la Place, Chaptal et Berthollet : « Je ne regarderai point les sciences comme suffisamment honorées, ni comme convenablement représentées, tant que je ne verrai pas un cuisinier siéger à la première classe de l'Institut. »

Personne mieux que Brillat-Savarin n'a su montrer l'alliance intime qui a toujours existé entre l'art de bien dire, l'amour, la sociabilité, la diplomatie, les affaires, la beauté, le bonheur conjugal, la richesse publique, et... l'art de bien manger.

En feuilletant le livre d'or des magistrats lettrés du XIXe siècle, j'aperçois Portalis, de Serre, Berriat Saint-Prix, Gustave de Beaumont, Alexis de Tocqueville, membre de l'Académie française, qui a écrit des livres de haut vol, mais cependant nous a montré une Amérique idéale, comme Mme de Staël avait, avant lui, peint une Allemagne imaginaire ; Pont, Delangle, Larombière, Adolphe Guillot, Aubry, Troplong, Charles

Sapey; Charles Renouard (1), membre de l'Académie des sciences morales et politiques, un beau caractère, un talent fait d'ordre, de méthode et de modération courageuse, de libéralisme sincère et de raison passionnée. « Il portait avec lui le charme de son cœur et le mouvement de son esprit, dit M. Georges Picot. Dans le salon de sa belle-sœur, Mme Cheuvreux, où il avait rencontré tant d'hommes rares, Ampère, Frédéric Bastiat, l'abbé Perreyve, on le voyait apportant la même grâce d'accueil, le même sourire de bonté, et laissant à tous la même impression de sincérité et de sympathie; il venait souvent à Stors, dans cette demeure où il trouvait tant d'amis assemblés, et, à côté d'eux, le pavillon où il aimait à montrer en M. Léon Say un des esprits qu'il estimait le plus. »

Louis Favre et le docteur Ménière ont agréablement dessiné la physionomie du chancelier Pasquier, « un des hommes les plus spirituels de son temps, dit Émile de Girardin, parce que son esprit est un type, sa conversation un modèle et l'idéal du bon goût (2). » Son salon et celui de son amie la comtesse de Boigne, comptent parmi les plus intéressants pendant la Monarchie de Juillet et le second Empire.

---

(1) Voir sur Charles Renouard l'excellente *Notice historique* de M. Georges Picot, in-8°, Hachette, 1902.

(2) *Mémoires du chancelier Pasquier,* 6 vol. — Louis Favre : *Estienne-Denis Pasquier, chancelier de France,* 1 vol., Perrin. — *Journal du docteur Ménière,* 1 vol., Plon. — Je parlerai du chancelier Pasquier dans un des volumes consacrés au xixᵉ siècle.

Le procureur général Dupin, membre de l'Académie française, président de la Chambre des députés sous Louis-Philippe, et de l'Assemblée Législative de 1849, n'est pas un grand caractère; on l'a défini : le plus spirituel des esprits communs, et, dans ses *Mémoires*, il avoue lui-même que la vie judiciaire lui a toujours bien mieux convenu que la vie politique. Jamais, il le reconnaît de bonne grâce, il ne s'est élevé jusqu'à l'homme d'État; trop de souvenirs du Palais, du code civil, surtout du code de procédure, l'en séparaient. Il ne voit dans le gouvernement qu'un tribunal agrandi, avec ses actions, exceptions, défenses, moyens dilatoires, et transporte dans la Chambre des députés ses habitudes d'avocat, de procureur général. Combien, du plus au moins, ont fait comme lui ! Un des premiers actes de Dupin n'est-il pas de demander que l'assemblée de 1815, recevant l'abdication de Napoléon Ier, lui donne par son acceptation un caractère synallagmatique? N'est-ce pas de lui cette interprétation originale de la Révolution de 1830? « La Charte, un contrat entre le peuple et le roi, rompu pour inexécution des conditions, et refait avec des clauses nouvelles. »

Il ne se contente pas de reviser les arrêts de l'histoire moderne, il évoque le passé, le fait comparaître à la barre de son tribunal. Plein d'indignation contre la justice du peuple romain, il s'arme de la *Bible*, du *Talmud*, des *Pandectes*, se place en face de la mort de Jésus-Christ. Ce qui le frappe, ce n'est pas la grandeur du drame, sa portée religieuse et philosophique, c'est le jugement de Ponce-Pilate ; il démontre *ex professo*, à grand renfort d'arguments juridiques, que la sentence est inique et sujette à révision, pour vice de forme, fausse interprétation de la loi, et qu'il y a lieu d'en appeler, à défaut du-préteur romain, devant le tribunal de Cassation de l'histoire (1).

On ne saurait lui refuser une mémoire prodigieuse, beaucoup de science juridique et d'habileté oratoire, le don d'improvisation sarcastique ; gai parfois, et par instants bourru jusqu'à la brutalité, ne pouvant résister au plaisir de lâcher un bon mot, ses coups de boutoir lui attirèrent de nombreux ennemis. Il avait le courage de ses doctrines, mais son caractère excluait les vues grandes et élevées ; il n'a pas dit : chacun pour soi, chacun chez soi, la paix à tout prix, il a dit : « chacun pour soi, chacun son droit. » Mais il a beaucoup sacrifié à la politique des intérêts, de son intérêt personnel, et l'on voudrait qu'il n'eût pas si vite fait sa paix avec le second Empire. Le place de procureur général lui semblait créée de toute éternité en son honneur, et il ne pouvait supporter plus longtemps, paraît-il, l'idée de dépenser tous ses revenus.

Dans les *Souvenirs* de Valentin Smith, je rencontre quelques silhouettes de magistrats : MM. d'Aiguy, Barthélemy, le marquis Godard de Belbeuf, Devienne,

---

(1) Voir sur l'*Éloquence judiciaire* une brillante étude de M. Ferdinand BRUNETIÈRE, dans *Revue des Deux Mondes* (1ᵉʳ mai 1888). — MUNIER-JOLAIN : *Les Époques de l'Éloquence judiciaire en France*, 1 vol., Perrin.

Henri Durand, Gaulot, Gilardin, Sériziat, Grenier. Chemin faisant, l'auteur rapporte des mots assez piquants; tel celui de Berryer au marquis de Belbeuf, premier président de la Cour de Lyon sous la Restauration, pair de France pendant la monarchie de Juillet, nommé sénateur en 1852. Le jour même où le Sénat se prononçait pour le rétablissement de l'Empire, M. de Belbeuf, rencontrant Berryer au sortir de la séance, lui dit : « Nous venons de faire le lit de Henri V. » Sur quoi Berryer riposta : « Eh bien! ce lit ne manquera pas de paillasses. »

Quant au premier président Devienne, il fut très discuté, et sa finesse, son habileté dans l'art de se glisser aux meilleurs postes, lui valurent mainte épigramme : « Vous verrez, disait Mme F..., qu'il trouvera le moyen d'arriver à une des premières places du paradis sans avoir jamais rien fait pour cela. » Mais il a eu l'honneur d'être défendu par un homme qui est un des plus beaux caractères de son temps, et le meilleur écrivain du barreau français, M. Edmond Rousse (1). « C'est un homme du monde très fin, très aimable, d'une gravité spirituelle, écrivait celui-ci. Avec ses yeux moqueurs et endormis à la fois, ses traits déliés, sa grande figure osseuse et basanée, son sourire austère et sceptique en même temps, il m'a toujours représenté l'image parfaite du prélat romain, du *Monsignor* rompu aux affaires et

----

(1) *Avocats et Magistrats*, 1 vol., Hachette, 1903. *Souvenirs du Siège de Paris*, 1 vol. — M. Rousse a consacré de pénétrantes études à Chaix d'Est-Ange, Charles Sapey et Alfred Levesque.

aux expédients de la politique, et gardant un demi-sérieux au spectacle des sottises et des folies de ce monde; sans passions, sans préjugés, bienveillant par nonchalance plutôt que par chaleur d'âme; ne voulant se donner trop de peine ni pour aimer, ni pour haïr; comme magistrat, ayant assez d'esprit pour se tirer de tout, même du Code civil; en politique, serviable par nature aux grands plutôt qu'aux petits, inclinant à la Cour et au pouvoir par élégance de goût et de caractère; sans autre opinion au fond, je crois, qu'un attrait invincible pour tout ce qui assure son repos et l'invincible horreur de tous les bruits qui pourraient le troubler. Un cardinal du xviie siècle fourvoyé dans notre démocratie... Mais qu'il ait trempé dans les actes honteux dont on semble l'accuser... lui! M. D...! avec son bon sens correct et sûr, avec son esprit exquis, avec sa tenue morale et l'irréprochable honnêteté dont témoignent sa vie publique et sa vie privée! Voilà une abominable sottise, à laquelle personne ne peut croire, et moins encore que d'autres, ceux qui la disent!... »

M. Henri Durand eut la réputation d'un magistrat faiseur de mots : pour lui comme pour les autres, je laisse de côté les qualités professionnelles, et m'attache surtout à l'homme d'esprit, au mondain, à certains traits de caractère. Un jour que certains conseillers pestaient contre trois avocats coupables d'avoir trop longuement plaidé dans une affaire, M. Durand proposa ce remède : « Je conclus à ce que chaque conseiller soit tenu de plaider au moins une fois par an, afin de servir de modèle aux avocats. » Une autre fois, après une interminable plaidoirie de V..., M. Sériziat ayant murmuré : « Désormais je laisserai plaider V... tant qu'il voudra, parce qu'il se fâche et qu'il finirait par me jeter son bonnet à la tête. » — « Bah, reprit M. Durand, si le bonnet est aussi léger que la tête, le projectile ne serait pas bien dangereux. »

Valentin Smith cite un procureur général, X..., qui avait la manie de faire préparer par ses avocats généraux et substituts des projets de lettres qu'il corrigeait à sa façon, en y substituant parfois des fautes de français, que les malins collectionnaient avec soin et sur lesquelles on glosait sans respect. Lorsqu'il fut nommé premier président, un de ses ennemis orna la nouvelle de ce commentaire : « Pourquoi s'étonner qu'il soit arrivé si vite ? Il est arrivé ventre à terre. » Comme les autres corps, la magistrature a ses critiques et ses satiristes qui disent quelquefois la vérité.

Pour être *président,* on n'en est pas moins homme.

Par le caractère autant que par le talent, M. Gilardin est une figure de grand magistrat ; s'il possédait l'art de l'*harmonie parlée,* il lui manquait les dons spontanés de l'orateur, son discours était poli et ciselé, trop constamment beau. M. Rousse a dit avec quelle simplicité courageuse, en 1870-1871, il marchait à la tête de l'ambulance du Palais, les jours de bataille, la croix rouge au bras, portant le brancard, allant droit devant lui avec une bravoure naïve : « Baissez-vous donc, monsieur, » lui criait un médecin militaire à Champigny.

Quant à Sériziat, magistrat éminent, il était la terreur

des avocats, qu'il ne laissait pas plaider assez, et qu'il interrompait âprement. Il finit toutefois par comprendre et mettre en pratique cette maxime : *Patientia maxima est pars justitiæ.*

A Bordeaux, le salon du président Émerigon jette tout son éclat de 1830 à 1845 (1) : esprit fin, assez mordant, capable de braver le ridicule d'un second mariage conclu en pleine *adolescence de la vieillesse* avec une jeune fille de vingt-cinq ans, aussi redouté comme président qu'il l'avait été comme avocat (ses confrères l'avaient surnommé *le chat*), il sut s'imposer à la société et au Palais. Il avait un goût très vif, presque sensuel, pour les choses de l'art, et dans son hôtel de la rue Judaïque, donna de belles soirées où l'on entendit Kalkbrenner, Artot, Alard, Nourrit, Thalberg, Rode, Funck, Herz, Pleyel, Mmes Damoreau-Cinti et Cornélie Falon. Les soirées ordinaires avaient lieu le mercredi et le samedi ; les samedis étaient consacrés à la musique, le mercredi on causait ; les poètes lisaient leurs vers inédits, et à l'occasion Gergerès improvisait. Un quatrain fut inspiré à ce dernier par l'horloge extérieure du palais de justice, si mal placée qu'on ne peut la bien consulter que du perron de l'hôpital.

> Ce cadran fort original
> Pour le passant est un supplice ;
> Il faut aller à l'hôpital
> Pour voir l'heure de la justice.

(1) Henri Chauvot : *Le Barreau de Bordeaux.* — De Perceval : *Émerigon et ses amis.* 1 vol., Féret, 1903. — Paul Courteault : *Le président Émerigon,* dans *Revue philomathique* du 1er février 1903.

Le président Émerigon rimait des versiculets dans le goût du xviiie siècle, et voici ceux qu'il improvisa sur la mort de son fermier, lequel était borgne et fort bête.

> De la mort de mon fermier
> On vient de m'informer.
> Pour lui la mort fut assez tendre,
> Puisqu'il n'eut qu'un œil à fermer,
> Et pas du tout d'esprit à rendre.

Depuis un siècle, pour être admis dans la magistrature des Cours et tribunaux de première instance, il faut être citoyen français, avoir la pleine jouissance des droits civils et politiques, l'âge requis, le diplôme de licencié en droit, et justifier d'un stage de deux ans au barreau d'une Cour d'appel ou d'un tribunal.

Les nominations, confiées au chef de l'État par l'article 41 de la constitution du 22 frimaire an VIII, se font sur la proposition du garde des sceaux, que ne lient aucunement les présentations des chefs de la Cour. Les députés et les sénateurs, qui ne l'ignorent point, ne se font pas faute de peser sur les décisions de la Chancellerie. Et les pessimistes ne manquent pas de gémir : tels députés, tels magistrats.

Depuis le Consulat, le mode de recrutement n'a pas été changé, mais la qualité des recrues et le milieu d'où elles sortent ont souvent varié. M. Dufaure n'aurait pas ratifié tous les choix de ses successeurs.

La capacité professionnelle des magistrats n'a pas baissé, mais à coup sûr leur autorité morale a diminué. D'abord, et ceci est triste à dire, parce que beaucoup sont presque dans la gêne. Or, le public répète volontiers la réponse du sceptique à ce lieu commun : « Pauvreté n'est pas vice : — C'est bien pis ! » Il lui semble que la fortune devrait être au niveau de la fonction, en pareil cas.

Cette pénurie, respectable d'ailleurs, provoque en province la soif de l'avancement. A peine le magistrat est-il en possession d'un poste, qu'il en sollicite un autre moins mal rétribué ; et sérieusement on ne saurait l'en blâmer. Ne faut-il pas qu'il vive et qu'il fournisse à la subsistance de sa famille ?

Quelque indépendant qu'il puisse demeurer sur son siège, il est dans le monde obligé à une grande circonspection. A force d'être observé, épié et dénoncé, il devient timoré. S'il veut que sa carrière ne soit pas entravée, il importe qu'il se gare des relations compromettantes, qu'il fuie tout contact avec les personnes, si honorables qu'elles soient, ne partageant pas les opinions politiques et religieuses du député influent et du préfet. Or, ce haut fonctionnaire, en vertu d'une circulaire récente, sera consulté sur l'opportunité du déplacement désiré. Malheur à qui n'a pas su se mettre en quarantaine à bon escient !

Le pouvoir exécutif, qui nomme les magistrats, considère volontiers comme des actes d'insubordination les décisions de justice qui ne sont pas conformes à ses prétentions. Oubliant qu'il n'y a que ce qui résiste qui soutient, il a peine à admettre que des juges créés par lui puissent, sur une question touchant à la politique ou à la religion, statuer contrairement aux conclusions du ministère public, lequel obéit aux ordres de la Chancellerie.

Actuellement, pour un magistrat, arriver à Paris, c'est être dans le port. Pourquoi ? Parce qu'à Paris, fît-il partie de la Cour de cassation ou de la Cour d'appel, il est perdu dans la foule, peut vivre à son gré, et doit son salut à son obscurité. En fait, nombre de magistrats ne fréquentent pas le monde, d'où les éloignent leurs origines provinciales, la rareté de leurs relations et la médiocrité de leur fortune.

Voici quelques salons de magistrats dans la seconde partie du XIXᵉ siècle : d'abord celui du premier président Troplong sous le second Empire. Ses réceptions du Luxembourg étaient fort élégantes, Mᵐᵉ Troplong y tenait la main, et l'on m'assure que lorsqu'elle voyait une dame se présenter deux fois de suite avec la même toilette, elle lui adressait un compliment dans ce genre : « Quelle délicieuse robe, chère Madame ! J'ai déjà eu le plaisir de l'admirer à ma dernière soirée. »

Le conseiller Paillet, fondateur de la Société des amis des livres, fils du bâtonnier, donnait le dimanche des après-midi de causerie où Philippe de Saint-Albin, le baron Pichon, le baron James Édouard de Rothschild, MM. Guyot de Villeneuve, Cléry, Rousse, Georges Picot, Henri Bérardi, tiraient de charmants feux d'artifice d'esprit.

Au premier rang des causeurs de longue robe, MM. Chaix d'Est-Ange, de Belleyme, Benoît-Champy, Benoît, Hoffmann, Desmaze, Lepelletier, Mouton qui signait ses jolis volumes : Mérinos, Arthur Desjardins,

Séré de Rivière, Bédarrides (1), Henri Lefuel, Fossé d'Arcosse, Lefebvre de Viefville.

Les mauvaises langues divisent la magistrature en trois classes : la magistrature debout, la magistrature assise, la magistrature couchée. Au point de vue mondain, je propose ce partage : magistrature qui sort, magistrature qui reçoit, magistrature qui ne sort ni ne reçoit. La seconde catégorie est fort bien représentée par les salons de Mmes Lefebvre de Viefville, Forichon, Trouard-Riolle, Tassart, par les dîners et les chasses du conseiller Soleau, un des hommes les plus aimables de notre époque.

Hier encore, nous avions les fêtes de Mme Arthur Desjardins. Son mari continuait la tradition des grands magistrats du passé, il faisait songer tout ensemble à d'Aguesseau et au président Hénault.

Et puis ce salon de Mme Charles Cartier qui laisse à ses amis tant de souvenirs ineffaçables ! Le 21 juin 1900, M. Jules Méline a prononcé son éloge funèbre, et je veux citer une page de ce beau discours.

« ...Toute sa vie, elle a eu horreur de la banalité, de la fausseté, du mensonge officiel, et c'est ce qui faisait

(1) Je me rappellerai toujours ce dîner où le pauvre A. D., avec plus de verve que de tact, fit une charge contre les Israélites : les maîtres de maison, Israélites eux-mêmes, souriaient sans chercher à arrêter le fougueux bavard qui, en guise de conclusion, finit par interpeller M. Bédarrides : « Enfin, Monsieur le président, dans votre compagnie, heureusement, il n'y a point de ces affreux Juifs ! » — Et M. Bédarrides repartit de sa voix la plus douce : « Il y a moi, Monsieur. »

le charme de son hospitalière maison. Elle avait trouvé le secret d'y créer un refuge bienfaisant et reposant pour les hommes emportés par les luttes de la vie ou absorbés par de grands et féconds labeurs. Les âmes hautes et fières se sentaient bien chez elle, parce qu'elle mettait au-dessus de tout le culte des grandes choses, des nobles et généreuses passions.

« Les hommes politiques, je parle de ceux qui ont une foi au cœur et un idéal, venaient retremper leur courage auprès d'elle, bien sûrs de la trouver toujours la même, toujours aussi dévouée, aussi amie. Avec elle, il n'y avait ni bons ni mauvais jours; ils étaient toujours bons pour ceux qui suivaient droit leur chemin, et c'est à ceux-là qu'elle prodiguait toutes les prévenances, toutes les délicatesses de son esprit.

« Aussi mettait-elle toute sa coquetterie à leur faire oublier leur enfer en les entourant de la société la plus variée et la plus raffinée : chez elle, se pressaient, à côté des hommes d'État, les ambassadeurs, les académiciens et les artistes, les littérateurs et les savants, encadrés par un bataillon de femmes charmantes et fines, qui auraient fait croire à Gambetta, s'il avait pu assister à certaines soirées de la rue Alfred-de-Vigny, que la république de ses rêves, la république athénienne, tolérante et souriante, était enfin fondée... »

J'ai eu l'honneur de parler après M. Méline sur la tombe de Mme Cartier, et l'on me pardonnera de reproduire ces lignes.

« L'amitié. Elle en eut le culte et le génie. Ses parents devenaient ses amis par une douce sélection de l'âme, ses amis d'adoption s'attachaient davantage à elle chaque jour, sachant qu'ils trouveraient auprès d'elle le réconfort, l'appui discret, efficace, le sage conseil qui illumine une situation, la parole sympathique qui dissipe la tristesse. Jamais ils n'ont été mieux assurés de son cœur que lorsqu'ils se sentaient malheureux, de ce cœur où elle renfermait tout, où rien ne se perdait : ils s'aimaient en elle ; j'ai trouvé dans son salon plusieurs affections qui dorent l'automne de ma vie. Comment évoquer le charme des réunions de l'intimité, où la causerie s'embaumait en quelque sorte de tact et de goût, où, chef d'orchestre habile, elle faisait le concert des esprits les plus opposés, réalisait une harmonie de grâce et de pensée. Cette causerie m'a souvent fait songer à celle de certains grands salons d'autrefois, ceux de la marquise de Lambert ou de la duchesse de Choiseul. La ferme volonté de Mme Cartier, son activité infatigable, ne tendaient qu'à créer la plus grande somme de bonheur, d'affinités électives et de beauté morale. Lisant tout et retenant tout, assistant à toutes les manifestations du talent, ayant en quelque sorte le don d'ubiquité, parce qu'elle possédait l'ordre et la méthode qui sont les diamants de l'esprit, curieuse des belles sensations d'art, elle défendait avec ardeur ses opinions, comme on défend sa maison et sa vie, ne demandant pas au voisin ce qu'elle devait penser, jamais reflet, toujours rayon. Elle se montrait capable de discuter politique avec Challemel-Lacour, Jules Ferry, Charles Ferry, histoire avec le duc de Broglie et Henry Houssaye, art avec Eugène Müntz, science avec

Oppert... Nous savions aussi sa fidélité épistolaire, gage et argument de la fidélité du cœur... »

Ainsi le trait caractéristique de la magistrature au xviiie et au xixe siècles, c'est qu'elle se fond de plus en plus avec la société de l'époque : les doctrines philosophiques gagnent de proche en proche, l'esprit d'indépendance rompt les anciennes digues, envahit les domaines réservés, la raillerie et le pyrrhonisme pénètrent les hommes et les choses, dissolvent petit à petit le vieux ciment de la monarchie absolue. Hénault, Montesquieu, de Brosses, bien d'autres sont des demi-sceptiques, des chrétiens de bienséance ; le magistrat d'autrefois, l'homme presque sacerdotal, pratiquant son métier comme une religion, de majorité passe à l'état d'exception. Faut-il s'en plaindre, après tout ? Et les avantages ne dépassent-ils pas les inconvénients ? En descendant de son empyrée judiciaire, en se mêlant de plus en plus au monde, cette magistrature a dépouillé les défauts inhérents aux castes, appliqué la loi avec plus de douceur, cherché et réussi parfois à la réformer. Elle s'est imprégnée de tolérance et de modernité, elle a mieux connu ces conditions essentielles de la vie sociale : le respect des opinions d'autrui, l'art de s'oublier soi-même et de se souvenir des autres, de se gêner au besoin pour eux. Si la société se reflète dans les procès, dorénavant elle se reflétera aussi dans la magistrature : le charme de l'existence s'est accru pour les parlementaires ; les lettres, les salons y ont gagné, la justice n'y a rien perdu.

DEUXIÈME CONFÉRENCE

UNE FEMME PREMIER MINISTRE

Des femmes que leur naissance élève naturellement
au trône, et qui eurent de glorieux règnes, soit qu'un
homme ait gouverné pour elles, soit qu'elles aient gouverné directement, on en trouve dans l'histoire ancienne
et dans l'histoire moderne : Élisabeth d'Angleterre,
Marguerite de Waldemare, Marie-Thérèse, Catherine II.
Des femmes que l'enchantement de leur beauté et
l'éternelle piperie de l'amour maintiennent aux premiers rôles, il n'en a manqué en aucun temps, chez
aucun peuple, même chez les Turcs où leur autorité
s'affirma par de nombreuses révolutions de sérail.
Des femmes qui, tantôt par leur profond savoir et
leur talent d'écrivain, tantôt par l'héroïsme de leur
courage, de leur dévouement, de leur charité, ont
étonné les contemporains, enrichi le trésor moral
de l'humanité, désarmé la critique et légué à leur sexe

des exemples immortels, il y en a beaucoup aussi. Des femmes enfin, qui, par un ensemble de dons très rares, ont réussi à former un de ces salons qui mettent dans toute leur valeur l'urbanité, le charme de la conversation et de l'esprit, celles-là sont légion dans le présent et le passé; je ne veux pas m'exposer au péril d'une longue énumération, et me contenterai de leur appliquer en bloc les vers de Ronsard à cette duchesse d'Uzès qui exerçait à la Cour des derniers Valois la dictature de la grâce :

> .....Prenant de vous sa vie et nourriture,
> Vous lui servez d'un miracle nouveau,
> Comme ayant seule en la bouche Mercure,
> Amour aux yeux et Pallas au cerveau.

Mais des femmes qui, sans avoir recours aux sortilèges de l'amour, sans autres armes que la supériorité de leur esprit, le magnétisme de leur volonté, s'emparent d'un roi ou d'une reine, et par eux conduisent à découvert tout un peuple pendant des années, font, défont des alliances, soutiennent le poids de guerres terribles, renversent les hommes politiques les plus puissants, déjouent les embûches dressées sous leurs pas, entreprennent de réformer les mœurs, de lutter contre des institutions séculaires, voilà un spectacle trop singulier pour ne pas tenter notre curiosité. Ce spectacle si rare, deux grandes dames, nées au même moment, en plein xviiᵉ siècle, nous l'offrent à des degrés divers, avec les nuances que comportent leur race, leur caractère, mais avec les mêmes qualités maîtresses et le même appui : l'énergie, la passion inextinguible du pouvoir, la séduction insinuante, l'amitié de leur souveraine. Ces deux vice-reines combattent l'une contre l'autre, dans cette grande querelle où la France côtoya le bord de l'abîme, après que Louis XIV eut accepté la couronne d'Espagne pour son petit-fils le duc d'Anjou. La première, c'est lady Churchill, duchesse de Marlborough, femme du vainqueur de Blenheim, de Ramillies, de Malplaquet, lady Churchill qui, vers la fin de sa vie, écrira ces lignes mélancoliques où peut-être se dissimule un regret, où aucun ambitieux assurément n'ira chercher une règle de conduite. « Qu'on lise mon histoire, si l'on veut bien connaître la vanité des faveurs des cours, l'inanité des choses humaines (1)! »

Sarah Jennings était belle (2), fort admirée, et resta

----

(1) M⁽ᵐᵉ⁾ DRONSART : *La Duchesse de Marlborough*, dans *Portraits d'Outre-Manche*, p. 1 à 84. — SCRIBE: *Le Verre d'eau.* — MACAULAY : *Histoire d'Angleterre depuis l'avènement de Jacques II ; Histoire de la Révolution anglaise de 1688; Histoire du règne de Guillaume III.* — WOLSELEY : *The life of John Churchill, duke of Marlborough,* 2 vol. 1894, Bentley. — W. COXE : *Mémoires de Jean, duc de Marlborough,* 3 vol. in-8°. — *Papiers de Blenheim.* — *Relation de la conduite que la duchesse de Marlborough a tenue à la Cour depuis qu'elle y entra jusqu'à l'an 1710, écrite par elle-même dans une lettre à Milord ***,* 2 vol. in-8°; 1839. etc...

(2) M⁽ᵐᵉ⁾ Dronsart affirme que le portrait de Hamilton (*Mémoires de Grammont*) s'applique à Sarah Jennings et à sa sœur aînée, tant elles se ressemblaient... « Sa figure donnait une idée de l'Aurore ou de la Déesse du printemps, telle que messieurs les poètes nous les offrent dans leurs brillantes peintures. Mais comme il n'était pas juste qu'une seule personne possédât tous les trésors de la beauté sans aucun défaut, il y aurait eu quelque chose à refaire à ses bras et à ses mains pour les rendre dignes du reste. Son nez n'était pas de la dernière délicatesse, et ses yeux faisaient

très pure dans cette cour d'Angleterre dont on a pu dire que « si tous les hommes avaient, comme M. de Montespan, pris le deuil pour les faiblesses de leurs femmes, filles ou sœurs, une moitié de la cour l'eût porté pour l'autre. » Elle aima uniquement John Churchill, celui que Turenne avait surnommé : *mon bel Anglais,* qui avant de la connaître eut de grands succès mondains; sa liaison avec la favorite du roi, la duchesse de Cleveland, dont il reçut cinq mille livres sterling, lui fait plus de tort devant la postérité qu'aux yeux des contemporains habitués à ces fâcheux errements; mais lorsqu'il eut connu, épousé Sarah (1678), il l'adora toute sa vie et la laissa prendre sur lui un empire extraordinaire. Elle le servit à merveille par ses brillantes qualités, elle le compromit quelquefois par ses défauts. Incapable de mentir, aimant à dire son opinion sur tout, sur tous et à tous, « à jeter sa pensée dehors, » montrant son dédain aux imbéciles et son mépris aux coquins, hautaine, hardie, primesautière, loyale, spirituelle, poussant l'esprit de principauté jusqu'au despotisme, elle avait été placée, toute jeune encore, comme compagne

---

un peu grâce, tandis que sa bouche et le reste de ses appas portaient mille coups jusqu'au fond du cœur. Avec cette aimable figure, elle était toute pétillante d'esprit et de vivacité. Ses gestes et tous ses mouvements étaient autant d'impromptus. Sa conversation était séduisante quand elle voulait plaire, fine et délicate quand elle voulait donner du ridicule; mais comme son imagination l'emportait souvent, et qu'elle commençait à parler avant que d'achever de penser, ses expressions ne signifiaient pas toujours ce qu'elle voulait, et ses paroles rendaient quelquefois trop peu, quelquefois beaucoup trop, les choses qu'elle pensait. »

de la princesse Anne (en 1671), qu'elle domina pendant longtemps, et servit avec une fidélité courageuse, mais sans rien sacrifier de ses opinions libérales, dévouée tout ensemble aux Whigs, à la gloire de son mari, à celle qui, dans l'intimité de la correspondance, avait voulu être appelée par elle : *Morley*, et qui lui donnait le sobriquet amical de *Freeman*. Mais Anne penchait pour les Tories, elle songeait à son frère le Prétendant ; d'un caractère faible et obstiné, médiocrement intelligente, indécise, dissimulée au besoin, elle laissa tout d'abord sa grande maîtresse et trésorière gouverner, disposer de toutes choses, si bien qu'elle était aux yeux de chacun « la reine Sarah, le vice-roi, ce qu'avaient été Pépin d'Héristal et Charles Martel à la cour des Chilpéric et des Childebert. » Et celle-ci exagère singulièrement lorsqu'elle écrit dans ses *Mémoires* que « les amitiés de la reine Anne étaient des flammes de passion extravagante, s'éteignant dans l'indifférence ou l'aversion ». Pour cette amitié-là du moins les flammes ne s'éteignirent qu'au bout de vingt-sept ans.

Anne voulut être reine pour de bon ; pensant peut-être qu'elle ne pouvait s'en tirer que par l'ingratitude, elle intrigua doucement contre son amie avec deux personnes qui devaient à celle-ci leur situation, Harley, comte d'Oxford, et Abigaïl Masham ; cela dura plusieurs années, et la duchesse éprouva durement que, selon le mot du poète Dryden, l'offensé peut pardonner, l'offenseur jamais. Cette querelle intime, dramatisée, romancée par Scribe dans *le Verre d'eau*, était peut-être de *l'histoire d'escalier de service*, mais cette his-

toire-là n'influe que trop sur l'autre. L'orage éclata en
1710, la reine se décida enfin à redemander la clef d'or,
insigne de la charge de lady Marlborough, et l'on sait
comment celle-ci lança la clef au milieu de son salon en
s'écriant : « Qu'on la porte à qui l'on voudra ! » Le duc
supporta sa disgrâce avec autant de fermeté que la
duchesse : celle-ci ne perdit pas un atome de son
orgueil, et ses *soixante ans d'arrogance* pouvaient invoquer la gloire conquise par son mari, par l'Angleterre
à nos dépens, hélas ! pendant qu'elle était toute-puissante. Elle survécut vingt-deux ans au duc, toujours
combative, impérieuse, politicienne passionnée, se rapprochant du prince de Galles et de sa femme pour
faire pièce à George Ier, en guerre permanente avec
Robert Walpole qui traitait les sentiments élevés de
pompeuses plaisanteries, et auquel elle ne ménageait ni
les coups de langue ni les dédains, ayant des procès
avec son architecte, des dissentiments avec plusieurs
de ses enfants et petits-enfants. Sa fille, lady Montagne,
l'*ange duchesse* de Pope, avait si fort hérité de l'humeur
de sa mère que Marlborough disait à toutes deux : « Je
ne conçois pas que vous ne puissiez vous entendre !
Vous êtes si semblables ! » La duchesse mourut en
1744, âgée de quatre-vingt-quatre ans; son testament,
où sa volonté originale s'affirmait longuement, contenait des legs considérables à deux chefs du parti whig,
Philippe Dormer, comte de Chesterfield, et William
Pitt. Elle laissa aussi deux cent cinquante mille francs
à deux écrivains, chargés d'achever l'histoire du duc
de Marlborough, à la condition qu'aucune partie n'en

fût écrite en vers, « afin de prouver au monde que le
duc n'avait jamais voulu que le bien et la justice, »
sans doute aussi afin de déguiser les vilains défauts,
avarice, fausseté, déloyauté, que, d'après Macaulay, ce
grand homme de guerre poussait fort loin.

L'autre femme d'État, c'est Marie de La Trémouille,
fille du duc de Noirmoutiers, grand frondeur et ami
particulier du cardinal de Retz, qui successivement
porta les noms de princesse de Chalais, duchesse de
Bracciano, princesse des Ursins ; elle naquit en 1642,
mourut en 1722, et, sous le titre de camarera-mayor,
fut premier ministre en Espagne pendant treize ans,
dans des circonstances assez extraordinaires pour
exalter jusqu'au génie une grande âme et désespérer
un ambitieux de trempe moyenne.

Pour belle, elle le fut, et le resta fort longtemps, par
un miracle de l'art et de la nature, s'il est vrai qu'elle
l'était encore à cinquante-neuf ans. Et peut-être ne se
contentait-elle point de tirer les intérêts légitimes de
sa puissance de séduction : le marquis de Louville, son
ennemi il est vrai, lui attribue *des mœurs à l'escarpolette*. Mais au temps même où sa coquetterie faisait
le plus de bruit, après la mort de son premier mari
qu'elle adora, pendant son veuvage, et pendant son
mariage avec le duc de Bracciano, le premier seigneur
de Rome, mariage tout politique, mariage dos à dos,
l'art des bienséances établit toujours une cloison étanche
entre son cœur et son cerveau. La passion des affaires
l'avait envahie déjà, et son salon à Rome, ses longs et
fréquents voyages en France, son dévouement très actif

aux intérêts de Louis XIV (dont elle reçoit une pension), la désignaient comme l'héritière des talents de la princesse Palatine, capable de traiter avec succès les problèmes diplomatiques les plus ardus. Dans l'affaire du *Droit de Régale*, dans la question des *Franchises*, du *Quiétisme*, et dans sa lutte contre le cardinal de Bouillon, un singulier ambassadeur qui poussa la désobéissance jusqu'à la révolte (1), elle rend de précieux services. Elle ne se laisse point oublier à Versailles, écrit beaucoup au marquis de Torcy, à sa grande amie la maréchale de Noailles. Plus tard elle obtiendra l'autorisation d'entretenir une correspondance particulière avec Mme de Maintenon. Et, comme elle voit loin et pense loin, ses goûts se subordonnent à sa politique. Lorsque, en 1683, Innocent XI ordonne, sous peine d'excommunication, « à toutes femmes et filles de se couvrir les épaules et le sein jusqu'au cou, et les bras jusqu'aux poings avec quelque étoffe épaisse et non transparente, » elle donne l'exemple de la docilité, et du coup réforme la mode du décolletage à outrance.

Dans son salon, salon tout politique, diplomatique, le seul salon français ouvert à Rome au grand public, affluent des personnages cosmopolites, les seigneurs napolitains et espagnols qu'elle s'efforce de ramener à la France : là règnent l'aisance, la grâce, la familiarité,

---

(1) Félix Reyssié : *Le Cardinal de Bouillon* (1643-1715), 1 vol., 1899, Hachette.

qu'on ne rencontre guère aux réceptions de l'ambassadeur et des cardinaux français, glaciales et figées
dans le cérémonial officiel. Les d'Estrées, le cardinal
de Janson, le cardinal Omodei, en sont les hôtes les
plus assidus, avec sa sœur la duchesse Lanti, à laquelle
elle écrit des lettres qui nous éloignent terriblement
des nobles traditions de l'hôtel de Rambouillet. Cette
sœur, paraît-il, avait reçu de la nature un vrai talent
pour la poésie, mais elle compromettait son prestige
par un fâcheux défaut. A entendre Mme des Ursins, le
bruit qui court de sa gloutonnerie ne plaît pas à tous
ses admirateurs. « Il n'y en a pas un qui puisse croire
que vous accommodiez Bacchus et Vénus ensemble. »

Notre héroïne donne-t-elle un bal, tout le peuple de
Rome est en liesse. Et c'est avec un plaisir mêlé d'orgueil qu'elle raconte sa soirée en l'honneur du nouvel
ambassadeur de France, le prince de Monaco. Quelle
joie de pouvoir mander que l'écusson de France orne la
porte de son palais, que tout Rome a voulu prendre
part à la fête, sans oublier ces centaines de voitures
venant se placer dès le matin devant sa maison, quoique la musique ne dût commencer qu'à dix heures du
soir, cette foule répondant du dehors par des accla-
mations aux louanges des invités en l'honneur d'un roi
dont la grandeur éclatait dans la magnificence de ses
sujets !

Aussi bien chacun a les yeux fixés sur elle, compte
avec cette puissance occulte. Innocent XII exprime à
l'abbé de La Trémouille, frère de la princesse, son désir
de la voir, ajoutant qu'il lui demandera conseil en

mainte occasion, et qu'il attend d'elle de meilleurs avis que ceux de ses cardinaux (1).

Ainsi armée, étendant au loin ses filets, et préparant l'avenir avec l'habileté d'un bon joueur d'échecs, on ne s'étonnera pas si elle se fait désigner, presque demander par les Cours de France, de Savoie et d'Espagne, pour le poste de camarera-mayor auprès de la reine, fille du duc de Savoie, sœur de la duchesse de Bourgogne. Elle ne tarda pas à s'emparer complètement de cette princesse de treize ans qui allait exercer sur Philippe V la dictature de l'oreiller, et séduire l'Espagne par son héroïsme. Grâce à cette toute-puissante amitié, elle vint à bout de tous les obstacles et rendit à la pleine conscience de lui-même un peuple qui semblait tomber dans le néant avec les trois derniers princes de la dynastie autrichienne (2).

---

(1) M. le duc de La Trémouille, avec sa gracieuseté coutumière, avait bien voulu mettre à ma disposition, et j'ai publié autrefois dans la *Revue d'Histoire diplomatique*, 1897, p. 508 à 541, des lettres inédites qui se rapportent aux dernières années du séjour de la princesse à Rome et à son ministère en Espagne ; j'en reproduirai ici quelques fragments.

(2) F. COMBES : *La Princesse des Ursins.* — A. GEFFROY : *Lettres inédites de la princesse des Ursins ; Fragments d'une notice sur Mme des Ursins.* — ROSSEW-SAINT-HILAIRE : *Histoire d'Espagne,* 6 vol.; *La Princesse des Ursins.* — FILTZ MORITZ : *Lettres sur les affaires du temps.* — LOUVILLE : *Mémoires secrets.* — SAINT-PHILIPPE : *Mémoires pour servir à l'histoire d'Espagne sous Philippe V.* — W. COXE : *Les Bourbons d'Espagne.* — *Histoire secrète de la Cour de Madrid,* 1701 à 1719, Cologne, 1719. — *Mémoires d'un grand d'Espagne,* Rotterdam, 1718. — GIRARDOT : *Correspondance de Louis XIV et d'Amelot.* — *Mémoires* de SAINT-SIMON, de BERWICK, de TORCY, de NOAILLES, de TESSÉ, de DUCLOS. — BAUDRILLART :

Voici cependant quelques passages du portrait de Saint-Simon, un des meilleurs qu'il ait écrits, ce terrible homme ; cette fois il a su garder, envers une femme qu'il a beaucoup connue, la mesure et la justesse qui manquent si souvent à ses éblouissantes et partiales esquisses.

« Elle était plutôt grande que petite, brune avec des yeux bleus qui disaient sans cesse tout ce qui lui plaisait, avec une taille parfaite, une belle gorge, et un visage qui, sans beauté, était charmant ; l'air extrêmement noble, quelque chose de majestueux dans tout son maintien, et des grâces si naturelles, si continuelles en tout, jusque dans les choses les plus petites et les plus indifférentes, que je n'ai jamais vu personne en approcher, soit dans le corps, soit dans l'esprit ; flatteuse, insinuante, mesurée, voulant plaire pour plaire, et avec des charmes dont il n'était pas possible de se défendre quand elle voulait gagner et séduire. Avec cela un air qui, avec de la grandeur, attirait au lieu d'effaroucher, une conversation délicieuse, intarissable, et d'ailleurs fort amusante par tout ce qu'elle avait vu

---

Philippe V et la Cour de France. — Paul DE SAINT-VICTOR : *Hommes et dieux.* — SAINTE-BEUVE : *Causeries du lundi,* tome XIV. — TAINE : *Essais de critique et d'histoire.* — *Lettres de Mme de Villars d Mme de Coulanges,* avec introduction par Alfred de Courtois, Plon, 1868. — L. DE CARNÉ : *La Princesse des Ursins et l'Espagne sous Philippe V,* dans *Revue des Deux-Mondes,* 15 septembre 1859. — Comtesse D'AULNOY : *La Cour et la ville de Madrid vers la fin du XVIIe siècle,* édition nouvelle, revue et annotée par Mme Carey, 2 vol., Plon, 1870. — Charles DE MOÜY : *Grands seigneurs et grandes dames.*

et connu de pays et de personnes, une voix et un parler extrêmement agréables, avec un air de douceur ; elle avait aussi beaucoup lu, et elle était personne à beaucoup de réflexion ; un grand choix des meilleures compagnies, un grand usage de les tenir... d'ailleurs la personne du monde la plus propre à l'intrigue, et qui avait passé sa vie à Rome par son goût ; beaucoup d'ambition, mais de ces ambitions vastes, fort au-dessus de son sexe et de l'ambition ordinaire des hommes ; et un désir pareil d'être et de gouverner. C'était encore la personne du monde qui avait le plus de finesse dans l'esprit, sans que cela parût jamais, et de combinaisons dans la tête, et qui avait le plus de talent pour connaître son monde, et savoir par où le prendre et le mener. La galanterie et l'entêtement de sa personne fut en elle la faiblesse dominante et surnageante à tout, jusque dans sa dernière vieillesse ; par conséquent des parures qui ne lui allaient plus, et que d'âge en âge elle passa toujours fort au-delà du sien ; dans le fond, haute et fière, allant à ses fins sans trop s'embarrasser des moyens, mais tant qu'elle pouvait sous une écorce honnête ; naturellement assez bonne et obligeante en général, mais qui ne voulait rien à demi, et que ses amis fussent à elle sans réserve. Aussi était-elle ardente et excellente amie, et d'une amitié que les temps ni les absences n'affaiblissaient point, et conséquemment cruelle et implacable ennemie, et suivant sa haine jusqu'aux enfers : enfin un tour unique dans sa grâce, son art et sa justesse, et une éloquence simple et naturelle, par son arrangement, tellement qu'elle disait tout ce qu'elle voulait, et jamais mot ni signe le plus léger de ce qu'elle ne voulait pas; fort secrète pour elle, et fort sûre pour ses amis, avec une agréable gaieté qui n'avait rien que de convenable; une extrême décence en tout l'extérieur et jusque dans les choses intérieures qui en comportent le moins, avec une égalité d'humeur qui, en tout temps et en toute occasion, la laissait toujours maîtresse d'elle-même... »

Pour faire comprendre la portée de l'œuvre qu'elle entreprit, il convient de rappeler en quelques mots la situation, les habitudes sociales de l'Espagne en 1701. Qu'on lise les comptes rendus des séances des Cortès, les mémoires ou rapports de William Coxe, Berwick, Noailles, Saint-Simon, Tessé, Louville, le voyage de Mme d'Aulnoy, les lettres de cette spirituelle Mme de Villars, la correspondance de Mme des Ursins, c'est partout le même tableau désolant d'un peuple

> Plus délabré que Job et plus fier que Bragance,
> Drapant sa gueuserie avec son arrogance.

Et puis les docteurs de l'histoire nous enseignent une loi trop peu étudiée jusqu'à présent, la loi de relativité et de comparaison, qui est aussi une règle excellente d'hygiène morale, loi de consolation et de courage, loi de sérénité et de progrès puisqu'elle confirme la théorie de Pascal sur la jeunesse du monde, nous montre que l'âge d'or est en avant, non en arrière, que, par exemple, un ouvrier typographe parisien jouit d'un confortable tout autre qu'un roi grec du temps d'Homère, que la vie matérielle du grand nombre s'améliore sans cesse, que nous nous acheminons, lentement il est vrai, à travers des calvaires douloureux et sanglants, vers un idéal supérieur. Et d'étudier le caractère, la condition du peuple espagnol à la fin du xviie siècle, c'est aussi de quoi se réjouir pour nos aïeux, qui, malgré leurs misères, étaient assurément plus riches, mieux gouvernés que leurs voisins, plus heureux par conséquent et dignes d'envie par rapport à eux : il faut, pour apprécier le bonheur qu'on possède, avoir l'intelligence miséricordieuse des maux du prochain.

Un fantôme d'empire, un simulacre de grandeur, point d'armée ni d'argent, point de justice, point de police, point de liberté et point de frein : la corruption, la concussion à tous les degrés de l'échelle, dans la métropole et dans les colonies, rappelant le mot de Nicolas Gogol dans le *Revisor* : tu voles plus que ton grade ! Une paresse fabuleuse qui escompte les piastres du Nouveau Monde dont l'Espagne vivait sans travail, comme les Hébreux de la manne tombée du ciel ; l'absence de sens pratique, le goût des métiers bohêmes ; les églises, les palais des grands servant d'asile pour tous les crimes, des bandes de coupe-jarrets vivant à la solde des riches ; les soldats vêtus de haillons, sans solde, sans pain, réduits au pillage ou forcés de mendier leur nourriture à la porte des couvents : tout le monde armé et gardé dans la capitale, sauf le roi. Selon le mot de Taine : « Les personnages

de Lope, de Calderon, de Murillo et de Zurbaran, cou·
raient les rues. » — « Le mal ne peut plus croître, écrit
Louville en 1703 ; avec dix hommes à cheval un tant
soit peu résolus, on changerait le gouvernement de
Madrid, et on enlèverait le roi et la reine dans le Retiro. »
Toutes les fois que le roi Charles II, depuis son second
mariage, allait se promener, les lavandières du Man-
zanarès et les petits enfants couraient après lui en
l'appelant *maricron* (ce qui peut se traduire :
jobard, niais), et l'on accablait la reine des plus sales
injures, sans qu'il y eût un seul garde du corps auprès
du carrosse pour réprimer ces insolences. Et ce fut une
grande explosion de colère, lorsque Philippe V décida
la création de quatre compagnies de cavaliers recrutés
dans les familles nobles, sur le modèle de la Maison du
roi de France, afin d'échapper à la tutelle des grands,
aussi jaloux du pouvoir qu'incapables de l'exercer.

L'industrie méprisée, le commerce abandonné aux
juifs convertis et aux étrangers, l'agriculture anéantie
par la mainmorte et la *Mesta*, des centaines de villages
en ruines dans les Castilles et la province de Cordoue
(l'alouette, disait-on, ne traverse les Castilles qu'en
portant son grain); les rivalités de province à province,
la Castille habituée à regarder l'Aragon, la Catalogne,
comme des pays tributaires ; le fétichisme de la forme,
la résistance au progrès incarnée dans une institution
sanguinaire, le tribunal de l'Inquisition, qui tient en
échec les tribunaux ordinaires, même les décrets du
Saint-Siège, fait trembler les rois, endurcit, déprave les
âmes, paralyse le génie de la nation et multiplie l'es-

pionnage (1). Les autodafés, hélas ! étaient des spectacles chers au peuple, et Paul de Saint-Victor affirme qu'un hidalgo de bonne race ne s'émouvait guère plus d'un juif en chemise soufrée grillant sur la braise qu'un patricien romain des chrétiens enduits de cire qu'allumait Néron. Même l'un d'eux se félicitait de n'avoir jamais manqué à un si grand acte de la religion. Dans la Sicile espagnole, les dames, pendant les autodafés, prenaient des glaces que les moines leur faisaient passer, comme les touristes boivent du lacryma-christi dans la *trattoria* de l'ermite, en regardant fumer le Vésuve. Et malgré l'horreur qu'inspire au petit-fils de Louis XIV ce cannibalisme sacré (il refusa obstinément d'assister à ces exécutions, bien que M. de Torcy lui conseillât de s'accommoder *au génie des peuples*, et de rester au moins *jusqu'au moment du feu*), 1,554 condamnés sous son règne furent encore brûlés vifs, 782 en effigie, 12,000 personnes fouettées, piloriées, enfermées dans des *in-pace*.

« Les moines, écrit en 1701 un agent secret, le chevalier Bourk, ont la meilleure part de la substance du pays entre leurs mains... et le gouvernement présent

---

(1) « L'Espagne, dit Rossew-Saint-Hilaire, est ainsi faite qu'elle ne veut rien accepter de la main des étrangers, pas même le bien, et lui préfère le mal qu'elle se fait à elle-même... Chose étrange ! L'Inquisition, malgré le mal irréparable qu'elle a fait à la Péninsule, y a toujours été populaire ; elle a fait l'Espagne à son image : comment s'étonner que celle-ci lui soit demeurée fidèle ? Même au xviiie siècle, époque de relâchement dans les croyances et dans les mœurs, le zèle des inquisiteurs ne s'est pas ralenti un instant. »

n'a pas de plus dangereux ennemis. Il y a longtemps que les agréments de la vie et les avantages de la fortune sont attachés au froc dans ce pays-ci ; en un mot, on peut quasi dire que les moines sont en Espagne ce que l'armée est en France. Mais ils craignent maintenant que cela ne change. » Naturellement le choix d'un confesseur devient une affaire d'État dans un pays où le confesseur est un des premiers personnages du royaume.

A la Cour, le despotisme de l'étiquette étouffe toute initiative aimable, règle minute par minute la vie du prince, dicte ses paroles, mesure ses pas, ses démarches, même les présents qu'il fait à sa maîtresse en la quittant. Lorsque Marguerite d'Autriche vint pour épouser Philippe III, elle s'arrêta dans une ville renommée pour ses fabriques de bas de soie. Les notables lui ayant apporté en présent de superbes échantillons, le majordome-major leur jeta la corbeille au nez avec ces mots : « Apprenez que les reines d'Espagne n'ont point de jambes. » Il voulait dire : elles sont d'un rang à ne jamais toucher terre. Mais voilà que la jeune princesse prend au mot l'apostrophe, s'écrie en pleurant qu'elle veut retourner à Vienne, que si elle avait connu le dessein que l'on avait de lui couper les jambes, elle ne se fût jamais mise en route. Et l'on eut quelque peine à la rassurer.

Ce fut une véritable affaire d'État que l'adoption par le roi de la *Golille*, ce carcan de dentelle où sont enfermés les personnages de Velasquez, et lorsque, pour complaire à la reine, les dames de Madrid renoncèrent au *Tontillo*, longue queue fort peu gracieuse et des plus incommodes, elles estimèrent lui avoir donné un éclatant témoignage de fidélité.

Le chef-d'œuvre produit par ce rituel inexorable fut un régicide. Bassompierre raconte que Philippe III travaillait à côté d'un brasero dont la chaleur l'incommodait fort; le marquis de Pobar, en ayant fait la remarque, avertit le duc d'Albe, gentilhomme de la Chambre; celui-ci répond que l'enlèvement du brasero ne ressort pas de sa charge, qu'il faut s'adresser au duc d'Uzeda, sommelier du corps. Le marquis de Pobar envoie chercher le duc d'Uzeda qui était absent; il prie de nouveau le duc d'Albe d'ôter le brasero; celui-ci persiste, de telle sorte que le roi, presque asphyxié, eut, dans la nuit même, une grosse fièvre, avec un érysipèle, et mourut bientôt après. On aime à croire que le duc d'Albe, le duc d'Uzeda, le marquis de Pobar lui-même, furent poursuivis et condamnés pour ce désastreux fétichisme d'étiquette. Cela rappelle les dames d'atours de Marie-Antoinette se querellant sur une question de cérémonial, et laissant la reine grelotter au lieu de lui passer la chemise.

Mme de Villars, ambassadrice de France, demande-t-elle, avec la permission du roi, à visiter incognito la reine Marie-Louise d'Orléans, sa geôlière en titre, la duchesse de Terra-Nova camarera-mayor s'y oppose. La reine commence-t-elle, en dehors des rites, un entretien avec la marquise de los Balbasès, la camarera la prend par le bras et la fait rentrer dans sa chambre. Elle avait apporté de France deux perroquets que le roi avait pris à lle.parce qu'ils ne prononçaient que des mots français : la camarera, pour faire sa cour, tordit le cou à ces Vert-Vert du cloître royal.

Aussi Mme de Villars écrit-elle en 1680 à son amie Mme de Coulanges qu'il n'y a qu'à être en Espagne pour n'avoir plus envie d'y bâtir des châteaux. Elle dit quelquefois à la reine, quand elle entre dans son appartement, qu'il lui semble qu'on y sent l'ennui espagnol, qu'on le voit, qu'on le touche, tant il est répandu, tant il est épais. Cependant la reine réussit à se débarrasser de la duègne détestée qui se croyait inamovible dans sa charge, car un renvoi était sans exemple. Elle commença par lui administrer brusquement deux superbes soufflets, et, lorsque cette douairière vint, à la tête de quatre cents dames, demander justice d'un tel affront, la reine arrêta tous les reproches d'un mot : « C'est une envie de femme grosse. » Le mot fit un effet magique, car les envies de ce genre avaient force de loi en Espagne. Le roi tout joyeux approuva les deux soufflets, déclarant que, si deux ne suffisaient point, il consentait que la reine en donnât encore deux douzaines à la duchesse.

Après le départ de celle-ci, la reine eut un peu plus de liberté ; elle put recevoir à son aise Mme de Villars, chanter avec elle et danser sur des airs d'opéra, regarder par une fenêtre qui avait vue sur le jardin d'un cloître de religieuses. Elle a encore, pour se distraire, les visites dans les couvents, les autodafés, les déplacements à Aranjuez, des promenades avec le roi dans un grand carrosse sans glaces, à rideaux tirés selon la mode du pays, les combats de taureaux où parfois les fils des grands tauricident en l'honneur de leurs belles, ses nains et ses bouffons pour soutenir la conversation (1). Mais le lourd, l'implacable ennui ne cesse point de peser sur elle ; son mari, roi fainéant, mélancolique fantôme, ne la quitte guère que pour aller à la chasse dans les solitudes de l'Escurial. C'est de là qu'il envoya un jour le billet que Victor Hugo reproduit littéralement dans *Ruy Blas :*

« Madame, il fait grand vent et j'ai tué six loups. »

On sait qu'elle passa pour avoir été empoisonnée par la comtesse de Soissons, avec la complicité du comte de Mansfeld, du comte d'Oropesa, de don Emmanuel de Lira et de la duchesse d'Albuquerque (1689). Ce qui est certain, c'est qu'à cette époque les morts imprévues ne semblent jamais naturelles ; qu'à la Cour comme dans le peuple, on chuchote aussitôt le mot crime, que médecins et tribunaux sont trop souvent empêchés d'aller jusqu'au bout de leur devoir. « Le poison, observe Paul de Saint-Victor dans son beau livre, *Hommes et Dieux,* le poison joue un grand rôle au XVIIe siècle : il intervient dans ses affaires aussi souvent que dans le dénouement de ses tragédies. Ces Cours, chauffées à la température des sérails, produisaient des crimes orientaux. Mais, ce qui caractérise les coups de foudre qui les décimaient, c'est le peu de bruit qu'ils font en tombant, le fatalisme avec lequel les

---

(1) Sur les Nains et Bouffons, voir le tome Ier de cet ouvrage, pp. 282 et suivantes.

rois les accueillent, lorsqu'ils éclatent sur leurs maisons mêmes, le grand silence qui bientôt se forme et s'épaissit autour d'eux. Il semble qu'on ait peur de trouver la figure des dieux de la terre en écartant la nuée qui les couvre. On passe, on détourne la tête, on lève les bras au ciel, à peine ose-t-on échanger un nom à voix basse. » C'est ainsi que notre ambassadeur eut grand' peine à voir la reine avant sa mort, et ne put parvenir à entrer dans la chambre mortuaire, à assister à l'autopsie du corps, à faire admettre des chirurgiens chargés par lui d'examiner le cadavre. La raison d'État qui présidait aux naissances, aux mariages princiers, couvrait d'un épais voile ces morts mystérieuses.

Ce peuple espagnol qui, par ses maladies politiques, semble voué à une décadence irrémédiable, demeure cependant énergique, fier, plein d'héroïsme, amoureux de l'amitié, de tous les beaux sentiments de l'âme, avec des réserves de vitalité qui surgiront en présence d'un grand danger, à l'appel de la patrie, d'un homme de cœur. Il a le besoin de la sensation âpre et poignante, et chez lui, l'amour comme la foi « devient une sorte de sombre délire qui, mêlant les ardeurs du fanatisme aux puérilités de la dévotion, » s'élance aux hyperboles de l'action et de la pensée. On dirait que ces nobles copient leurs romans de chevalerie. La duchesse d'Albe par exemple, voyant son fils très malade, pile des reliques de saint en poudre, les fait boire à l'enfant et prendre en lavement, afin que le remède pénètre partout. Le duc de Medina-Cœli, épris d'Élisabeth, femme de Philippe IV, et donnant une fête où il reçoit toute la

Cour, met le feu à son palais pour emporter un instant la reine dans ses bras. Sa Majesté sort-elle avec ses dames, leurs admirateurs suivent à pied auprès de la portière des carrosses pour les entretenir; et le plus crotté par la boue des rues est réputé le plus galant, car l'amour en ce pays est la grande affaire. Une dame de la Cour se fait-elle saigner, le chirurgien apporte à son chevalier un mouchoir taché de son sang, et l'usage prescrit de l'en récompenser par un don qui va parfois jusqu'à six mille pistoles. Un homme aimerait mieux manger toute l'année des raves et des ciboules plutôt que de manquer à cette coutume. « Il y a des gens qui s'aiment depuis deux ou trois ans sans s'être jamais parlé;... il y a des intrigues qui durent autant que la vie, bien que l'on n'ait pas perdu une heure pour les conclure. » Un duc d'Albe se laisse continuellement saigner et purger pour faire ce qu'on appelle un beau *désespoir d'amour :* c'est de famille, car son père est resté couché trois ans sur le même côté parce qu'il avait juré à la dame de ses pensées de ne se retourner que quand elle le viendrait voir. Les femmes exigent l'amour comme une dette, et la marquise d'Alcanizas, une des plus vertueuses dames de la Cour, disait à Mme d'Aulnoy : « Je l'avoue, si un cavalier avait été en tête-à-tête avec moi une demi-heure sans me demander les dernières faveurs, j'en aurais un ressentiment si vif que je le poignarderais si je le pouvais. Il n'y en a guère qui n'aient de pareils sentiments là-dessus. » Le théâtre, qui est fort mauvais en Espagne, certaines processions, les églises, le carnaval, le carême, les *tertulias* ou assemblées mondaines, les sérénades, tout sert de moyen de rendez-vous et de conversation sentimentale. La Cour a ses fous d'amour officiels qui, même lorsqu'ils ne sont pas grands d'Espagne, peuvent rester couverts devant le roi. Et, le soir des grands jours de la semaine sainte, on voit à travers les rues des troupes de *flagellants, embevecidos,* qui, le visage voilé, vêtus à la manière des derviches tourneurs, jupe de batiste évasée en cloche, bonnet en forme de pyramide, souliers découverts, se fustigent à tour de bras sous les fenêtres de leurs divinités, tandis que, à travers les jalousies, celles-ci les encouragent par quelque signe concerté. Rencontre-t-il une femme de qualité qu'il veut honorer, le flagellant se frappe d'une certaine manière qui fait ruisseler le sang sur elle (1) : des maîtres de discipline lui ont enseigné l'exercice de la verge et de la lanière, l'art difficile de se flageller en remuant le poignet seulement, jamais le bras, de telle sorte que le sang jaillisse sans retomber sur les habits. Un festin termine ces macérations sanglantes. « Le pénitent se met à table avec ses amis. Chacun lui dit à son tour que de mémoire d'homme on n'a pas vu prendre la discipline de si bonne grâce : on exagère toutes les actions qu'il a faites, et surtout le bonheur de la dame pour laquelle il a accompli cette

----

(1) L'usage est alors que les dames envoient de loin en loin savoir des nouvelles des seigneurs les plus distingués. Cela s'appelle un *recao,* et le même usage veut que le lendemain, au moins très peu après, celui qui a reçu ce *recao* aille en remercier la dame.

galanterie. La nuit entière s'écoule en ces sortes de contes, et quelquefois celui qui s'est si bien étrillé en est tellement malade que, le jour de Pâques, il ne peut aller à la messe. »

De telles exaltations sentimentales font pendant à ce trait d'un prédicateur espagnol qui trois fois par semaine et en carême prêchait pendant quatre ou cinq heures, et se donnait des soufflets à tour de bras ; et sitôt qu'il avait commencé, on entendait un bruit terrible de tout le peuple qui se livrait au même exercice.

Mais ce n'est là qu'un coin du tableau, et il faudrait expliquer en détail la difficulté du remède, l'Europe protestant les armes à la main contre le testament de Charles II, les succès des coalisés croissant d'année en année, l'Autriche qui prend à l'Espagne une partie de ses possessions d'Italie, l'Angleterre qui lui enlève ses colonies, les révoltes des grands, les complots des moines qui refusent l'absolution à ceux qui ne se déclarent point pour l'archiduc, la défection de la Catalogne et de Valence en 1705, l'archiduc entrant triomphalement à Madrid, escorté de ces régiments de Capucins qui, pour mieux se battre, se nouaient leurs barbes avec des rubans, l'anarchie des conseils, Philippe V réduit, ou peu s'en faut, à la détresse de Charles VII de France avant Jeanne d'Arc, le Saint-Siège favorable à l'archiduc, appuyant sous main les partisans du démembrement de la monarchie (Clément XI osa conférer au compétiteur autrichien le titre de roi catholique, et défendre aux tribunaux de juger les moines conspirateurs) ; les intrigues du duc d'Orléans, son attitude au moins fort équivoque, pour se substituer au petit-fils de Louis XIV, lorsqu'il fut, en 1707, nommé généralissime des armées d'Espagne.

C'est dans une pareille tempête que la princesse des Ursins parvint à se maintenir treize ans au gouvernail : et ce long ministère, comme elle-même l'appelle, elle le dut à l'amitié enthousiaste de sa jeune reine. Grâce à celle-ci, elle tourne et retourne à son gré un roi de dix-sept ans, à l'âme faible et indolente, que sa piété conjugale faisait l'esclave de sa femme au point de devenir invisible et inabordable, de renoncer au jeu, à la chasse, aux promenades, de vivre dans sa royauté comme un prisonnier dans sa cellule, de n'avoir avec la reine qu'une chambre, un prie-Dieu, un carrosse, et même, s'il faut le dire, une seule garde-robe, de ne la quitter jamais, pas même pendant qu'elle se confessait : c'est à peine si elle est libre un demi-quart d'heure le matin, tandis qu'il s'habille, et que l'*azafata* (la dame d'atour) la chausse. Et cette séquestration se resserrera encore pendant son second mariage, lui-même s'y complaît, et dépouille si vite le prince français, qu'en 1721, Saint-Simon arrivant en Espagne comme ambassadeur extraordinaire, ne le reconnut pas tout d'abord.

Mais qu'elle est chèrement payée cette domination, et quelle rançon de l'ambition satisfaite ! Et comme on serait étonné de lire cette lettre de la princesse des Ursins à la maréchale de Noailles (décembre 1701), si l'on ne savait à quels moyens subalternes ont dû se résigner un Richelieu, un Mazarin pour parvenir et durer *(omnia serviliter pro dominatione)*, si l'on n'avait 'sous les yeux le spectacle de toutes les flagorneries auxquelles s'abaissent, depuis Aristophane, les courtisans du peuple souverain !

« Dans quel emploi, bon Dieu, m'avez-vous mise ! Je n'ai pas le moindre repos, et je ne trouve même pas le temps de parler à mon secrétaire. Il n'est plus question de me reposer après dîner, ni de manger quand j'ai faim. Je suis trop heureuse de faire un mauvais dîner en courant, et encore est-il bien rare qu'on ne m'appelle pas dans le moment où je me mets à table. En vérité, Mme de Maintenon rirait bien si elle savait tous les détails de ma charge. Dites-lui, je vous prie, que c'est moi qui ai l'honneur de prendre la robe de chambre du roi d'Espagne lorsqu'il se met au lit, et de lui donner ses pantoufles quand il se lève. Jusque-là je prendrais patience ; mais que tous les soirs, quand le roi entre chez la reine pour se coucher, le comte de Benavente me charge de l'épée de Sa Majesté, d'un pot de chambre et d'une lampe que je renverse ordinairement sur mes habits, cela est trop grotesque. Jamais le roi ne se lèverait si je n'allais tirer son rideau, et ce serait un sacrilège si un autre que moi entrait dans la chambre de la reine quand ils sont au lit. Dernièrement la lampe s'était éteinte parce que j'en avais répandu la moitié ; je ne savais où étaient les fenêtres ; je pensai me casser le cou contre la muraille, et nous fûmes, le roi d'Espagne et moi, près d'un quart d'heure à nous heurter en la cherchant. Sa Majesté s'accommode si bien de moi qu'elle a la bonté quelquefois de m'appeler deux heures plus tôt que je ne voudrais me lever. La reine entre dans ces plaisanteries ; mais cependant elle n'a pas encore la confiance qu'elle avait aux femmes de chambre piémontaises : j'en suis étonnée, car je la sers mieux qu'elles, et je suis sûre qu'elles ne lui laveraient point les pieds et qu'elles ne la déchausseraient point aussi promptement que je le fais. »

N'oublions point d'ailleurs que, sauf le lavage des pieds, ces fonctions de haute domesticité sont, à cette époque et depuis des siècles, remplies en France par les plus grands seigneurs qui tiennent à honneur de passer la chemise au prince, de tenir le bougeoir pendant le coucher. Albéroni, qui fut quelques années premier ministre en Espagne, s'empresse d'imiter la princesse des Ursins ; et lui aussi il avait pénétré ce labyrinthe des Cours « où la reconnaissance et l'amitié ne font pas long séjour dans les cœurs. »

De nombreux écrivains, Combes, Baudrillart, Rossew-Saint-Hilaire, Geffroy, de Carné, Charles de Moüy, Sainte-Beuve, etc., ont raconté l'histoire de cette femme, qui, de 1702 à 1714, n'est autre que l'histoire même de l'Espagne. Par eux nous connaissons le despotisme du grand roi (1), son ingérence parfois abusive dans les affaires d'un peuple voisin, comment la camarera-mayor fait l'éducation politique de la reine, lui

---

(1) Il faut convenir aussi que Louis XIV avait bien le droit de se mêler des affaires d'un pays pour lequel il conduisait la France au bord de l'abîme : d'ailleurs, il envoyait à son petit-fils des conseils très nobles et très sages, qui forment un contraste complet avec toute l'éducation du jeune prince : « Écoutez, mais décidez seul. Dieu, qui vous a fait roi, saura vous donner les lumières nécessaires pour en remplir les devoirs... Marié, ne vous laissez

souffle au cœur l'héroïsme de sa volonté, galvanise par instants le roi lui-même, frappe les grands rebelles, l'amirante de Castille Henriquez de Cabrera, le marquis de Leganez, Arias (1), obtient le rappel des ambassadeurs français d'Estrées et Louville qui cherchaient à la supplanter; comment, après avoir longtemps obéi aux volontés de Louis XIV, elle provoque, en 1709, un décret qui bannit d'Espagne les Français qui ne font point partie de l'armée, jette la royauté dans les bras de la nation, joue le personnage d'un ministre de la guerre et d'un intendant général, suscite un de ces mouvements d'enthousiasme qui sauvent un peuple, et dont celui-là est si coutumier. Elle débrouille, grâce à Orry et Amelot, le chaos administratif, politique et judiciaire, remet un peu d'ordre

---

pas gouverner, c'est une faiblesse et un déshonneur. On ne le pardonne pas aux particuliers, et les rois, exposés à la vue du public, en sont encore plus méprisés quand ils souffrent que leurs femmes les gouvernent. » Or, Philippe V, timide et paresseux, était tout justement fait pour se laisser enfermer et gouverner; Saint-Simon l'avait prédit, et son horoscope se vérifia cruellement.

(1) « Que faut-il à l'Espagne, disait-elle à Louis XIV? La dictature du monarque, appuyée sur la bourgeoisie et sur le peuple, tous deux fidèles à sa cause. C'est avec la bourgeoisie qu'il faut peupler les conseils, c'est par elle qu'il faut gouverner. Quant aux grands, il faut qu'ils obéissent, et les y forcer s'ils refusent, ainsi que l'a fait Richelieu en France; employer le concours des Français sans les laisser dominer; mais avant tout, unité, fermeté dans le gouvernement; prendre dans chaque nation les hommes et les idées les plus utiles, et les faire servir au bien commun. Enfin se tenir en garde contre les usurpations du clergé, et réprimer les moines qui s'enrôlent par bataillons dans les rangs des insurgés, et portent des armes par-dessus leurs robes, comme en France au temps de la Ligue. »

dans les finances, fait reconduire le nonce jusqu'à la frontière, supprime le tribunal de la nonciature : coup droit énergique, car ce tribunal servait à percevoir les impôts ecclésiastiques, et l'Espagne était pour le Saint-Siège la première recette pontificale de l'Europe. Même elle s'attaque au tribunal de l'Inquisition, accorde à l'ambassade anglaise le droit d'asile contre les procédures de celui-ci. Enfin elle consolide son pouvoir en se faisant donner le titre d'Altesse et la charge de gouvernante des enfants royaux.

« Durant une guerre étrangère qu'allait compliquer une guerre civile, entre les trahisons du dehors et les haines d'un palais divisé, dans un tel dénuement de ressources que les domestiques de Philippe V n'étaient pas payés, que ses gardes du corps, mourant de faim, allaient manger la soupe qu'on distribuait à la porte des couvents, une princesse de quinze ans, insensible aux dangers comme aux fatigues, alla tenir sa Cour à Barcelone, à Saragosse, sut, dit M. de Carné, obtenir un peu d'argent des Cortès d'Aragon, miracle réputé impossible ; présida pendant quinze mois les longues séances de la junte, une broderie à la main, et, dans cette crise terrible, se montra grave comme une épouse et gaie comme une enfant...; tandis que son mari déployait une bravoure impassible à la bataille de Luzzara, et s'efforçait de calmer la haine trop légitime de ses sujets italiens contre les gouverneurs espagnols... »

Ce n'est pas que Mme des Ursins n'ait été menacée à plusieurs reprises dans son pouvoir ; ainsi, en 1704, la

Cour eut sa nouvelle journée des Dupes. Cédant aux instances de ses ennemis, Louis XIV avait résolu sa disgrâce; une imprudence de la camarera la précipita, mettant fin à des hésitations que justifiait l'affection passionnée de la reine pour son amie. Après le rappel du cardinal d'Estrées, l'abbé d'Estrées conservait la gestion de l'ambassade, mais ses dépêches étaient ouvertes chez la princesse. L'une d'elles parlait à mots couverts, avec une ironie contenue, d'un certain d'Aubigny, « ce grand et beau drôle bien découplé, » dit Saint-Simon, qui exerçait auprès de Mme des Ursins les fonctions d'intendant (1) : n'osant dire toute sa pensée, l'abbé écrivait qu'à la cour on les croyait mariés (2). Dans un mouvement de colère, elle prend sa plume, et, plus soucieuse de son orgueil que de sa pudeur, elle trace en marge ces trois mots : « pour mariés, non ! » Puis l'original ainsi annoté est expédié au marquis de Torcy,

---

(1) D'Aubigny donnait à l'écart des audiences fastueuses aux grands du royaume, dictait des ordonnances où le roi n'était pas même nommé, et conférait au financier Orry le droit de vendre tous les emplois de guerre, d'administration, ou d'église, ainsi qu'on le vit par le choix que ce dernier fit de son valet, nouvellement reçu bachelier, puis docteur en théologie, pour diriger un des principaux séminaires.

(2) On peut juger du train de sa maison par cette lettre à Mme de Noailles : « J'ai quatre gentilshommes, j'en prends ici un autre, Espagnol, et quand je serai à Madrid, j'en prendrai deux ou trois qui connaissent la Cour, et qui soient gens à me faire honneur. J'ai six pages, tous gens de conditions, et capables d'être chevaliers de Malte. J'ai, outre cela, leur maître qui me sert d'aumônier. Je ne vous parle pas de mes officiers, que j'ai de toutes sortes. Je mène douze laquais et j'en prendrai d'Espagne quand je serai à la

tandis qu'elle envoie, pour la faire circuler dans les salons de Paris, une copie au duc de Noirmoutiers, son frère. Comment laisser impunie une pareille audace ? Le roi patienta quelque temps encore, mais enfin la foudre éclata, et le premier ministre en jupon reçut l'ordre formel de partir pour l'Italie. Elle plia sous l'orage, se soumit, s'acheminant vers la frontière *à lents tours de roue*, faisant agir ses amis de Versailles, Mme de Maintenon, les Noailles, qui invoquèrent la nécessité de ne pas pousser à bout la reine d'Espagne. Celle-ci n'oubliait point son amie ; tant et si bien qu'elle obtint la permission de séjourner à Toulouse, et puis, quatre mois après, celle de venir se justifier à Paris. Son esprit, l'anarchie plus violente en Espagne depuis son départ, les progrès du parti autrichien, les succès de l'archiduc, Gibraltar occupé par les Anglais, tant de motifs commandaient Louis XIV de reculer, de conserver l'Espagne avec la dictature de Mme des Ursins, plutôt que de la perdre en l'éloignant.

Elle parut à Versailles comme une divinité de la Cour ; le duc d'Albe voulut qu'elle descendît à l'hôtel de l'ambassade espagnole, et elle eut avec le roi de

---

Cour. Je me fais faire un fort beau carrosse, sans or ni argent, et j'en amène un autre doré qui me servira à promener hors la ville, à six chevaux. Je crois devoir paraître à Madrid avec quelque pompe *pour faire plus d'honneur à mon emploi...* Ne craignez pas pourtant que je demande quelque chose au roi ; je *suis gueuse*, il est vrai, mais je suis encore plus fière, et je me ferai un point d'honneur de ne rien demander ; et cependant je ferai une dépense proportionnée à ma charge, et *qui puisse faire admirer aux Espagnols la grandeur de leur roi...* »

longs entretiens où la bonne grâce du gentilhomme couvrit la retraite de l'homme d'État. Un jour elle entra dans le salon de Marly avec un petit chien qu'elle tint sur ses genoux, ce que n'aurait jamais osé la duchesse de Bourgogne : et le roi caressa le chien. D'abord elle feignit de ne plus vouloir retourner là-bas, puis elle fit ses conditions, réclama un blanc-seing qu'on fut trop heureux de lui accorder, le départ du P. Daubenton dont l'humeur intrigante l'inquiétait, la nomination du président Amelot comme ambassadeur à Madrid ; elle présenta d'Aubigny à Louis XIV, à Mme de Maintenon. Saint-Simon prétend même qu'elle songea à supplanter Mme de Maintenon. Quelle invraisemblance ! Et combien absurde une pareille vision chez une femme de soixante-trois ans, et d'un esprit si avisé !

Le retour en Espagne fut une sorte d'apothéose : son ministère, plus ou moins occulte jusque-là, devenu public, officiel en quelque sorte, dura sans interruption pendant neuf ans (1).

---

(1) C'est à cette période de 1701 à 1714 que se rapportent ces extraits de lettres tirées du chartrier de M. le duc de La Trémouille.

Madrid, 6 septembre 1702.

« ...Cela doit faire penser tout de bon aux grands remèdes, et à mettre le roy d'Espagne en estat de gouverner ses affaires sur un autre pied, autrement il sera impossible de jamais soutenir cette monarchie. La France s'y ruinerait, et, ce qu'il y a de plus important à vous observer, est que les Espagnols ne paraissent pas s'en mettre beaucoup en peine... Après bien des réflexions, je croys

Malheureusement, la reine Marie-Louise mourut le 14 février 1714, brisée par les émotions d'une lutte où son âme généreuse exigeait trop de sa frêle enveloppe. Au lieu de se retirer alors, ainsi que la prudence le conseillait, Mme des Ursins voulut continuer cette vie

---

pouvoir dire qu'il n'y a qu'un party de bon, c'est que le Roy d'Espagne ayt des troupes avec lesquelles il se rendra le maistre d'establir une forme de gouvernement qui le rende indépendant des lenteurs des Consultes, car autrement Sa Majesté Catholique ne pourra jamais ni apporter aucun ordre dans ses affaires, ni s'asseurer l'exécution de ses desseins...

« Vous nous avez envoyé un homme dont l'esprit me paraît profond, solide, résolu, et tel qu'il le faut en ce pays-ci : c'est M. Orry. La Reine en est très satisfaite. Je pris la liberté de lui dire qu'il serait convenable qu'elle proposât de le faire entrer dans la junte pour qu'il explicât luy-même les offres qu'il fesait pour la levée d'un régiment. Quoique la plupart de ces Messieurs fussent obstinez à soutenir que c'estait une chimère que de croire qu'on peut faire des levées, après qu'il eust parlé en leur présence, ils changèrent tous de sentiments. Je me remets à luy sur tout le reste... »

Madrid, 17 septembre 1702.

« ...On arreste tous les jours ici quelques suspects..., je me retrancherai à vous demander seulement, Monsieur, de quel côté la Reine doit se ranger, s'il s'en trouve de punissables, je veux dire si Sa Majesté doit user de contrainte ou de rigueur...

« Il paraît qu'il n'y a plus de difficulté pour le régiment que la Reine veut lever sous son nom, je ne sais pourtant encore ce qu'il en sera. Il y a un poison dans toutes les consultes qui se sont faites là-dessus, qui confirment toujours davantage les mauvaises intentions de ceux qui ont part au Gouvernement. J'ay laissé le soin à M. Orry de vous mander les autres détails, et je ne vous parlerai, Monsieur, que des estendards, trompettes et timbales pour ce même régiment, que je voudrais que vous pussiez envoyer au plus tost à la Reine, si vous voulez luy faire un présent agréable. Sa Majesté est ravie d'avoir emporté l'épée à la main dans la junte que ce régiment se ferait et qu'il porterait son nom. Il faudrait que Mme la duchesse de Bourgogne s'amusast à

politique qui, elle aussi, a ses enivrements, ses invincibles attirances, comme toute violente passion. Pendant quelque temps elle réussit à chambrer, à cloîtrer le roi, et les mauvaises langues, toujours à l'affût, cla-

---

faire les devises, et qu'elle taschât de les aproprier, sans néantmoins qu'elles pussent donner la moindre jalousie à la nation... La Reine désire que ce soit le duc de Bexar qui commande son régiment, à cause qui luy a apporté la nouvelle de ce que le Roy avait battu ses ennemis, et qu'il est presque le seul grand qui fait son devoir...

« Princesse DES URSINS. »

Lettre de la princesse des Ursins à Louis XIV (1705) :

« Sire, je ne saurais plus douter que mes ennemis n'aient supposé contre moy des crimes qui méritent la mort, puisque Votre Majesté m'impose des peines qui peuvent me la causer. Il est bien dur à une femme qui aurait donné sa vie plutôt que de manquer au moindre de ses devoirs, d'estre regardée dans le monde comme une ingratte et comme une perfide, mais c'est pour moy le plus cruel des supplices d'avoir à vivre désormais sans espérance de pouvoir détruire dans l'esprit de Votre Majesté des calomnies qui m'attirent sa colère. Elle me commande d'aller incessamment à Rome et elle me défend de passer par Paris. J'obéirai, Sire, et si c'estait une chose possible, je partirais demain; cependant Votre Majesté me permettra de luy représenter très humblement, que ne pouvant plus arriver à Rome avant la Saint-Pierre, je ne puis y entrer avant le mois de novembre sans risquer ma vie et celle de tous mes domestiques. Les incommodités que je souffris lorsque je passay à Villefranche, il y a près de trois ans, furent si grandes que j'y arrivay dans un estat à faire pitié. Je fus plus de six mois à me rétablir. Deux de mes domestiques moururent en chemin, et presque tous les autres furent très malades. Quoiqu'il n'y ait pas le mesme risque à sortir de Rome comme à y entrer, je suppose, Sire, que Votre Majesté ne m'ordonne pas de chercher la mort. Je me figure même que ceux qui ont tant d'intérêt que je ne me trouve pas à la portée de me justifier, n'ont pas fait ces réflections; ainsy je me donne l'honneur de supplier Votre Majesté avec toute la soumission pos-

baudèrent que cette femme de soixante-douze ans voulait épouser ce roi de trente ans. Le confesseur de Philippe V s'étant aventuré à lui rapporter le propos. « Moi l'épouser, s'écria le roi, oh ! pour cela, non ! »

---

sible, de vouloir bien me faire savoir si elle trouve bon que je demeure en France jusqu'à ce que la saison me permette de continuer mon voyage en Italie, où j'iray apparemment finir le reste de mes jours. »

Lettre de la Reine (16 octobre 1709) à M. Amelot :

« .....L'éloquence du duc de Veraguas ne fait que croître et embellir, aussi bien que la passion que le comte de Frixiliana a pour moi ; car je veux bien vous en faire une confidence comme à un homme discrait ; il m'a dit franchement que je lui feray tourner la teste. Il faut l'avoir aussi bonne que vous dites que je l'aie, pour résister à de pareilles épreuves, surtout quand cela est accompagné d'un présent de deux mille et six cents pistoles que le comte m'a fait très galamment pour envoier aux troupes d'Andalousie. J'espère qu'il voudra bien redresser sa cravatte, et l'avoir un peu plus blanche pour me plaire : s'il voulait y adjoindre encore quelque autre somme, je ne sais plus comment je pourray me deffendre contre ses charmes. Vous ne m'eussiez pas trouvée si gaie avant le retour du Roy ; lui, mon fils et moi nous portons fort bien, et vous pouvez en assurer ceux qui nous veulent tuer. En vérité on fait bien mal de vouloir nous sacrifier, et vous devriez crier comme un enragé sur une chose aussi honteuse et aussi nuisible pour la France et pour l'Espagne. »

Corella, 22 juin 1711.

« ...Je n'ai jamais compris comment la présomption des hommes peut aller jusqu'à croire qu'ils ne puissent rien apprendre des autres. Ce deffault est aussy insupportable, selon moy, que l'est l'erreur des femmes qui croyent qu'il n'y a qu'elles de belles dans le monde, et qui s'imaginent qu'on leur dérobe toutes les louanges que s'attirent d'autres objets...

« Princesse DES URSINS. »

Il fallut donc chercher une autre reine, car le roi ne voulait ni prendre une maîtresse, ni rester sans épouse. Elle se flatta du moins qu'en la choisissant elle-même, elle la trouverait docile, reconnaissante. On sait à quel point Albéroni la trompa, et qu'Élisabeth de Parme était justement la plus rebelle à une pareille mainmise. D'ailleurs elle avait accumulé bien des haines, et Philippe V était trop pusillanime pour leur résister. Qui sait même si le joug ne lui pesait pas, s'il ne cherchait pas une occasion de s'en affranchir ? On reprochait à Mme des Ursins d'avoir « accroché » la paix pendant plusieurs mois pour obtenir une petite principauté indépendante. Louis XIV voulait bien ne conserver que les rancunes utiles, mais il se rappelait avec amertume qu'en 1709 elle avait sacrifié la politique française à la politique espagnole. Comment aussi oubliait-elle les lettres piquantes échangées avec Mme de Maintenon, lorsqu'elle reprochait à celle-ci de préférer sa tranquillité à son honneur ? Écoutons ce bout de dialogue entre ces deux femmes si extraordinaires :

« Vous devenez très injuste pour moi, Madame, mais il faut tout pardonner à un état aussi violent et aussi surprenant que le vôtre...

« Il y a une espèce d'impiété, réplique la princesse, à croire que c'est Dieu qui nous impose la dure nécessité de mendier une paix ignominieuse... »

Petit à petit, compliments, précautions oratoires disparaissent, l'hostilité éclate sans aucun voile, et les récriminations amènent les injures.

« Malgré ce merveilleux personnage, s'écrie la quasireine de France, vous me faites pitié! Nous trouvons Orry point à sa place et l'Espagne assez mal gouvernée... »

Mais la riposte ne se fait pas attendre : « L'injustice est partout, Madame, et même parmi les personnes qui semblent s'être sacrifiées à Dieu, et qui ne lui sacrifient pas leurs passions. »

La disgrâce semble préméditée de longue date. Philippe V avait d'avance livré lâchement Mme des Ursins à sa nouvelle épouse, et, tandis qu'elle s'acheminait vers Madrid, il lui donnait pleins pouvoirs, et terminait une lettre par ces mots qui le peignent au vif : « Au moins, ne manquez pas votre coup; car si vous la voyez deux heures seulement, elle vous enchantera, et nous empêchera de faire bon ménage. »

Mme des Ursins avait donc, de ses propres mains, forgé l'instrument de sa ruine, et, en allant au-devant de la reine, elle se précipitait, tête baissée, dans l'abîme. Il paraît qu'elle connut, trop tard, la vérité, mais qu'elle voulut brûler ses vaisseaux et fournir le prétexte de l'éclat. Peut-être aussi croyait-elle à son étoile, à sa puissance de séduction. Admise auprès de la reine, elle mit un genou à terre, lui baisa la main selon l'usage, et Élisabeth la reçut tout d'abord avec force caresses. Ensuite elles s'enfermèrent. On a prétendu que la princesse lui aurait reproché ses retards, son habillement peu convenable pour une reine d'Espagne, et conseillé de ne point se mêler de politique, parce que cela ne conviendrait pas au roi. « Quoi! aurait repris la reine, commencez-vous dès à présent à me vouloir imposer vos avis ? » Puis elle appela d'une voix forte, et Amenzagga, lieutenant des gardes du corps, étant accouru : « Je vous ordonne, dit-elle, d'arrêter cette folle, cette insolente ; faites-la sortir d'ici et conduisez-la à son appartement. Faites ensuite atteler un carrosse, emmenez-la avec une escorte de cinquante chevaux au-delà de la frontière. Vous lui laisserez une femme de chambre et un laquais ; vous mettrez aux arrêts tous les autres domestiques. Partez vite, qu'elle ne parle et qu'elle n'écrive à personne ! » Le lieutenant ayant objecté, pour laisser le temps de la réflexion, l'obscurité de la nuit, l'inclémence de la saison (on était au 24 décembre 1714), elle lui rappela avec hauteur qu'il avait un ordre du roi de lui obéir en tout, sans réplique.

Qu'on se représente la stupéfaction des courtisans, l'agonie morale d'une telle femme précipitée du faîte de la puissance avec une brutalité inouïe, sortant du cabinet de la reine en grand habit de cour, jetée dans une voiture sans vêtements, sans linge, par un froid si terrible que le cocher en perdit une main, écrivant en vain à un roi ingrat, s'arrêtant à peine quelques instants dans de mauvaises hôtelleries, mais restant fidèle à elle-même, et composant si bien son personnage, qu'il ne lui échappa ni larmes ni regrets, ni plaintes, et que les deux officiers qui la gardaient à vue n'en revenaient point d'admiration. *Ascendit cadendo.* Ce n'est qu'à Saint-Jean-de-Luz qu'elle recouvra sa liberté et put prendre quelque repos ; là, ses neveux Lanti et Chalais, qui avaient eu licence de l'aller joindre, lui confirmèrent l'irrémédiable disgrâce, la trahison définitive de Philippe V qui n'osa même pas lui envoyer un témoignage de sympathie.

« J'attends, écrit-elle à Mme de Maintenon, la volonté du roi de France à Saint-Jean-de-Luz, dans une petite maison, au bord de la mer. Je la vois souvent agitée, quelquefois calme... Voilà les cours. »

Un peu plus tard, elle remercie Orry de son fidèle souvenir :

Châtellerault, 15 février 1715.

« .....Je ne suis pas surprise de la quantité d'ingrats que j'ai faits : cela se tourne à leur honte et non à la mienne, et je les méprise trop pour souhaiter de m'en vanger. En récompense, j'estime fort les honnêtes gens ; c'est par cette raison, Monsieur, que vous devez être sûr de la mienne et de l'amitié sincère que j'ay pour vous, dont je vous suplie très humblement de ne pas douter.....

« Princesse des Ursins. »

Reçue assez froidement à Versailles où la poursuivait la rancune du duc d'Orléans, elle obtint cependant que sa pension de vingt mille livres fût convertie en quarante mille livres de rentes sur l'Hôtel-de-Ville, demanda à la Hollande un asile qui lui fut refusé, qu'elle trouva enfin à Gênes, où elle vécut de 1715 à 1719, « toujours supérieure aux événements. » Comme elle ne pouvait vivre sans se mêler de politique, elle tourna ses pensées vers Rome, et fit si bien que la cour d'Espagne l'y vit arriver sans regret, d'autant mieux que le Régent et Philippe V étaient en guerre ouverte. Elle quitta donc Gênes, et fut reçue avec beaucoup de considération par le pape et le Sacré Collège dans cette Rome où elle avait passé jadis tant d'années, où elle retrouva, disgracié à son tour, cet Albéroni dont elle avait été la protectrice, la dupe et la victime. Alors elle s'attacha aux Stuarts, à ceux que les Jacobites appelaient : le roi et la reine d'Angleterre, et ne tarda pas à les gouverner. « C'était, observe Saint-Simon, une idée de cour et un petit fumet d'affaires, pour qui ne s'en pouvait plus passer. Elle acheva ainsi sa vie dans une grande santé de corps et d'esprit, et dans une prodigieuse opulence,... toujours occupée du monde, de ce qu'elle avait été, de ce qu'elle n'était plus, mais sans bassesse, avec courage et grandeur. » Et elle mourut à Rome, après une courte maladie, le 5 décembre 1722, âgée de plus de quatre-vingts ans.

Tout bien pesé, de 1701 à 1714, Mme des Ursins a bien mérité des deux monarchies qu'elle servait, et l'on ne saurait lui en vouloir si l'intérêt de son ambition se trouva d'accord avec l'intérêt de la France et de l'Espagne. Elle a commis des fautes, qui en doute ? confondu parfois l'intrigue et la politique, justifié d'avance la fameuse définition de Beaumarchais : rien de plus certain. Mais combien peu, parmi les hommes d'État, ont le droit de lui jeter la pierre, combien peu ont eu l'art de subordonner les personnes aux choses, de ne jamais dépasser dans l'effort la nécessité, dans l'acte la mesure ! Qu'ils sont rares ceux qui ont fait litière d'eux-mêmes, qui ont toujours eu leur cœur dans leur tête, qui pourraient répéter à leurs ennemis le mot hautain d'un diplomate français à Mme des Ursins : « Lorsque je vous ai heurtée, c'est que la justice et la vérité vous ont rencontrée sur leur chemin ! »

LE SALON DE LA MARQUISE DE LAMBERT

MESDAMES, MESSIEURS,

On dit, on répète sans cesse que deux puissances sociales, les salons et l'opinion publique, sont écloses en même temps, dans les premières années du XVIIIe siècle, que celle-ci a rencontré chez ceux-là un foyer, un asile d'où elle s'est élancée pour conquérir le monde, qu'ils ont devancé pour elle la presse, les parlements, les chemins de fer, le télégraphe, qu'eux-mêmes ont tiré de cette alliance de merveilleux avantages, qu'en devenant le centre du mouvement intellectuel, ils ont exercé une influence considérable sur les destinées de la nation à la tête de laquelle ils brillaient, entourés d'un cortège de savants, de philosophes et de lettrés. Cette thèse met en avant des témoignages si graves, elle a si bien tous les caractères de la chose jugée sans appel, qu'on aurait mauvaise grâce à la révoquer en doute, et qu'on ose tout au plus y proposer quelques tempéraments. Et de constater que l'histoire des salons commence réellement au xvi° siècle, que l'hôtel de Rambouillet, par exemple, joue un grand rôle au siècle suivant, qu'il a contribué à fixer la langue française, à améliorer la morale sociale et même la morale sans épithète, en protestant contre la grossièreté du temps, contre le libertinage de la Cour, cette remarque fait échec à l'opinion consacrée, tout au moins la précise en déterminant ses limites et son cadre de vérité. De même peut-on soutenir que l'opinion publique n'a pas surgi brusquement, comme un champignon poussé en forêt, qu'on en trouve cent ébauches éparses et diffuses, mille manifestations plus ou moins éclatantes qui lui constituent des titres de naissance, comme on voit un Vinci tracer vingt figures avant de rencontrer la forme qui sera appelée chef-d'œuvre. N'est-ce pas l'opinion publique qui commence à s'affirmer avec les Croisades, l'émancipation des Communes, la Réforme, la Ligue, les États-Généraux ? Ne la retrouve-t-on pas toute vibrante, déchaînée et encore inconsciente, dans les troubles de la Fronde? Et, même sous Louis XIV, en pleine idolâtrie monarchique, malgré les sévérités du pouvoir le plus ombrageux, n'est-ce pas elle qui apparaît, comprimée, nullement anéantie, dans les querelles du jansénisme, du quiétisme, dans le mouvement pyrrhonien où se jettent tant d'intelligences ? Ainsi, à certaines heures de l'histoire, des cocardes, des courses de chars, la musique, deviennent pour d'autres peuples le moyen de proclamer le vieil instinct palpitant de liberté, de mettre dans une petite chose toute leur âme, désirs, passions, espérances.

Ce qui reste vrai d'ailleurs, c'est que, au xviii° siècle,

les salons étendent leur domination en tous sens, que la Philosophie, l'Économie politique et la Politique y pénètrent à la suite de la Littérature, c'est que l'opinion publique se constitue, s'organise, héritière des généreux efforts du passé, du prestige monarchique qui s'écroule, qu'elle vit alors d'une vie distincte, se développant avec la rapidité d'un jeune géant, audacieuse, ironique et sensible, passionnant ses rêves, et comme emportée par un joyeux délire vers les horizons infinis, vers une foi nouvelle dont la Révolution promulguera le symbole. Et puis aussi, les salons du xviiie siècle seront ce qu'ils furent au début : des écoles de civilisation, où l'art de la causerie, le loisir des grandes existences produisent, grâce aux femmes, une incomparable douceur de vivre, où la métaphysique du sentiment, la science de l'amour et de ses nuances infinies restent en somme la principale question.

Voici par exemple Mme de Lambert qui, née en 1646, morte en 1733, continue noblement les traditions de l'hôtel de Rambouillet, sert en quelque sorte de trait d'union entre les deux siècles. C'est un des derniers salons de l'un, c'est le premier salon de l'autre. Les deux marquises ont plus d'un trait commun, le goût de l'esprit et des gens d'esprit, le culte de la morale, de la politesse et du beau langage, le talent d'attirer et de retenir la compagnie la plus illustre : toutes deux préservent leur salon de cette peste du jeu qui sévissait (1) dans les maisons les plus considérables, chez

----

(1) Voir le tome III de cet ouvrage au chapitre sur la cour de Louis XIV.

le roi et les princes du sang ; toutes deux sont précieuses dans le meilleur sens du mot.

La préciosité restaurée vers la fin du XVIIe siècle fournira une carrière assez éclatante avec Fontenelle, avec Marivaux (1); et l'on a remarqué que ni La Bruyère, ni Fénelon lui-même, n'en sont exempts, que Massillon et Montesquieu lui ont payé tribut. Le Sage, qui n'aimait point les bureaux d'esprit, a, dans *Gil Blas* et le *Bachelier de Salamanque,* raillé l'Académie de Petapa, les métaphores et figures outrées du langage *preconchi* chez Mme de Lambert; et il apparaît assez clairement que le marivaudage, ce fils de la préciosité, vient en droite ligne des salons, que le style de Marivaux est parfois celui des coteries qu'il fréquente. Mais d'entendre les coryphées de l'hôtel Lambert subtiliser sur l'amour à la façon de Voiture ou de Benserade, appeler une haie : le suisse du jardin ; la violette : la grisette des fleurs; le gazon : un canapé sauvage, de voir se perpétuer ce caractère ou ce travers de la pensée dont le XVIe siècle, Rome et la Grèce

---

(1) Consulter aussi : *Marivaux, sa vie et ses œuvres,* par Gustave LARROUMET. — Mary SUMMER : *Quelques salons de Paris au XVIIIe siècle.* — *Œuvres morales de Mme de Lambert,* avec une préface de M. DE LESCURE, 2 vol. — *Journal et Mémoires* de Mathieu MARAIS, du président HÉNAULT, du marquis d'ARGENSON. — D'ALEMBERT : *Éloges académiques.* — *Lettres de M. de La Motte* (1754). — SAINTE-BEUVE : *Causeries du Lundi,* tome IV. — H. RIGAULT : *Histoire de la Querelle des Anciens et des Modernes.* — LE SAGE : *Le Bachelier de Salamanque,* p. 392. — *Lettres d'Adrienne Lecouvreur,* publiées par M. MONVAL, Plon, 1892. — Baron Gaston DE MONTESQUIEU : *Pensées et Fragments inédits de Montesquieu.* — *L'Hôtel de Rambouillet,* voir le premier volume de cet ouvrage.

même offrent déjà tant d'exemples, ceci prouverait, ce semble, que préciosité et marivaudage sont inhérents à une certaine nature d'esprits auxquels l'atmosphère un peu artificielle des salons convient à merveille, dont elle développe les qualités jusqu'à l'abus.

Ce qui marque une différence importante entre les deux ruelles, c'est, dit M. Brunetière, dans la seconde, « la préoccupation des principes nouveaux qui fermentent à la fin du règne de Louis XIV, s'agiteront presque librement pendant la Régence, et dont aucune force ne saura arrêter l'expansion désormais ; c'est le souci de la modernité, en un mot. » Sans doute, ce souci ne se traduit guère que par des causeries discrètes, des lettres où éclate le zèle de la chose publique ; nous sommes loin des conversations *à faire tonner* des Vendôme et des salons qui suivront ; mais Mme de Lambert et ses amis sont bel et bien *grippés de philosophie*, et prennent parti pour l'opinion où celle-ci a le plus à gagner. Ainsi, dans la Querelle des anciens et des modernes, où déborde en quelque sorte l'idée de progrès, ils sont presque tous modernes. Tandis que La Motte et Fontenelle soutiennent le choc, la marquise déclare tout net qu'elle n'aime pas Homère ; mieux encore, elle dissuadera cette spirituelle de Launay d'épouser Dacier. « Que feriez-vous, lui dit-elle, avec un homme hérissé de grec, et quel cas ferait-il de vous qui n'en savez pas un mot ? » On aime à croire qu'elle pensa surtout à la différence d'âge, qu'elle repoussait Dacier pour son amie, non comme admirateur des anciens, mais comme trop ancien. Mme de Lambert appelait un jour Dieu : l'Être suprême, et ce n'est pas la marquise de Rambouillet qui aurait hasardé cette définition : « J'appelle peuple tout ce qui pense bas et communément, la cour en est remplie; » encore moins cette maxime qui annonce l'ère de la sensibilité : « Il faut traiter ses domestiques comme des amis malheureux. » Rien de semblable dans les déduits de l'hôtel de Rambouillet, car on ne saurait comparer à *la Querelle des Anciens* celle des *Jobelins et des Uranistes :* il respire la foi monarchique et religieuse la plus correcte, un esprit de cour que princes, princesses du sang, grands seigneurs alimentent par leurs fréquentes visites. Et sans doute Mme de Lambert a grand soin d'attirer les gens de condition, mais l'esprit de cour s'est modifié singulièrement, et les d'Argenson, les Valincourt, les Sainte-Aulaire, la duchesse du Maine, la duchesse de Nevers, la duchesse de Villars, la duchesse de Gontaut qui le représentent chez elle, reflètent ses métamorphoses. La marquise de Rambouillet reçoit un nombre considérable d'académiciens, et peut-être a-t-elle contribué secrètement à l'élection de quelques-uns, mais aucun document n'atteste son action en ce sens : la marquise de Lambert non seulement accueille les membres de l'Académie des Sciences et de l'Académie française, mais, pendant près de vingt ans, son cabinet est l'antichambre de celle-ci; avec Fontenelle et La Motte, elle fait la moitié au moins des élus, et d'Olivet, Mathieu Marais, pestent à maintes reprises contre la faction ou la *Case Lambertine* qui démolit leurs plus belles combinaisons. La voilà donc en contact plus direct avec le public, ayant

maille à partir avec les chansonniers, prêtant davan·
tage le flanc à la critique que l'autre marquise.

On a prétendu que l'esprit est venu tard au XVIIe siè·
cle, qu'en 1687 il avait à peine quelques années de date,
qu'à l'hôtel de Rambouillet on se contentait de disser·
ter. Comme si Bautru, Bois-Robert, Tréville, Retz,
Bussy-Rabutin, Mme Cornuel, Mme de Sévigné, La Roche·
foucauld, pour ne citer que quelques noms, n'avaient
pas écrit ou parlé auparavant ! Et je veux qu'on admirât
chez Arthémise les tirades un peu pompeuses de Balzac,
mais il suffit de lire les mémoires du temps pour reconnaître que les habitués de la maison font assez bonne
figure ; leurs mots défraient la ville et la Cour ; la grâce,
la repartie alerte, la raillerie même et la mystification
aimable sont en grand honneur en ce lieu. Et à son
tour, l'hôtel Lambert (1) avait ses jours de lectures
solides, de conférences académiques : c'est là qu'on
venait chercher « ces joies sérieuses qui ne font rire
que l'esprit. » Comme on voit, les deux salons gardent
leur originalité, leurs traits distinctifs et leurs points
de ressemblance.

La marquise de Lambert avait pour père Étienne
Marguenat de Courcelles, maître ordinaire à la Cour
des comptes ; il mourut encore jeune, et sa femme, de
vertu assez fragile, se remaria avec Le Coigneux de

---

(1) C'était, on l'a dit, l'hôtel de Rambouillet présidé par Fontenelle, et où les précieuses corrigées se souvenaient de Molière.

Bachaumont, président à mortier au Parlement de Paris, homme d'esprit, épicurien et grand ami de Chapelle avec lequel il a composé cet agréable *Voyage* qui leur assure une petite place dans notre histoire littéraire. C'est à lui que la Fronde doit son nom ; devenu vieux, songeant à faire une fin chrétienne, il dit à ses amis étonnés de la métamorphose : « Un honnête homme doit vivre à la porte de l'église et mourir dans la sacristie. » Frappé des heureuses dispositions de Mlle de Courcelles, il se plut à cultiver son intelligence ; dès son enfance, elle recherchait la solitude, aimant à lire en son particulier, prenant d'elle-même l'excellente habitude de faire des extraits de ses lectures, et portée par la tournure de son esprit vers ces réflexions et maximes qui sont en quelque sorte les médailles de la conversation. En 1666, âgée de dix-neuf ans, elle épouse le marquis de Lambert, brillant officier qui fit avec Villars les dernières campagnes du grand Condé, les premières de Luxembourg, et mourut en 1686 lieutenant général des armées du roi, gouverneur de la ville et du duché de Luxembourg. Après de longs et pénibles procès avec la famille de son mari, elle resta maîtresse d'une belle fortune dont elle résolut d'user en secourant les malheureux, en ouvrant « un asile aux Muses et aux Grâces. »

Le duc de Nevers lui ayant cédé une aile du palais Mazarin, elle éleva à ses frais le bâtiment qui existe encore rue Colbert, 12, et c'est là que pendant vingt-trois ans, de 1710 à 1733, elle reçut deux fois par semaine les personnages les plus distingués de son temps, le mercredi étant plus spécialement réservé aux gens du monde, le mardi appartenant aux lettrés, aux savants et aux artistes; les amis particuliers de la marquise avaient le privilège des deux jours, établissaient entre eux une liaison, une solidarité sympathique. Être invité aux réceptions du Palais Mazarin équivaut presque à un brevet d'esprit. On ne s'y laisse envahir ni par les choses ni par les personnes; point de *nuits blanches* comme à Sceaux, point de jeu, point d'agiotage, mais des dîners, des soupers précédés, suivis d'entretiens, de lectures et de discussions scientifiques ou littéraires, égayés de loin en loin par la musique et des matinées dansantes où la grâce et la beauté de la maréchale de Villars sont fort admirées. Tout chez Mme de Lambert est discrétion, prudence, décorum, elle déteste le ton grivois, « le ton grenadier, » laisse ignorer autant que possible sa vie et ses ouvrages, paie même deux cents écus pour qu'on détruise l'édition d'un écrit imprimé sans son aveu. Que dis-je! Elle aurait poussé l'amour du mystère jusqu'à tenir secret un second mariage de conscience ou de raison, contracté en plein *âge d'argent,* avec le marquis de Sainte-Aulaire, l'aimable auteur de cet impromptu :

> La divinité qui s'amuse
> A me demander mon secret,
> Si j'étais Apollon, ne serait point ma Muse;
> Elle serait Thétys et le jour finirait.

Il est vrai que la mode justifiait amplement ce luxe de précautions; mais le secret de ce mariage d'automne ne serait-il pas dans des arrangements de famille, dans ce fait bien simple que la fille de Mme de Lambert avait épousé le propre fils de Sainte-Aulaire (1)? Le président Hénault, en même temps qu'il révèle ce trait, trace ce croquis des réceptions du Palais Mazarin.

« Voici une maison toute différente des autres : c'est celle de Mme la marquise de Lambert. Elle est connue par quelques pièces de morale qui ont fait estimer son talent pour écrire, la délicatesse de son esprit et sa connaissance du monde : on s'apercevait qu'elle était voisine du temps de l'hôtel de Rambouillet, elle était un peu apprêtée, et n'avait pas eu la force de franchir les barrières du collet monté et du précieux ; c'était le rendez-vous des hommes célèbres : Fontenelle, Sacy,

---

(1) « Mme de Lambert laissa deux enfants : la marquise de Sainte-Aulaire, femme d'un esprit raisonnable, et qui passa sa vie auprès de sa mère. Son fils, le marquis de Lambert, était un homme de mérite; il avait fait la guerre avec le duc d'Orléans régent, qui en faisait cas. C'était un homme particulier et tout à fait misanthrope, dont la misanthropie, comme de raison, vint échouer à une femme coquette qui s'en fit épouser : c'était la marquise de Locmaria. Cette femme, dont la conduite extérieure n'avait rien de reprochable, était fort avant dans le monde, point méchante, d'une gourmandise distinguée, et cherchant à plaire à bride abattue. Elle mourut après onze ans de mariage, le 3 mai 1736... Son mari, qui n'était plus jeune, se remaria avec Mme de Menou, sœur de la marquise de Jumilhac. Il eut tout lieu de se louer de ce second engagement. La marquise de Lambert ne s'occupa que de le rendre heureux ; et à sa mort, sa bonne conduite lui mérita la considération et l'attachement des deux héritiers de son mari, MM. de Lillebonne et de Beuvron. Elle jouit aujourd'hui de l'estime de tous les honnêtes gens, sa maison est le rendez-vous de ce qu'il y a de plus considérable à la ville, à la cour et parmi les ministres étrangers. » (*Mémoires* du président HÉNAULT, p. 104.)

l'abbé Mongault, etc... Il fallait passer par elle pour arriver à l'Académie française ; on y lisait les ouvrages prêts à paraître. Il y avait un jour de la semaine où l'on y dînait, et tout l'après-dîner était employé à ces sortes de conférences académiques. Mais, le soir, la décoration changeait ainsi que les acteurs, Mme de Lambert donnait à souper à une compagnie plus galante, elle se plaisait à recevoir les personnes qui se convenaient ; son ton ne changeait point pour cela, et elle prêchait la belle galanterie à des personnes qui allaient un peu au delà. J'étais des deux ateliers ; je dogmatisais le matin, et je chantais le soir.

« On croit qu'elle s'était remariée au marquis de Sainte-Aulaire. C'était un homme d'esprit qui ne s'avisa qu'à plus de soixante ans de ses talents pour la poésie, et que Mme de Lambert, dont la maison était remplie d'académiciens, fit entrer à l'Académie française, non sans assez de résistance de la part de Despréaux et de quelques autres, résistance qui n'était pas fondée... »

Avec plus de réserve et moins de précision, d'Argenson donne une note à peu près pareille dans une page d'où s'exhale un parfum d'émotion reconnaissante, assez rare de la part d'un homme qui écrit plutôt en Alceste qu'en Philinte.

« Août 1733. — J'ai perdu, le mois passé, la marquise de Lambert qui, quoique âgée de quatre-vingt-six ans, était mon amie depuis longtemps. Les savants et les honnêtes gens se souviendront longtemps d'elle... On a imprimé d'elle, sans sa participation, les *Conseils d'une mère à son fils et à sa fille* et ses *Sentiments sur les femmes.* Ces ouvrages contiennent un résumé complet de la morale du monde et du temps présent la plus parfaite. Il y avait quinze ans que j'étais de ses amis, et qu'elle m'avait fait l'honneur de m'attirer chez elle ; sa maison faisait honneur à tous ceux qui y étaient admis. J'allais régulièrement dîner chez elle les mercredis qui étaient un de ses jours ; on y raisonnait sans qu'il fût question de cartes, comme au fameux hôtel de Rambouillet, si célébré par Voiture et Balzac. Elle m'avait voulu persuader de me présenter pour une place à l'Académie française, honneur qu'elle prétendait qui me convenait et auquel je convenais ; elle m'assurait du suffrage de tous ses amis qui étaient en grand nombre à l'Académie. On lui avait même donné l'air ridicule d'une chose réelle, qui est qu'on n'était guère reçu à l'Académie qu'on n'allât chez elle. Il est certain qu'elle avait bien fait la moitié des académiciens. — J'ai appréhendé cet éclat ; l'envie et la satire des petits esprits prétendant à cette place, soit dans les auteurs, soit dans les gens du monde, la corvée d'une harangue en public, tant de fadaises m'ont rebuté... »

Ainsi les sermons de galanterie platonique prêchés par Mme de Lambert ne persuadaient pas ou ne convertissaient point toutes ses catéchumènes. Hénault l'affirme, et la marquise savait sans doute à quoi s'en tenir sur des personnes telles que Mme de Murat, Mlle de Caumont La Force, dont les équipées font penser à certaines filles d'honneur de Catherine de Médicis.

Mais dans un troupeau si nombreux, comment éviter quelques brebis galeuses, surtout lorsque les pécheresses ont de l'esprit, quelque talent, de la beauté, appartiennent à la meilleure compagnie et, laissant chez elles leurs défauts, arborent la livrée du salon où elles sont admises? N'a-t-on pas constaté en tout temps ce goût des honnêtes femmes pour les coquettes et les mauvais sujets, attraction bizarre faite de curiosité mal définie, d'indulgence chrétienne ou mondaine, d'un vague espoir de les ramener au bien, sentiments que ceux-ci exploitent à merveille? Tout ce qu'on peut se flatter d'obtenir, c'est qu'elles figurent à titre d'exception, non comme règle. Aussi les panégyristes de Mme de Lambert ne sauraient-ils tirer gloire pour elle de ce que Voltaire, Mme de Tencin, Mme du Deffand, n'ont point fait partie de son cercle; son véritable titre d'honneur, c'est d'avoir imposé sa volonté à tant de personnages, dominé l'opinion plus qu'elle ne l'a suivie, préservé son salon des hypocrisies de dévotion de la fin du règne de Louis XIV et des folies de la Régence, allumé une sorte de phare spiritualiste, et montré que la décence, la vertu, n'excluent nullement le charme, mais donnent à l'esprit un ragoût piquant.

Parmi les autres femmes qui fréquentent chez la marquise, citons : Mlle de Launay, à laquelle on doit les mémoires les plus spirituels sortis d'une plume féminine au XVIIIe siècle ; — Mme de Fontaine-Martel, auteur de jolis romans où Voltaire aurait trouvé le sujet de deux tragédies. Il faut croire que Mme de Lambert ne fait pas de sa préciosité un article d'exportation, car les soupers de Mme de Fontaines sont très aimables, mais très libres, Voltaire donne le ton, s'installe longuement chez « cette déesse de l'hospitalité : » il y joue Zaïre en 1732 avec Mlle de Grandchamp, Mlle de Lambert, le marquis de Thibouville, M. d'Herbigny. Son amie a l'esprit tolérant, fort sceptique même, faillit mourir dans l'impénitence finale, et ce même Voltaire eut toutes les peines du monde à la décider aux *cérémonies du départ*. Elle demanda en expirant quelle heure il était, et ajouta : « Dieu soit béni ! Quelque heure qu'il soit, il y a toujours un rendez-vous. » — Mme de Caylus, dont les *Souvenirs* donnent l'impression d'un parfum très pénétrant enfermé dans une fiole minuscule, eut aussi un salon où La Fare et Villeroy lui donnaient la réplique : et tel est l'enchantement de son esprit, telle l'ivresse de sa grâce, que, même dans l'âge mûr, « il était difficile de vivre auprès d'elle sans devenir son ami et son amant »; amant signifie ici admirateur. Elle « menait plus loin qu'Hélène, elle répandait une joie si douce et si vive, un goût de volupté si noble et si élégant dans l'âme de ses convives, que tous les âges et tous les caractères paraissaient aimables et heureux. » — « Vous savez bien vous passer des plaisirs, lui dit sa tante Mme de Maintenon, mais les plaisirs ne peuvent se passer de vous. » — Mme d'Aulnoy fort célèbre jadis pour son esprit, surtout pour ses livres qu'on a profondément oubliés, sauf peut-être ses contes de fées et son Voyage en Espagne ; — Mme de Sainctonge, écrivain polygraphe, poétesse, romancière, historienne, faiseuse d'opéras, ballets, idylles, épîtres,

élégies, énigmes, épigrammes et chansons à boire ;
remarquons en passant que les femmes écrivains pul·
lulent déjà ; — Catherine Bernard, petite-nièce de Corneille, couronnée par l'Académie française ; Fontenelle
son oncle passait pour n'être pas étranger à ses tragédies et romans.

Du côté des hommes, et un peu pêle-mêle : Louis de
Sacy, un des premiers avocats de son temps, moraliste,
traducteur élégant des lettres de Pline le Jeune, réputé
davantage encore pour la noblesse de son caractère
que pour son talent, un des rares défenseurs des
Anciens chez la marquise (1) : à l'hôtel Lambert il est
l'ami de l'âme, le confident de la pensée intime, des
soucis matériels, car il a beaucoup contribué au gain
des procès ; comme Montaigne il est *amoureux de
l'amitié.* « Tous ceux qui avaient besoin de lui devenaient ses amis, dit Montesquieu qui lui succéda à
l'Académie française ; il ne trouvait presque pour
récompense à la fin de chaque jour que quelques
bonnes actions de plus. » — D'Ortous de Mairan, de
l'Académie des Sciences et de l'Académie française,
une sorte de Humboldt, également versé dans la
musique, la peinture, la sculpture, l'antiquité, habile à
mettre la grâce et l'esprit dans les chiffres, à passionner

---

(1) « De bonne heure, dit la marquise, M. de S... a su acquérir
cette fleur de réputation qui répand une odeur sur le reste de la
vie ; il a fait taire l'envie, et l'a fait consentir, pour la première
fois, que le mérite ait cours... M. de S... peint son cœur et ses
mœurs dans tout ce qu'il fait, il aime la vertu, il la médite et en
nourrit son âme..., il ne touche à rien qu'il ne l'orne..., sa probité
est un heureux présage pour la cause qu'il soutient. »

les abstractions. Certain mardi, la marquise se trouve seule de son avis dans une discussion, et, un peu dépitée de son isolement : « Vous êtes tous des ignorants, s'écrie-t-elle en riant, je proposerai la question à mon Mercredi, je gage qu'il pensera comme moi. » Mairan, se penchant à son oreille, murmura : « En diriez-vous bien autant à votre Mercredi? » — Mongault, traducteur des lettres de Cicéron à Atticus, membre des deux Académies, précepteur du pieux Louis d'Orléans, atteint d'un pessimisme né de l'ambition déçue et d'une santé défaillante, célèbre pour ses vapeurs dont il donnait cette définition : « C'est une terrible maladie, elle fait voir les hommes comme ils sont. » — L'abbé de Choisy, qui aurait écrit ses étranges *Mémoires* sur la prière de Mme de Lambert, et déterminé celle-ci à composer ses *Réflexions sur les femmes;* cet étourdi gracieux, ce curieux en toutes choses, dont sa mère fit une sorte de petite maîtresse, qui garda toute sa vie la manie de se travestir en femme au moral et au physique, eut cette plaisante boutade lorsqu'il termina son Histoire de l'Église en onze volumes : « Grâce à Dieu, mon histoire est faite, je vais me mettre à l'apprendre. » — Chaulieu, un Anacréon diplomate, favori des Vendôme, arbitre de leurs plaisirs, leur juge mais surtout leur complice, le type de l'abbé courtisan et parasite. — Les deux frères Boivin, deux érudits de premier ordre, membres de l'Académie des Inscriptions, fort épris de littérature, possédés de la rage de rimer de mauvais vers, et qui trouvaient à qui parler avec l'abbé Fraguier, Gédoyn, Boze, l'abbé Alary, Fourmont, Massieu. L'un d'eux, grincheux de la plus belle eau, entretint avec l'abbaye de la Trappe, pour une redevance de 24 sous, un procès interminable où il mangea 12,000 livres; quand l'affaire fut tranchée définitivement, il dit à la marquise qu'il avait gagné son procès pendant douze ans, et ne l'avait perdu qu'un jour. — L'abbé Terrasson, de l'Académie française et de l'Académie des Inscriptions, passa une partie de sa vie à traduire *Diodore de Sicile* pour prouver que les anciens sont des radoteurs : philosophe et bon géomètre, ses mots, sa naïveté, sa modestie, faisaient pardonner son pyrrhonisme. Au temps de Law, lorsqu'on remboursa les billets de banque, il demanda sans y mettre malice : « Quand est-ce qu'on rembourse la religion ? » Il était des dimanches de son ami Falconet, médecin consultant du roi, assemblées qu'il avait surnommées : la messe des gens de lettres. Un de ses amis s'étonnant qu'une fortune imprévue ne lui eût point tourné la tête : « Je réponds de moi jusqu'à un million, dit-il. » Quand on voulut le confesser *in extremis*, il dit au prêtre qui se présentait : « Monsieur l'abbé, je suis trop faible pour parler, et ne me souviens de rien, mais je vous prie d'interroger ma gouvernante, elle sait tout. » Le confesseur essaya cependant de le questionner : « Voyez, Monsieur l'abbé, si vous avez été luxurieux dans votre vie. — Madame Luquet, ai-je été luxurieux ? demanda le mourant. — Un peu, Monsieur l'abbé. — Un peu, Monsieur, » répéta le malade.

A côté de Terrasson, voici le marquis de Lassay, un héros de roman, dit M. Pierre de Ségur, marié à cette Marianne Pajot, fille d'un apothicaire, dont la beauté, la vertu, la hauteur d'âme et l'esprit avaient enflammé Charles IV au point qu'il voulait renoncer à ses duchés de Lorraine et de Bar pour l'épouser, remarié en secondes noces à une fille naturelle légitimée de M. le Prince et de la comtesse de Marans. Il avait, Saint-Simon le reconnaît, de l'esprit, de la lecture, de la valeur, et cependant *ne fut jamais que des faubourgs,* parce qu'on ne le mit point en œuvre, qu'on ne lui permit pas de *déballer sa marchandise,* sans doute aussi parce qu'il n'aimait pas l'obéissance, était esclave de son imagination, et, pour ses frasques de jeunesse, surnommé : le don Quichotte moderne. En dépit de ses écrits, il reste un homme du monde, un des représentants les plus achevés de la bonne compagnie dans ces petites cours des Condé, des du Maine, des Conti ; il parle sa langue en perfection et il est réputé si bon arbitre du goût qu'on ne s'étonnera pas trop de l'entendre dire que, de toutes les charges du royaume, celle de roi serait celle dont il se sent le plus capable (1).

Le don de repartie ne lui faisait pas plus défaut que la bonne opinion de soi-même, et, à peine âgé de huit ans, il ripostait vertement à un sien oncle, personnage falot et ridicule, qui voulait savoir à quoi il pensait : « Je songe que j'ai ouï dire qu'à mon âge tu étais aussi joli garçon que je suis, et que j'ai peur qu'au tien je ne

---

(1) Pierre DE SÉGUR : *Gens d'autrefois,* in-12. Calmann-Lévy. — SAINTE-BEUVE : *Causeries du Lundi,* tome IX. — *Recueil de différentes choses,* par le marquis DE LASSAY. — *Lettres galantes de Mme Desnoyers.* — *Mémoires* de SAINT-SIMON, du marquis DE SOURCHES. — *Journal* de LUYNES.

sois aussi sot que tu es. » Plus tard, il écrivait qu'il faudrait avaler un crapaud chaque matin pour ne trouver plus rien de dégoûtant tout le reste de la journée, quand on doit la passer dans le monde. Et à quelqu'un qui s'étonnait de son goût pour la solitude : « Il faut, dit-il, diablement aimer ses amis pour les voir. » Cependant sa seconde femme, l'ingrate et bizarre Julie, le fit quinaud, un jour qu'il s'échauffait à célébrer la vertu de Mme de Maintenon : « Comment faites-vous, Monsieur, pour être si sûr de ces choses-là ? » s'écria-t-elle. Est-ce en pensant à cette passion malheureuse qu'il a dit que les femmes ne sont nées que pour l'amour? Toujours est-il qu'il soupira jusqu'à son dernier jour, et il avait alors quatre-vingt-six ans, et qu'il aurait pu appliquer à Marianne Pajot, à Mme de Saint-Just, son épitaphe de la marquise de Bouzoles :

La mort seule les sépara,
Leur amitié tendre et fidèle
Aux amants, un jour, servira
Ou de reproche ou de modèle.

Mais on n'en finirait pas d'énumérer tous ceux qui traversèrent ou fréquentèrent d'une façon suivie le salon de la marquise de Lambert : de simples hommes d'esprit : l'abbé de Pons (1), Melon, l'abbé de Bragelonne ;

____

(1) L'abbé de Pons, bossu, riait le premier de sa difformité ; il répondit à quelqu'un qui lui parlait sans le connaître : « Monsieur, je ne suis pas le bossu que vous cherchez. »

des comédiens, des artistes : Adrienne Lecouvreur, Baron, les Couperin, La Rivée, Thénard, Antier ; des compositeurs, des auteurs dramatiques : Campistron, Danchet, Campra, Rameau, Marivaux ; des peintres célèbres, des collectionneurs : Watteau, Hyacinthe Rigaud, Nattier, le chevalier de Crozat, Mariette. Et voici un nouveau caractère de la société du xviii⁰ siècle : des acteurs admis dans cette maison à cause de leur talent, la marquise protestant à sa façon contre la déchéance dont les frappe la loi politique et religieuse.

Les deux héros du salon, Fontenelle et La Motte, règnent aussi bien aux mardis qu'aux *mercredis de M. Subtil,* comme disaient avec un peu d'ironie les mardistes. Et l'on a trop et trop bien parlé du premier pour qu'il soit nécessaire d'esquisser une fois de plus son portrait. Remarquons seulement qu'il publie en 1686 ses *Entretiens sur la pluralité des mondes,* mais qu'il compose beaucoup plus tard ses *Éloges* qu'un maître critique, M. Émile Faguet, appelle « des chefs-d'œuvre, de petites merveilles de vérité, de tact et de goût, » alors qu'il partage sa vie entre les académies et les salons, qu'ainsi ces mêmes salons ne nuisent nullement à son talent. Il a réuni les goûts les plus divers, écrit des églogues prétentieuses, des tragédies plus que médiocres ; vulgarisateur élégant de la science auprès des gens du monde, précurseur discret du xviii⁰ siècle, il pousse jusqu'aux extrêmes limites l'art de l'ironie couverte, des insinuations contagieuses. A la science, au travail, au plaisir, à la vertu même, il prend tout ce qu'ils peuvent renfermer de voluptés délicates ; il a toutes les variétés de l'esprit, le vrai et le faux, le simple et le subtil, le fade et le piquant, le profond et le léger, l'esprit de mots et celui d'anecdotes, l'esprit caillette et l'esprit de géométrie, l'esprit de paradoxe et l'esprit des lieux communs joliment vêtus, sans compter l'esprit de prudence qui flaire les obstacles, se résout en égoïsme transcendant, et empêche de jaillir l'étincelle du génie. Et cependant il a mérité l'éloge de Voltaire :

L'ignorant l'entendit, le savant l'admira.

Est-il vrai d'ailleurs qu'il n'ait point connu l'émotion, qu'il n'ait jamais ri ni pleuré, et doit-on prendre au pied de la lettre son mot à Diderot : « Monsieur, il y a quatre-vingts ans que j'ai relégué le sentiment dans l'églogue ? » Certes, il saupoudrait ses sentiments de sérénité, et ne vécut point ses cent ans en un quart d'heure, à la manière de ces fous et de ces passionnés qui gaspillent les plus beaux patrimoines de cœur ou de finance ; sans doute il écarta soigneusement de son chemin la douleur, la mélancolie, l'ambition ardente. Peut-être habitait-il les dehors de son âme, peut-être estimait-il que l'homme discret est celui que l'on croit insensible, et gardait-il comme une suprême pudeur le mystère de ses bonnes actions. N'est-elle pas d'un véritable sage, cette habitude de jeter dans un coffre sans les lire les brochures satiriques qu'on publiait contre lui ? Et d'une philosophie indulgente qui apprécie l'immortel bienfait des illusions et des poétiques espérances, cette réflexion connue : « Si j'avais la main remplie de vérités (1), je me garderais bien de l'ouvrir? » Barbier, Prémonval, Brunel, d'autres encore le cautionnent ami fidèle, obligeant avec délicatesse, donnant aux services rendus la saveur de la grâce et de l'oubli. « Il y a trois choses, disait-il à un Mardi de la marquise, que j'ai toujours beaucoup aimées, et auxquelles je n'ai jamais rien compris : la musique, la peinture, les femmes; » et lorsque Mme du Bocage lui marqua son étonnement de ce qu'on avait pu l'accuser de manquer de sensibilité, « c'est, reprit-il simplement, parce que je n'en suis pas encore mort. » De tels mots ne respirent point l'indifférence, mais l'équilibre d'un esprit pondéré qui ne veut demander ni donner aux choses ou aux personnes plus qu'elles ne méritent.

Si Fontenelle devint un peu sourd à la fin de sa vie, La Motte, second dignitaire du palais Lambert, était devenu aveugle, ce qui nous a valu son délicieux reproche à un jeune homme qu'il avait heurté dans la foule et dont il avait reçu un soufflet : « Ah ! Monsieur, vous allez être bien fâché; je suis aveugle. » Ne nous étonnons point si Fontenelle osa, en pleine Académie, rappeler l'affection de cet homme si charmant pour la duchesse du Maine, un sentiment très automnal, puisqu'il avait cinquante-quatre ans quand il prit feu, et la princesse cinquante,

---

(1) « Triste comme la vérité, » dira Trudaine.

tout spirituel et demi-poétique, assez semblable à celui de Voiture pour Mlle de Rambouillet, éclos d'un badinage épistolaire à propos de ces fameux Mardis où l'on n'était point accueilli sans une sorte d'élection. La Motte, dans l'histoire littéraire, est connu par l'irréconciliable haine de J.-B. Rousseau, et par sa lutte contre Mme Dacier dans la Querelle des Anciens et des Modernes ; dans l'histoire sociale il prend rang parmi les esprits les plus délicats, ceux en qui l'énergie des convictions, la tendresse veloutée de l'âme, produisent le plus charmant mélange. Lecteur incomparable, donnant à ses vers si médiocres le prestige de l'illusion (1), il a tout ce qui constitue le grand homme de salon, tout ce qui apporte la gloire viagère. Aussi prend-on plaisir à suivre les péripéties de cette joute épistolaire où la châtelaine de Sceaux et l'académicien font assaut d'esprit et de bonne grâce, la princesse feignant de poser sa candidature aux Mardis de Mme de Lambert, La Motte défendant avec mille coquetteries de paroles les approches de la place, sans doute dans le but d'en faire désirer davantage la conquête. Mlle de Launay se chargea de les mettre aux prises en communiquant au Mardi

---

(1) Mme de Lambert célèbre avec emphase La Motte : poète, philosophe, orateur, grand homme, rien n'y manque, et elle se flatte de le voir avec les mêmes yeux que la postérité le verra : « Il règne dans tout ce qu'il écrit une bienséance, un accord, une harmonie admirables. Je ne lis jamais ses ouvrages que je ne pense qu'Apollon et Minerve les ont dictés de concert. » De même Mme Necker exaltait l'estimable Thomas. L'éloge de Fontenelle par Mme de Lambert est plus simple, mieux nuancé, d'un goût assez fin.

une lettre de sa maîtresse ; celle-ci se plaint pour la forme de l'indiscrétion concertée, espérant bien en tirer pied ou aile, se distraire un instant, ce qui est le grand point aux yeux de cette débauchée d'esprit qui aurait mis le feu aux quatre coins du royaume pour conjurer ce monstre redouté : l'ennui.

« Au château d'Eu, le 16 août 1726. — Comment, ma chère Launay, on fait lecture de mes lettres, en plein Mardi ! En présence de l'abbé de Bragelonne ! Et c'est Mme de Lambert et vous qui me fîtes cette trahison ! Encore passe si je n'étais exposée que le Mardi ; mais La Motte, Fontenelle, l'abbé Mongault, etc. ! Cela me fait trembler. M. de La Motte approuve ma mauvaise prose : tout comme il vous plaira. Si j'écrivais comme lui, je ne lui aurais pas tant d'obligation de vanter mon style ; mais je ne serais pas si honteuse qu'on le mît au jour... »

Naturellement, Mlle de Launay apporte cette nouvelle épître chez Mme de Lambert, l'assemblée décide que La Motte répondra au nom du Mardi ; celui-ci, après s'être fait un peu prier, accepte le rôle de secrétaire et débute de la sorte (1) :

« Voici, Madame, un accident de votre voyage que vous n'aviez pas prévu, c'est la lettre que j'ai l'honneur de vous écrire au nom du Mardi. Je ne sais par quel caprice ce Mardi redoutable, qui a sous ses ordres le

---

(1) Sur la duchesse du Maine, voir mon volume : *La Comédie de Société au XVIIIe siècle*, in-12. Calmann-Lévy.

secrétaire perpétuel de l'Académie, m'a chargé, moi, de vous remercier de la haute idée que vous aviez de nous. Quoi! vous, Madame, qui, à ce qu'on raconte, passez sans émotion sur le pont (ruiné) de Poissy, vous que n'effrayent ni les canonnades, ni les tempêtes, ni les harangues, vous n'avez pu apprendre sans trembler que Mlle de Launay nous avait lu vos lettres! Il le faut avouer, Madame, vous aviez quelque raison de craindre. Il ne vous eût rien servi d'être princesse, si vos lettres n'avaient été charmantes. Vous avez été jugée comme une simple Scudéry : et l'exact M. de Mairan nous aurait démontré sans miséricorde que vous n'aviez pas plus d'esprit qu'une autre, si la proposition eût été soutenable. Mais il a fallu se rendre de bonne grâce et convenir que, toute Altesse que vous êtes, vous mériteriez bien d'être du *Mardi*. Vous n'en serez pourtant pas, Madame, et je vous en plains; voilà ce que c'est que d'être princesse. Mais consolez-vous : vos lettres, vos rondeaux, vos amusements en seront, et nous les traiterons toujours comme de dignes associés. Nous les admirerons souvent par justice et par goût; et quelquefois, pour peu qu'ils donnent prise, nous les critiquerons pour maintenir la liberté. Enfin, Madame, on se dédommagera de ne pas vous avoir en personne, par le plaisir de dire ingénument de vous tout ce qu'on en pense, et avec des sentiments plus naïfs que votre présence ne le permettrait... Le Mardi, La Motte, secrétaire. »

Toute ravie d'une pareille aubaine, la nymphe de Sceaux s'empresse de répondre sur le même ton :

« O Mardi respectable! Mardi imposant! Mardi

plus redoutable pour moi que tous les autres jours de la semaine! Mardi, qui avez éclairé tant de fois le triomphe des Fontenelle, des La Motte, des Mairan, des Mongault! Et, pour dire encore plus, Mardi où préside Mme de Lambert! Je reçois avec une extrême reconnaissance la lettre que vous avez eu la bonté de m'écrire. Vous changez ma crainte en amour, et je vous trouve plus aimable que les Mardis gras les plus charmants. Mais il manque encore quelque chose à ma gloire ; c'est d'être reçue à votre auguste sénat. Vous voulez m'en exclure en qualité de princesse, mais ne pourrais-je pas y être admise en qualité de bergère de Sceaux ? Ce serait alors que je pourrais dire que le mardi est le plus beau jour de ma vie. J'ai grand besoin de cette école pour apprendre à écrire et à parler ; mais son secours ne m'est nullement nécessaire pour connaître et chérir le mérite de ceux qui composent vos merveilleuses assemblées... »

Conclusion : Mme du Maine devient une *mardiste,* la marquise de Lambert va ramer avec ses amis à Sceaux sur les galères du bel esprit, les deux correspondants ne peuvent plus se passer l'un de l'autre. La duchesse raffole de son nouveau berger, un berger bien plus tendre que Sainte-Aulaire, et vraiment épris, elle lui écrit des billets d'une coquetterie raffinée, exige qu'il lui fasse des vers. On sait sa passion pour les vers, sa réponse un jour qu'elle se sentait fort souffrante : « Vous devriez bien faire des vers pour moi, je ne connais que ce remède qui me puisse guérir. » Et La Motte, qui mettait la prose bien avant la poésie pour exprimer les sentiments, eut beau se débattre, il dut obéir, et une fois qu'il eut commencé, il ne s'arrêta plus. Pour l'amour de sa bergère, il trahira la langue française. Une querelle grammaticale s'élève à Sceaux : faut-il écrire *secour* ou *secourre*, à l'impératif de secourir? On en réfère à l'Académie, et Mme du Maine, comptant sur son fidèle chevalier dont elle connaît l'influence auprès de ses confrères, le supplie de faire pencher la balance en faveur de secourre.

> Tes confrères prudents et sages
> Se détermineront par toi :
> Je veux obtenir leurs suffrages,
> Cher La Motte, secourre-moi !

Et le cher La Motte s'évertua tant et si bien que l'Académie donna gain de cause à la princesse. L'âge de l'amoureux et de l'aimée permet de croire que la récompense de cette félonie grammaticale ne dépassa point les bornes de l'amitié émue.

On a dit que Mme de Lambert était une moraliste de salon, qu'elle indique avant tout à ses enfants le moyen de faire leur chemin, d'être heureux selon le monde. Plût au ciel que chacun eût pratiqué sa morale! La société aurait un meilleur branle; car enfin il n'est pas question de demander à la nature humaine d'aller au-delà d'elle-même et par-delà le paradis, de façonner des saints ou des mystiques. Croire que la seule règle de ce qu'on doit au monde est ce qu'on doit à Dieu, vivre directement en face de l'éternité, ne jamais lire un roman, s'interdire la comédie, donner l'ordre de faire couvrir aussitôt après sa mort des portraits qui ont la gorge un peu découverte, ces austères pratiques, recommandées par la duchesse de Liancourt à sa petite-fille, sont le fait d'une imperceptible minorité, et auraient pour effet certain de décourager le commun des mortels, de les rejeter plus avant dans la dissipation par désespoir d'atteindre certaines sublimités. Et d'avoir formulé un idéal moyen qu'elle a commencé par réaliser elle-même avant de le proposer aux autres, c'est proprement l'œuvre de Mme de Lambert, ce qui rend toujours piquante et profitable la lecture de ses essais, ce qui justifie presque ce compliment :

Sous le nom de Lambert Minerve tient sa cour.

La raison s'y couronne de roses et n'en reste pas moins la raison. Ne recommande-t-elle pas de ne jamais l'abandonner dans les plaisirs si on veut la retrouver dans les peines? Bref, son livre demeure un bréviaire du parfait honnête homme, un code de bienséance et de haute délicatesse pour les femmes, — et chrétiens, philosophes, salueraient très bas celles qui s'en approprient les maximes. Comme moraliste féminin, elle est l'ancêtre, l'aïeule, elle a ouvert la voie où tant d'autres femmes l'ont suivie avec succès, hier Mmes Swetchine, de Girardin, aujourd'hui Carmen Sylva, Mmes de Beaussacq et Barratin.

Que ses conseils diffèrent parfois des opinions de Fénelon, avec lequel elle correspondait et qui lui inspira les *Avis d'une mère à sa fille*, qu'on y sente poindre l'esprit du xviii° siècle, avec quelque tendance au paradoxe dans le détail, qu'elle cite constamment Cicéron, Pline, Sénèque, Marc-Aurèle, voire Horace, emprunte mainte idée à Pascal, Montaigne, La Rochefoucauld, La Bruyère, on ne saurait s'en étonner. Représenter l'irréligion comme un acte de mauvais goût et comme une grande indiscrétion, n'était-ce pas le meilleur moyen d'empêcher son fils de verser dans cette fronde d'impiété qui éclata vers la fin du règne de Louis XIV? J'imagine d'ailleurs que l'archevêque de Cambrai trouvait beaucoup à reprendre dans ces maximes qui ne portent la livrée d'aucun parti, mais attestent une sorte d'éclectisme spiritualiste, un déisme presque affranchi des dogmes et des symboles positifs.

« Il y a, dit-on, deux préjugés auxquels il faut obéir : la religion et l'honneur. C'est mal parler que de traiter la religion de préjugé; ce terme ne doit s'appliquer qu'aux choses incertaines, et la religion ne l'est pas... La religion est un commerce établi entre Dieu et les hommes : les âmes élevées ont pour Dieu des sentiments et un culte qui ne ressemblent pas à ceux du peuple... Au-dessus de tous vos devoirs est le culte que vous devez à l'Être suprême...

« En fait de religion, il faut céder aux autorités. Sur tout autre sujet, il ne faut recevoir que celle de la raison et de l'évidence. »

Mais ce même Fénelon, qui avait une profonde connaissance de la société, aurait goûté davantage cet éloge tempéré de la religion qui vise avant tout le fils et la fille de Mme de Lambert. Comme on voit, elle leur prêche le superflu du culte, et ne se pose nullement en mère de l'Église.

« La plupart des jeunes gens croient aujourd'hui se distinguer en prenant un air de libertinage qui les décrie auprès des personnes raisonnables. C'est un air qui ne prouve pas la supériorité de l'esprit, mais le dérèglement du cœur. On n'attaque pas la religion quand on n'a point intérêt à l'attaquer. Rien ne rend plus heureux que d'avoir l'esprit persuadé et le cœur touché ; cela est bon pour tous les temps. Ceux mêmes qui ne sont pas assez heureux pour croire comme ils doivent, se soumettent à la religion établie, et ils savent que ce qui s'appelle préjugé tient un grand rang dans le monde et qu'il faut le respecter. »

Voilà les devoirs sociaux envers Dieu ; quant aux devoirs envers le prince, envers soi-même, envers les supérieurs, les égaux, les inférieurs, notre auteur les formule avec une noble hardiesse où retentit par instants la grandeur stoïque, où frissonne le pressentiment des temps nouveaux. La modestie dans la jeunesse n'est à ses yeux qu'une langueur de l'âme ; mais l'ambition consiste à se rendre supérieur au mérite, tandis que la plupart cherchent les distinctions, non la vraie gloire. « Il y a des princes de naissance, il y a des princes de mérite... C'est par les sentiments qu'il faut se distinguer du peuple. »

D'un seul mot elle définit les devoirs envers le prince : « Vous êtes, dit-elle à son fils, d'une race qui lui a tout donné. » Elle résume à merveille les devoirs de société proprement dits : on sent qu'elle est ici sur son terrain, qu'elle prêche d'exemple, que personne n'a eu, n'aura mieux qu'elle le sentiment de la nuance. Proscrire l'esprit railleur, l'humeur querelleuse et pédantesque, ne pas croire qu'on se donne ce qu'on refuse aux autres, louer à propos, passer aux gens les qualités qui leur sont contestées pour les aider à créer leur mérite, se souvenir qu'on n'obtient qu'en proportion de ce qu'on accorde, qu'il faut quand on parle plaire ou instruire, que la bonne foi, la solidité du caractère, n'importent pas moins à la vie commune que les qualités d'agrément, se défier sans cesse de l'amour-propre qui est une préférence de soi aux autres, qui nous dérobe à nous-mêmes nos défauts, voilà le grand art, la science suprême. Est-elle en avant de son temps, ou remonte-t-elle à la tradition chrétienne lorsqu'elle affirme avec tant d'énergie le sentiment de la pitié et de l'égalité? « L'humanité souffre de l'extrême différence que la fortune a mise d'un homme à un autre... La naissance fait moins de mérite qu'elle n'en ordonne, et vanter sa race, c'est vanter le mérite d'autrui... rien n'est si bas que d'être haut à qui vous est soumis... Vivez avec vos inférieurs comme vous voulez que vos supérieurs vivent avec vous. »

Dans la plupart des écrits de notre marquise, et presque à chaque page, domine une préoccupation. Femme, elle écrit d'abord pour les femmes, et celles-ci se jouent au fond de ce qu'elle dit : leur intérêt, leur domaine propre, leur vraie gloire, elle s'efforce de les déterminer avec précision, et c'est dans leurs nuances

les plus ténues que cette casuiste analyse les sentiments : on dirait parfois d'un de ces légistes subtils
habitués à gloser des volumes entiers sur un texte
douteux. Tout ce qui touche les femmes trouve en elle
un avocat ingénieux qui fait sortir de son cœur et de
son esprit un code de bon goût, presque aussi difficile
à observer dans ses minutieuses prescriptions que
notre code pénal ou notre code civil.

Et sans doute elle se garde bien de réclamer pour
ses compagnes des droits politiques, elle admet que
les vertus d'éclat ne sont pas leur partage, ne les
pousse nullement à usurper les métiers virils. Mais, à
l'entendre accuser Cervantès d'avoir énervé la monarchie espagnole en jetant du ridicule sur la chevalerie,
reprocher à Molière d'avoir déplacé la pudeur et corrompu les mœurs avec sa comédie des *Femmes savantes*
en mettant la honte au compte du savoir, non plus des
vices ; remercier Saint-Évremond d'avoir reconnu que
beaucoup, « faisant infidélité à leur sexe, ont su prendre
les talents des hommes ; » à l'entendre affirmer qu'il
est moins difficile de trouver dans les femmes la
saine raison des hommes que dans les hommes les
agréments des femmes, — on devine la chaleur discrète
d'une âme passionnée pour la gloire de son sexe, peut-
être aussi quelque rancune contre certaines critiques
qui raillaient le prétendu manège grâce auquel ses
manuscrits, après avoir couru les ruelles, se trouvaient
un beau jour imprimés sans son aveu. Comme si elle
avait fait autre chose que suivre les mœurs du XVIIe siècle, où les œuvres inédites de La Rochefoucauld, Mme de

La Fayette, Saint-Évremond, circulaient de salon en salon avant d'aller chez le libraire ! En réalité, ses *débauches d'esprit* n'ont d'autres confidents que l'abbé de Choisy et sa société intime ; le désir et la terreur de la renommée la hantent tout ensemble, et la postérité approuve fort cette complaisance, censurée si vivement par un de ses amis, M. de La Rivière, gendre de Bussy-Rabutin : retiré à l'Oratoire de Paris pour sanctifier le reste de sa vie, et marchant de bonne grâce dans le chemin du ciel, ce spirituel original trouvait fort mauvais que Mme de Lambert ne l'y suivît pas aussi allègrement, qu'elle eût un cercle, un bureau d'esprit. « Tout d'un coup, dit-il, il lui prit une tranchée de bel esprit ; dès le matin elle préparait de l'esprit pour l'après-dîner ; elle en voulait mettre partout (1). » La Rivière resta vingt-quatre ans sans entrer chez la marquise, qui continuait de le venir voir et de lui écrire ; ses réponses *tiraient* toujours sur sa conscience, et ne tendaient qu'à la mettre en garde contre les philosophes qui font un peu trop valoir la philosophie. Une fois cependant, comme elle était tombée malade, il l'alla voir pour la préparer à son voyage de l'éternité, convaincu « qu'elle avait le *pied à l'étrier* pour l'autre monde ; » hélas ! elle poussa jusqu'au bout la maladie de l'esprit, car elle choisit pour confesseur l'abbé Couet qui avait beaucoup d'esprit et qui était connu pour tel.

---

(1) *Lettres* de LA RIVIÈRE, tome II, pp. 198, 204, 287, 311. — Consulter aussi sur Mme de Lambert l'excellente étude de M. Emmanuel de Broglie, dans le *Correspondant* des 10 et 25 avril 1895.

C'est à cet abbé devenu évêque que Voltaire adressa ce quatrain :

> Vous m'envoyez un mandement,
> Recevez une tragédie,
> Afin que, mutuellement,
> Nous nous donnions la comédie.

Mme de Lambert, qui ramène à l'éducation le fruit de l'instruction, en veut aux hommes de gâter toutes les dispositions que la nature a données aux femmes, de les destiner à ne plaire que par leurs grâces ou leurs vices. « Et, continue-t-elle, ce qu'il y a de plus singulier, c'est qu'en les prenant par l'amour, nous leur en défendons l'usage. Il faudrait prendre un parti : si nous ne les destinons qu'à plaire, ne leur refusons pas l'usage de leurs agréments. Si vous les voulez raisonnables et spirituelles, ne les abandonnez pas quand elles n'ont que cette sorte de mérite... Quand les hommes voudront..., ils trouveront des femmes aussi aimables que respectables. Ils prennent sur leur bonheur et sur leur plaisir, quand ils les dégradent. Mais, de la manière dont elles se conduisent, les mœurs y ont infiniment perdu, et les plaisirs n'y ont pas gagné (1). »

---

(1) Le *Traité de la Vieillesse* mériterait une mention spéciale ; Mme de Lambert a voulu apprendre à sa fille l'art difficile de vieillir, et elle a traduit avec finesse, parfois avec profondeur son expérience personnelle ; aussi bien sa vie elle-même constituait un excellent traité de la vieillesse. Il y aurait beaucoup à citer de cet écrit, et je regrette de ne rappeler ici que quelques lignes.

« ... Vous quittez chaque âge de la vie quand vous commencez

Cependant, avec notre moraliste, chaque audace a son correctif, chaque précipice son garde-fou. Certes, il convient de mettre des vérités dans l'esprit pour le préserver de l'erreur, et le savoir est l'ornement de l'intelligence ; aussi les jeunes filles apprendront-elles l'histoire, un peu de philosophie, le latin au besoin ; mais elles doivent « avoir sur les sciences une pudeur presque aussi tendre que sur les vices. » Les sciences abstraites « démontent les ressorts de l'âme ; » et les romans ne mettent dans l'imagination que du faux. Penser sainement, entrer en société avec sa raison, faire que les études coulent dans les mœurs et que tout le profit des lectures se tourne en vertu, vivre respec-

---

à le connaître, et vous arrivez toute neuve dans un autre... Les devoirs envers les autres doublent en vieillissant. Dès que nous ne pouvons plus mettre d'agréments dans le commerce, on nous demande de vraies vertus : dans la jeunesse, on songe à vous ; dans la vieillesse, il faut penser aux autres. On nous demande du partage, et on ne nous pardonne rien. En perdant la jeunesse, vous perdez le droit de faillir ; il ne vous est plus permis d'avoir tort. Nous n'avons plus en nous ce charme séduisant, et on nous juge à la rigueur... La jeunesse et les passions fardent tout...

« ... On a dit qu'il n'y avait point de spectacle plus digne d'un Dieu qu'un homme vertueux aux prises avec la fortune : on en doit dire autant d'un homme seul avec lui-même et aux prises avec la vieillesse, l'infirmité et la mort. Dans la retraite qui est l'asile de la vieillesse, on jouit d'un calme sans interruption ; des jours innocents vous donnent des nuits tranquilles, et en société avec les morts, ils vous instruisent, vous guident et vous consolent ; ce sont des amis sûrs et constants, sans légèreté et sans jalousie...

« En avançant, on apprend aussi à se soumettre aux lois de la nécessité... on a bien plutôt fait de se soumettre que de changer l'ordre du monde... Enfin les choses sont en repos lorsqu'elles sont à leur place : la place du cœur de l'homme est le cœur de Dieu... »

tueusement avec soi, ne jamais oublier que la timidité doit être le caractère des femmes et la réserve leur armure, qu'elles assurent leurs vertus en donnant à l'expérience le temps d'arriver, de tels conseils auraient charmé Mme de Maintenon. Ceux-ci ne lui auraient pas moins plu : « Évitez le caractère plaisant; celui qui fait rire se fait rarement estimer... Les gens agités passent leur vie en désirs et en espérances ; ainsi ils ne vivent pas, mais ils espèrent de vivre. » La conversation, la retraite, la lecture, voilà trois grands moyens de perfectionnement moral. Ne parler que pour plaire ou instruire, se mettre à part, pratiquer la retraite de l'âme, savoir être en soi, ne pas lire rapidement, mais penser ses lectures, les condenser en extraits, quoi de plus sage, et aussi quoi de plus rare ! « La plupart des hommes, conclut Mme de Lambert, ne savent pas vivre dans leur société. Le monde n'est qu'une troupe de fugitifs d'eux-mêmes. »

L'amour est le grand ennemi, il est aussi le grand bienfaiteur, il est poison et remède, désespoir et consolation, vice et vertu; tout ici dépend de la quantité et de la qualité. Notre marquise parle de lui en perfection, comme faisait sans doute Mme de Sablé, et Mme Cornuel l'aurait classée parmi les *jansénistes de l'amour*. Ses écrits respirent une sorte de tendresse émue au ressouvenir des luttes troublantes; on sent qu'elle a éprouvé la puissance du dieu qu'elle a vaincu, et cette connaissance ajoute à la profondeur de ses réflexions. Elle estime fort peu celles qui, jouissant éperdument de la perte de leur réputation, ne cherchent et ne veulent que les plaisirs de l'amour, accorde son indulgence à celles qui joignent *l'amour et les plaisirs*, réserve toutes ses prédilections à « ces quelques-unes qui ne reçoivent que l'amour et qui rejettent tous les plaisirs. » Elle pense avec Montaigne que les refus de chasteté ne déplaisent jamais, que chez les honnêtes personnes on n'a de commerce qu'avec le cœur. « Ce ne sont pas ceux qui cèdent, remarque-t-elle, qui aiment le plus, ce sont ceux qui résistent. » Et j'entends ici les plaisanteries traditionnelles contre cette conception de l'amour associé à la pudeur, à la vertu, mais elles n'empêchent point quelques belles âmes de l'avoir imaginée pour d'autres qui ont cherché et quelquefois réussi à la réaliser. Puisque l'amour est le roman de l'imagination, encore faut-il qu'il obéisse à la première condition du roman : avoir un caractère romanesque ; et puisque Mme de Lambert en parle tant, c'est qu'elle le croyait possible, qu'elle en avait sous les yeux ou dans le souvenir quelques parfaits exemples. Elle se rappelait qu'au XVIIe siècle, il n'y eut pas seulement des fautes éclatantes, suivies d'illustres repentirs, des Longueville, des Chevreuse, des La Vallière, il y eut aussi des femmes qui, soumises aux épreuves les plus périlleuses, restèrent debout au bord de l'abîme entrevu, et donnèrent au monde le noble spectacle du devoir victorieux de la passion. Le roman de la *Princesse de Clèves*, Corneille, Racine, avaient-ils fait autre chose que traduire l'idéal où tendirent, avant et après, Mlles de Hautefort et de La Fayette, les personnes qui se rattachent à l'hôtel de Rambouillet ou à Port-Royal, la coterie Chevreuse et Beauvilliers, les protestants en général? Mais écoutons notre moraliste sur ce sujet éternellement jeune :

« L'amour est le premier plaisir, la plus douce et la plus flatteuse de toutes les illusions. Puisque ce sentiment est si nécessaire au bonheur des humains, il ne faut pas le bannir de la société, il faut seulement apprendre à le conduire et à le perfectionner. Il y a tant d'écoles établies pour perfectionner l'esprit : pourquoi n'en pas avoir pour perfectionner le cœur? C'est un art qui a été négligé. Les passions cependant sont des cordes qui ont besoin de la main d'un grand maître pour être touchées. Échappe-t-on à qui sait remuer les ressorts de l'âme par ce qu'il y a de plus fort et de plus vif?...

« Il y a des plaisirs à part pour les âmes tendres et délicates. Ceux qui *ont vécu de la vie de l'amour* savent combien leur vie était animée, et quand il vient à leur manquer, ils ne vivent plus... Qui dit amoureux dit triste, mais il n'appartient qu'à l'amour de donner des tristesses agréables.

« Les rois ne peuvent goûter le véritable charme de l'amour; leur âme n'est point préparée par l'attente; on ne les fait point passer par l'espérance.

« La plupart des hommes n'aiment que d'une manière vulgaire, ils n'ont qu'un objet, ils se proposent un terme dans leur amour, où ils espèrent d'arriver ; après bien des mystères, ils ne se reposent que dans les plaisirs. Je suis toujours surprise qu'on ne veuille pas raffiner sur le plus délicieux sentiment que nous ayons...

« Il n'y a rien de borné dans l'amour que pour les âmes bornées.

« Il ne faut pas que les femmes espèrent allier une jeunesse voluptueuse et une vieillesse honorable. Quand une fois la pudeur est immolée, elle ne revient pas plus que les belles années. C'est elle qui sert leur véritable intérêt ; elle augmente leur beauté, elle en est la fleur, elle sert d'excuse à la laideur, elle est le charme des yeux, l'attrait des cœurs, la caution des vertus, l'union et la paix des familles. Mais, si elle est une sûreté pour les mœurs, elle est aussi l'aiguillon des désirs : sans elle, l'amour serait sans gloire et sans goût ; c'est sur elle que se prennent les plus flatteuses conquêtes ; elle met le prix aux faveurs. La pudeur enfin est si nécessaire aux plaisirs, qu'il faut la conserver, même dans les temps destinés à la perdre. Elle est aussi une coquetterie raffinée, une espèce d'enchère que les belles personnes mettent à leurs appâts, et une manière délicate d'augmenter leurs charmes en les cachant. Ce qu'elles dérobent aux yeux leur est rendu par la libéralité de l'imagination. Plutarque dit qu'il y avait un temple dédié à Vénus la voilée. « On ne saurait, dit-il, entourer cette déesse de trop d'ombre, d'obscurité et de mystère. » Mais à présent l'indécence est au point de ne vouloir plus de voile à ses faiblesses.

« C'est des désirs et des desseins des hommes, de la pudeur et de la retenue des femmes, que se forme le commerce délicat qui polit l'esprit et qui épure le cœur ; car l'amour perfectionne les âmes bien nées. Il faut convenir qu'il n'y a que la nation française qui se soit fait un art délicat de l'amour.

« Il y a toujours une sorte de cruauté dans l'amour.

Les plaisirs de l'amant ne se prennent que sur les douleurs de l'amante. *L'amour se nourrit de larmes.*

« L'amour agit selon les dispositions qu'il trouve ; il prend le caractère des personnes qu'il occupe. Pour les cœurs qui sont sensibles à la gloire et au plaisir, comme ce sont deux sentiments qui se combattent, l'amour les accorde : il prépare, il épure les plaisirs pour les faire recevoir aux âmes fières, et il leur donne pour objet la délicatesse du cœur et des sentiments. Il a l'art de les élever et de les ennoblir. Il inspire une hauteur dans l'esprit, qui les sauve des abaissements de la volupté. Il les justifie par l'exemple, il les déifie par la poésie ; enfin il fait si bien que nous les jugeons dignes d'estime, ou tout au moins d'excuse.

« Comme la sensibilité domine les femmes, et qu'elle les porte naturellement à l'amour, en passant par son temple, il a bien fallu lui payer tribut et jeter quelques fleurs sur son autel. J'ai cherché si on ne pouvait point se sauver des inconvénients de l'amour en séparant les vices des plaisirs, et jouir de ce qu'il a de meilleur. J'ai donc imaginé une métaphysique d'amour : la pratiquera qui pourra. »

Au XVIIe siècle, les grands causeurs ne se confinent point dans un seul cercle, quelques-uns font la navette, vont de l'un à l'autre, fréquentent chez Mme du Maine, Mme de Lambert, Mme de Villars, le président de Maisons. Mais il y en a toujours un qu'ils adoptent plus spécialement, qui est leur salon officiel, en quelque sorte la patrie de leur esprit, de leurs goûts ; dans celui-là ils demeurent, deviennent des immeubles par destination, « des pagodes, » dira Walpole ; dans les autres, ils campent, ils passent, et si leur conversation y laisse quelque trace, aucune parcelle de leur cœur n'y adhère ; ici étoiles fixes, là météores. D'ailleurs, il en va des salons comme des individus : les uns se distinguent par une physionomie morale, une âme originale, une espèce de puissance pénétrante, rayonnante, qui inspire le respect et la sensation de la grandeur ; ceux-là, quelque plaisir qu'on y trouve, gardent un air banal, éphémère, s'appuient sur la vie sociale comme l'hirondelle sur un toit ; c'est la différence du décor d'opéra avec un paysage naturel. Les invités de ces derniers n'y semblent que des convives toujours un peu étonnés de se rencontrer, arrivant sans effort, disparaissant de la même façon, sans éprouver ni exciter de regrets, un peu comme les chaises louées chez le tapissier pour les recevoir. Il y manque le ciment de l'amitié, l'esprit de méthode, l'habitude, la fidélité réciproque de la maîtresse de maison et des invités, et ce parfum charmant de délicatesse, de sentiments élevés, de nobles occupations, d'où se dégage la confiance, et qui fait mieux goûter cette pensée de Voltaire : « La douceur et la sûreté de la conversation sont un plaisir aussi vif que celui d'un rendez-vous dans la jeunesse. » Ces vertus aimables ont été pratiquées à merveille dans la maison de Mᵐᵉ de Lambert.

QUATRIÈME CONFÉRENCE

MADAME DE TENCIN

Mesdames, Messieurs,

De toutes les femmes illustres du xviiie siècle, Mme de Tencin est peut-être la plus originale, la plus complète, celle en qui s'incarnent le mieux les défauts, les qualités aussi de son époque. Femme d'État ou peu s'en faut, et en tout cas politicienne consommée, grand ministre de l'intrigue, menant de front les plaisirs et les affaires, habile à tourner au profit de ses intérêts son goût passionné pour la galanterie, elle déploie, partout où elle passe, une activité, des dons singuliers qui lui composent une physionomie complexe, plus curieuse que séduisante. Elle a tous les vices de l'âme et tous les dons de l'esprit, un passé si orageux, une telle absence de scrupules, que l'abbé Trublet a pu dire que, si elle avait intérêt à empoisonner quelqu'un, toute sa vertu irait à choisir le poison le plus doux; assez spirituelle pour se rendre indispensable et faire accepter, en guise d'étrennes de nouvel an, deux aunes de velours à ses intimes, riches ou pauvres ; assez intelligente pour comprendre les avantages de la bonté. Elle prophétise quarante-six ans d'avance la Révolution, et, dans sa correspondance avec son frère, avec le duc de Richelieu, donne la sensation d'une personne qui aurait fait ou inspiré des choses considérables, si Sa Majesté le Hasard l'eût mieux servie (1). S'occupe-t-elle de littérature, elle écrit le meilleur roman qu'une femme ait composé au XVIIIe siècle, le seul qu'on ait osé, non sans hyperbole, comparer à la *Princesse de Clèves*. Se met-elle en tête de recevoir, les hommes les plus éminents s'empressent dans son salon. La nature lui a fourni la matière première, les éléments de son prestige ; la famille, la société, le gouvernement, vont développer tour à tour ou empêcher ses facultés de s'épanouir. Les différents mi-

---

(1) Sainte-Beuve : *Causeries du Lundi et Portraits littéraires.* — Mme de Tencin : *Le Comte de Comminges, le Siège de Calais :* préface de M. de Lescure, in-8°. Quantin. — *Correspondance du cardinal de Tencin, ministre d'État, et de Mme de Tencin, sa sœur, avec le duc de Richelieu,* in-8°, 1790. — *Œuvres complètes de Mmes de Lafayette, de Tencin et de Fontaines,* tomes IV et V, avec des notices d'Étienne et Jay. — Delort : *Histoire de la détention des philosophes,* tome II, pp. 113 et suiv. — Duclos : *Mémoires secrets.* — Abbé Barthélemy : *Mémoires secrets de Mme de Tencin.* Grenoble, 1792, 2 vol., ouvrage apocryphe. — Auger : *Notice sur Mme de Lafayette et Mme de Tencin.* — *Mémoire pour servir à l'histoire de M. le cardinal de Tencin jusqu'en 1743.* — Voir aussi Grimm, Saint-Simon, le duc de Luynes, Mathieu Marais, Maurepas, Bernis, Voltaire, d'Argenson, etc. — *Mémoires sur Suard,* par Mme Suard, 1 vol., 1820. — Charles de Brosses : *Lettres familières écrites d'Italie.*

lieux qu'elle traverse, ses goûts contrariés par ses parents, un frère, des sœurs aussi corrompus qu'elle-même, l'hypocrisie des dernières années du règne de Louis XIV, le libertinage de la Régence, expliquent aussi sa vie, permettent de plaider dans une certaine mesure les circonstances atténuantes, puisque, sans vouloir affaiblir le dogme si nécessaire de la responsabilité, nous sommes bien forcés de reconnaître l'implacable tyrannie des faits.

Au xviiie siècle, l'autorité paternelle demeure très despotique : telle l'ont faite les lois, droit d'aînesse, droit de primogéniture, substitutions, telle l'ont consacrée les mœurs, le principe de la monarchie absolue. Une idée domine la noblesse, gagne la bourgeoisie : perpétuer le nom, assurer, augmenter l'éclat de la race, faire passer à l'aîné de la famille titres, dignités, châteaux, seigneuries. D'après certaines coutumes, le père ne doit à sa fille, lorsqu'elle se marie, qu'un simple chapel de roses.

D'où cette conception désastreuse du mariage, considéré comme une institution avant tout destinée à assurer les mêmes effets; d'où le mot si pénétrant de Chamfort : « le mariage chez les grands n'est qu'une indécence convenue; » d'où cette conséquence naturelle : les filles mariées au couvent, avant d'avoir connu leurs fiancés, sans qu'on s'inquiète de leurs sentiments, le mariage devenant une sorte de loterie où le hasard tient toute la place. Et, lorsque les époux auront tiré le mauvais numéro, quelle tentation d'en appeler de l'hymen à l'amour ? Comment n'aurait-on pas abouti à ces errements que Boufflers évoque dans sa chanson sur *la Semaine d'une coquette* :

> Dimanche je fus aimable,
> Lundi je fus autrement ;
> Mardi je pris l'air capable ;
> Mercredi je fis l'enfant ;
> Jeudi je fus raisonnable ;
> Vendredi j'eus un amant :
> Samedi je fus coupable,
> Dimanche il fut inconstant.

Plaisante satire à laquelle il ajoutait cet aimable commentaire :

> Tu disais que l'amour même
> Ne pourrait m'ôter ton cœur :
> Tu trouvais le bien suprême
> Dans l'excès de mon ardeur.
> Tu me peignais la tendresse ;
> Hélas ! c'est moi qui la sens ;
> Tu jurais d'aimer sans cesse,
> Et je tiens tous tes serments.

Oui, cette conception du mariage engendrait de graves abus, et des traits comme ceux-ci (1) en découlaient logiquement.

Mme d'Esparbès ayant plu à Louis XV, il lui dit : « Tu as... eu tous mes sujets. — Ah ! Sire ! — Tu as eu le duc de Choiseul ? — Il est si puissant ! — Le maré-

---

(1) Je les résume d'après Chamfort.

chal de Richelieu? — Il a tant d'esprit! — Manville?
— Il a une si belle jambe! — A la bonne heure; mais
le duc d'Aumont qui n'a rien de tout cela? — Ah! Sire!
il est si attaché à Votre Majesté! »

M. de F... qui avait vu à sa femme plusieurs amants,
et qui avait toujours joui de temps en temps de ses
droits d'époux, s'avisa un soir de vouloir en profiter.
Sa femme s'y refusa. — « Eh quoi! lui dit-elle, ne savez-
vous pas que je suis en affaire avec M...? — Belle raison! Ne m'avez-vous pas laissé mes droits quand vous
aviez L..., S..., N..., B..., T...? — Oh! quelle différence!
Était-ce de l'amour que j'avais pour eux! Rien, pures
fantaisies, mais avec M..., c'est un sentiment, c'est à la
vie, à la mort. —Ah! dit le mari convaincu, je ne savais
pas cela; n'en parlons plus. »

Avec le mariage, on courait du moins une chance de
bonheur légitime, on avait la liberté, l'enfant consolait
souvent des déceptions de l'époux. Le cloître, les voca-
tions forcées violentaient d'une manière bien plus grave
l'âme humaine, créaient l'irréparable, infligeaient un
démenti plus redoutable à la nature et à la justice.

Et la nature méconnue reprenait ses droits, heurtant
de front l'esprit de l'institution dont on respectait la
lettre. J'ai dit ailleurs (1) les résultats de ces mœurs
sociales : Mme de Tencin fournit un nouvel exemple des
abus qu'elles entraînaient.

---

(1) Voir le tome IV de cet ouvrage au chapitre : *Les Couvents de
femmes avant 1789*, et le tome II au chapitre sur *Les Prédicateurs*.

Un père prodigue et peu fortuné, une mère coquette, un frère, des sœurs à l'image de ceux-ci, un cloître mondain, les causes d'ordre particulier se joignaient aux causes d'ordre général pour pousser Claudine-Alexandrine Guérin de Tencin dans le chemin de son génie propre et de son ambition. Née à Grenoble en 1681, fille d'un président à mortier au Parlement de cette ville, elle entre, bien à contre-cœur, au couvent des Augustines de Montfleury, et, en prononçant ses vœux, ne songe qu'aux moyens de les rompre. Cependant la prison, assez dorée, ne péchait point par excès d'austérité, si l'on songe que le parloir se métamorphosait en salon, que la meilleure compagnie de Grenoble s'empressait aux cérémonies et aux exercices de la maison, que le cardinal Le Camus perdit son latin à vouloir réformer celle-ci (1). Qu'importait à Claudine d'être la religieuse à la mode, celle que chacun cherchait à voir, à entendre ? Elle avait fait les trois vœux de clôture, de pauvreté et de chasteté, elle était décidée à n'en observer aucun. « Un habit de religieuse, une ombre de régularité, quoique peu contrainte, une clôture bien qu'accessible à toutes les visites des deux sexes, mais d'où elle ne pouvait sortir que de temps en temps, était une gêne insupportable à qui voulait nager en grande eau, et qui se sentait des talents pour faire un personnage par l'intrigue. » Son premier exploit fut de séduire son confes-

____

(1) Au XVIIIe siècle, saint Liguori définissait ainsi certain couvent de son diocèse : « Une maison de femmes renfermées qui inquiètent l'évêque, leurs familles et les lieux où elles sont. »

seur, prêtre fort borné qui devint amoureux d'elle sans y prendre garde, et lui fut un agent zélé; lorsqu'elle eut amené les choses au point, elle réclama contre ses vœux, et obtint enfin la permission d'entrer comme chanoinesse au chapitre de Neuville, près de Lyon, où, bien entendu, elle ne mit jamais les pieds. Quoi qu'en pense Saint-Simon, il n'y eut point d'éclatant scandale en cette affaire. « Je tiens ceci d'elle-même, » affirme Duclos, dont le cynisme caustique et pénétrant eût bien vite démêlé les réticences d'une demi-franchise. Et le dossier de Mme de Tencin est assez riche pour n'avoir pas besoin d'une nouvelle pièce. « D'ailleurs il n'y a rien de tel pour les gens qui ont de l'intrigue et de l'ambition que d'entrer dans le monde avec une mauvaise réputation toute faite... Il semble que le public ait pris son parti envers eux, comme ils l'ont pris envers le public. On ne s'étonne que du bien qu'ils font ; il a tout le mérite, toute la vogue de la nouveauté ; il y a plus, on admire en eux ce qu'on ne remarque pas même dans les autres. »

C'est vers 1712 que la nouvelle chanoinesse arrivait à Paris, pour y courir les chances de la position, si extraordinaire à cette époque, de défroquée, en attendant qu'elle obtînt en cour de Rome le rescrit qui la dégagerait de tout lien religieux. L'amitié de son frère, mais surtout les grâces de son esprit et de sa personne, ne tardèrent pas à lui concilier de nombreux admirateurs, parmi lesquels Fontenelle, l'abbé de Louvois, qui retournèrent l'opinion publique et gagnèrent son procès auprès du Saint-Siège. Le rescrit, ayant été rendu sur un faux exposé, ne fut point fulminé ; mais Mme de Tencin ne s'en mit pas autrement en peine. A la cour, à la ville, on commence à parler beaucoup de *la religieuse Tencin* : installée chez son frère, retraite commode qui permet aux partisans des bienséances de la visiter sans se compromettre, très mêlée à cette société de prélats et d'abbés remuants qu'on appelait la *Petite Assemblée du Clergé*, elle s'agite dans une atmosphère de galanterie et d'intrigue. Au nombre des prétendants heureux figurent Dillon, le maréchal de Médavy, le poète Mathieu Prior, spirituel chargé d'affaires de la cour d'Angleterre auprès de la cour de France. Et comme, avec de tels personnages, il semble fatal que tous les sentiments, l'amour lui-même, s'enlaidissent de spéculations peu nobles, Prior écrit à lord Bolingbroke « pour que l'abbé de Tencin qui, après tout, observe-t-il, ne me paraît pas valoir la corde, soit établi dans son abbaye d'Abondance ». Bientôt Bolingbroke reproche plaisamment à Prior « d'oublier les auteurs anciens dans le commerce des femmes modernes, » et comme le ministre anglais cherchait à entretenir son souvenir dans la haute société parisienne par de galants envois d'eau de miel, vin d'Espagne, eau des Barbades, Prior chargé de la distribution, qui l'embarrasse « autant que le partage de l'Europe, » ajoute ces lignes significatives :

« La distribution de vos présents nous met tous de fort bonne humeur. Vous verrez que je l'ai faite avec prudence et en honnête homme. Cependant la duchesse de Noailles me conteste cette qualification. « Mathieu, dit-elle, est naturellement fripon, et il en a bien la mine. Pardi, il a volé la moitié de mon eau de miel pour sa religieuse défroquée. Voilà le salaire de toutes les bontés que j'ai pour elle. »

Un instant Mme de Tencin crut son rêve réalisé : le Régent la distingua, mais elle commit une faute assez surprenante de la part d'une femme si habile. S'imaginant avoir allumé une passion là où il n'y avait qu'un caprice, elle démasqua trop vite ses batteries, et reçut aussitôt son congé. Ce prince ne pouvait souffrir... les femmes qui parlent d'affaires entre deux ...baisers.

Alors, dit Duclos, « elle tomba de maître à valet, » mais la chute portait en soi une consolation assez piquante, puisque le valet était premier ministre, archevêque, cardinal, puisqu'elle devint sa maîtresse reconnue, dominant chez lui à découvert. Son cercle fut le rendez-vous des courtisans de la fortune, on y donna, on y vendit grâces et bénéfices. Un dévouement intelligent, le don de l'intrigue, les plaisirs des sens et de la conversation, Dubois trouvait tout cela chez les Tencin. Quels complices de sa politique et de ses goûts ! Il semblait que Dieu ou le diable les eût créés tout exprès les uns pour les autres.

Quel plaisir d'entendre la chanoinesse raconter ou inventer des traits et des mots dans le genre de ceux-ci, que rapporte Chamfort !

Mme la princesse de Conti, fille de Louis XIV, ayant vu Mme la Dauphine de Bavière qui dormait ou faisait semblant, dit, après l'avoir considérée : « Mme la Dauphine est encore plus laide en dormant que lorsqu'elle

veille. » Mme la Dauphine, prenant la parole sans faire
le moindre mouvement, répondit : « Madame, tout le
monde n'est pas l'enfant de l'amour. »

Une femme vantait emphatiquement sa vertu, et ne
voulait plus, affirmait-elle, entendre parler d'amour. « A
quoi bon tant de forfanterie, remarqua un ironiste, ne
peut-on pas trouver un amant sans dire tout cela ? »

Un homme attaquant une femme sans être prêt, et la
trouvant trop tôt complaisante, demanda : « Madame,
s'il vous était égal d'avoir encore un quart d'heure de
vertu ! »

Une jeune fille étant à confesse, soupire : « Mon père,
je m'accuse d'avoir estimé un jeune homme ! » Le
confesseur, qui entendait malice à tout, repart curieu-
sement : « Estimé ! Combien de fois ? »

Entre temps, Mme de Tencin avait eu avec le chevalier
Le Camus Destouches, commissaire provincial d'artillerie, une liaison plus sérieuse que les autres par son caractère et sa durée, surtout par ses résultats. Officier de
mérite, homme d'esprit et homme de plaisir, ami de
Fontenelle, de La Motte, Destouches savait plaire à tous,
au Régent, à Dubois, à Fénelon qui l'aima fort, et lui
donnait, en échange des nouvelles de Paris, des conseils
aussi excellents que peu écoutés. On prétend qu'il offrit
à la chanoinesse de l'épouser. Fut-il arrêté par des
obstacles légaux ? Voulut-elle garder sa liberté ? Ce
qui est certain, c'est que le mariage ne se fit pas, c'est

qu'elle se montra mère aussi dénaturée qu'elle était sœur dévouée et amie fidèle. Le 16 novembre 1717, on trouva déposé sur les marches de l'église Saint-Jean-le-Rond son enfant nouveau-né, celui qui devait s'appeler un jour d'Alembert. Les amateurs de scènes à effet ont imaginé que plus tard, lorsque d'Alembert parvint à la célébrité, Mme de Tencin se ressouvint subitement de ses devoirs, mais qu'ayant oublié de le reconnaître, celui-ci refusa à son tour de la reconnaître en disant : « Je ne connais qu'une mère, c'est la vitrière. » L'anecdote est de pure fantaisie : d'Alembert ne donnait point dans ce stoïcisme d'apparat, et lorsqu'on l'interrogea là-dessus : « Ah! dit-il, je ne me serais pas refusé aux embrassements d'une mère qui m'eût réclamé, il m'eût été trop doux de la recouvrer. » En réalité, Mme de Tencin profita d'une absence de son amant pour commettre ce crime contre la nature : à son retour, le chevalier la blâma vivement, fit les recherches nécessaires pour retrouver l'enfant, le plaça chez une vitrière qui le soigna tendrement, pourvut à ses besoins, à son éducation, et lui laissa en mourant une pension de douze cents livres, le recommandant encore à sa propre famille.

Eut-elle plus tard quelque hantise de repentir ? Faut-il voir un effet du remords dans cet épisode du *Siège de Calais* où il est question d'un enfant déposé sur la voie publique ? Et, sans doute, il y a des souvenirs auxquels la pensée ramène le cœur qui veut les fuir. Mais, comment croire que Mme de Tencin connut d'autres remords que ceux de l'insuccès ? Les héroïnes de ses romans, elle les place dans les cloîtres : et cela signifie sans doute qu'elle se rappelle les années passées chez les Augustines de Montfleury, rien de plus. Elle avait plus d'un moyen de manifester une contrition même imparfaite; or, ni pendant sa vie, ni devant la mort, elle ne s'occupa de d'Alembert, et elle légua toute sa fortune à Astruc.

Sa dernière aventure galante eut une issue tragique. Le 6 avril 1726, Charles de La Fresnais, ancien banquier à Rome, conseiller au Grand Conseil, agioteur enrichi tour à tour et compromis par le système de Law, se tue d'un coup de pistolet chez Mme de Tencin qu'il accusait d'infidélité, de tentative d'assassinat, et de l'avoir dépouillé de sa fortune. Poussé par la rumeur publique, le Châtelet prit les devants sur le Grand Conseil, se saisit de l'information, et, le 15 avril, Mme de Tencin était écrouée à la Bastille. Mais les archives du Grand Conseil et du Châtelet, relatives à cette affaire, ont disparu, de puissants protecteurs se mirent en avant, un arrêt du Grand Conseil évoqua le procès; bref, Mme de Tencin fut déchargée de l'accusation, la mémoire du défunt condamnée, ses biens confisqués, son testament brûlé, cette décision affichée au coin de toutes les rues de Paris. Cependant les commentaires allaient leur train; le testament, cette vengeance d'outre-tombe, leur servait de pâture, et le suicide lui apportait un singulier regain de vraisemblance. La Fresnais y prend Dieu à témoin de la vérité de ses assertions, et il ajoute :

« ...Cette misérable a eu pour moi les façons les plus

indignes, et si monstrueuses que le souvenir m'en fait frémir : mépris public, noirceurs, cruautés, tout cela est trop faible pour exprimer la moitié de ce que j'ai essuyé; mais sa grande haine est venue de ce que je l'ai surprise, il y a un an, avec Fontenelle, son vieil amant, et de ce que j'ai découvert depuis qu'elle avait avec son neveu d'Argental le même commerce qu'avec moi. Cette infâme a été ma maîtresse pendant quatre ans, au vu et au su de tous ses domestiques, d'une partie de ses parents et de ses amis, et après cela n'a pas eu honte de me traiter publiquement comme un valet, et, par ses friponneries, m'a mis hors d'état de payer mes dettes... »

Les amis de Mme de Tencin lui étaient restés fidèles, et l'archevêque d'Embrun avait remué ciel et terre pour sa sœur. Grâce à celle-ci, grâce à lui-même, il avait déjà poussé assez loin sa fortune, aspirait à la pourpre et à la succession de Fleury. Abbé de Vézelay en 1702, prieur de Sorbonne, grand vicaire et chanoine de Sens, membre de l'Assemblée générale du clergé à plusieurs reprises, il plaît à Mme Law par certaines prévenances, comme de lui offrir la main pour monter en carrosse, fermer ses lettres, lui donner ses peignes à sa toilette. Bref il se rend agréable, puis utile, puis nécessaire dans la maison de Law, mène à bonne fin la conversion de celui-ci, entreprise peu difficile, puisque la nomination de l'Écossais au contrôle général en dépendait, puisque le converti n'avait sans doute guère plus la foi que le convertisseur, et ressemblait au fond à ce prince qui avertissait son nouvel aumônier : « Je vous préviens que je n'entends jamais la messe. » Et l'abbé de repartir : « Et moi, Monseigneur, je ne la dis jamais ! »

Law abjura à Melun, le 17 septembre 1719, rendit le pain bénit à Saint-Roch, sa paroisse, le jour de Noël, fut nommé contrôleur général le 5 janvier suivant ; et l'abbé, pour prix de cette cure religieuse, fut gorgé de papier magique de la rue Quincampoix qu'il s'empressa de convertir en or ; pas autant toutefois qu'il eût voulu, car dans une lettre à sa sœur, il se plaint de n'avoir pas la fortune qu'on lui prête.

Bientôt après, nous le voyons accompagner à Rome le cardinal de Bissy, en qualité de conclaviste, avec la mission secrète de négocier pour Dubois le chapeau de cardinal. Il partait sous de fâcheux auspices, venant de perdre un gros procès par son cynisme, par cette hypertrophie du moi qui entraîne parfois des gens très habiles à négliger le respect apparent de la morale. Tencin qui n'est pas Tencin (tant saint), disait-on en jouant sur les mots. L'abbé de Vaissière l'ayant argué de simonie au sujet du prieuré de Merlou, Tencin se met en tête que sa situation de favori de Dubois arrêtera le demandeur. Mais l'avocat de celui-ci obtient que la cause sera appelée un jour que le prince de Conti et quelques pairs se trouveront au Parlement : après les avoir fort divertis aux dépens de son adversaire, il fait mine de faiblir dans ses allégations, l'amène insensiblement à jouer le personnage d'un homme calomnié, à offrir de prêter serment qu'il n'a conclu aucun marché. Tout d'un coup il l'arrête, et secouant sa manche, en

tire le marché original du prieuré, signé : « de Tencin, »
prouvant clair comme le jour la friponnerie et la simonie.
On devine le coup de théâtre, l'indignation des juges,
les huées de l'assemblée : voilà l'abbé admonesté par
le premier président, condamné à l'amende (1), répara-
tion du prieuré, tous dépens, dommages et intérêts.
C'était de quoi ruiner à tout jamais la carrière de
l'abbé. Mais Dubois, qui avait trouvé son homme, ne
s'en embarrassa pas autrement, et le laissa partir
pour Rome. Tencin, qui avait appris quel parti on
peut tirer d'un papier signé, ne se contenta pas de
prodiguer l'or et les bijoux, il offrit au cardinal Conti
l'appui de la faction de la France, si celui-ci voulait
promettre, par écrit, d'accorder, après son exaltation,
le chapeau à Dubois. D'ailleurs, il écrivait au premier
ministre, qu'en dépit des règlements et des précautions, il entrait au conclave toutes les nuits avec
une fausse clef, en traversant cinq corps de garde.
Conti fut élu (1721) et Tencin le somma de tenir parole ;

---

(1) Il paraît aussi qu'un billet galant, adressé à la princesse
Borghèse, lui avait fait quelque tort; ce billet se terminait par
ces mots : « Adieu, ma chère princesse, je vous aimerai toute ma
vie, et par delà, si tant est qu'il y ait un au-delà. » De son extrême
et précoce ambition, Bernis rapporte ce témoignage curieux :
« J'ai ouï dire à l'abbé de Chambonas, prévôt du Chapitre de
Brioude, que l'abbé de Tencin, sur la fin de sa licence, lui avait
donné à dîner avec plusieurs autres de ses camarades, et qu'avant
de se séparer, il leur avait demandé quel était leur projet de fortune, et que chacun ayant déclaré ses vues, l'abbé les embrassa
et leur dit : « Je vous souhaite à tous succès et prospérité; pour
moi, si le temps ne me manque, je serai cardinal et ministre. » On
fit courir une histoire semblable sur l'abbé Maury. »

mais il refusa, alléguant des scrupules de conscience,
l'indignité du sujet ; là-dessus menace de rendre le billet public, Dubois nommé cardinal ; mais alors Tencin
imagina de tirer parti du marché pour lui-même, de
déclarer qu'il ne rendrait le billet qu'à condition qu'on
le ferait aussi cardinal. Voilà le pape replongé dans un
affreux conflit entre son devoir et l'intérêt de sa politique ; il ne put consentir à un semblable choix, mais
les remords de sa faiblesse, le manège menaçant de
Tencin resté ministre de France à Rome, ses trames
ourdies de tous côtés, le rendirent malade et abrégèrent
ses jours.

Ce qu'on vient de dire donne plus de prix, ce semble,
au portrait de Saint-Simon :

« L'abbé de Tencin avait un esprit entreprenant et 
hardi, qui le fit prendre pour un esprit vaste et mâle.
Sa patience était celle de plusieurs vies, et toujours
agissante vers le but qu'il se proposait, sans s'en dé-
tourner jamais, et surtout incapable d'être rebuté par
aucune difficulté ; un esprit si fertile en ressorts et en
ressources, qu'il en acquit faussement la réputation
d'une grande capacité ; infiniment souple, fin, discret,
doux ou âpre selon le besoin, capable sans effort de
toutes sortes de formes, maître signalé en artifices,
retenu par rien, contempteur souverain de tout honneur
et de toute religion, en gardant soigneusement les
dehors de l'un et de l'autre ; fier et abject selon les gens
et les conjonctures, et toujours avec esprit et discernement ; jamais d'humeur, jamais de goût qui le détour-
nât le moins du monde, mais d'une ambition démesu-

réo ; surtout altéré d'or, non par avarice ni par désir de dépenser et de paraître, mais comme voie de parvenir à tout dans le sentiment de son néant. Il joignait quelque légère écorce de savoir à la politesse, et aux agréments de la conversation des manières et du commerce, une singulière accortise à un grand art de cacher ce qu'il ne voulait pas être aperçu, et à distinguer avec jugement entre la diversité des moyens et des routes... »

Ajoutez quelques coups de pinceau, la collaboration du hasard, un caprice royal, vous aurez Albéroni et Dubois.

Ce caprice royal manqua. C'est en vain que Tencin affecte un zèle extrême pour la Bulle *Unigenitus* et la Cour de Rome, qu'il préside en 1727 le Concile provincial d'Embrun ¡où fut déposé et réduit au diaconat Jean Soanen, évêque de Senez, prélat vertueux mais suspect de jansénisme, — en vain que sa sœur attire dans ses filets des évêques, des jésuites, se lie d'amitié étroite avec le duc de Richelieu, que l'un et l'autre cherchent à circonvenir Fleury, la duchesse de Châteauroux, et par celle-ci Louis XV. Le succès ne marche point du même pas que l'ambition. Élevé à la pourpre en 1739, grâce au prétendant d'Angleterre Jacques Stuart (1), il obtient

---

(1) Le Président de Brosses, qui vit Tencin à Rome au moment du Conclave qui aboutit à l'exaltation du cardinal Lambertini, crayonne cette esquisse : « Tencin, Français, archevêque d'Embrun ; dur, haineux et vindicatif par tempérament, grave et politique par état, aimerait par goût le commerce du monde et des femmes ; souple et ambitieux à la Cour de France, fier et hautain à celle de Rome, représentant bien et tenant un plus grand état

encore l'abbaye de Trois-Fontaines, d'un revenu de
40,000 livres, l'abbaye de Saint-Paul de Verdun, d'un
revenu de 15,000 livres, est nommé à l'archevêché de
Lyon en septembre 1740, entre au Conseil comme ministre d'État, envoie au roi des mémoires fort distingués que Mme de Tencin faisait composer par Mably.

« Personne autant que lui, remarque Bernis, n'avait
l'art de tirer avantage d'un silence réfléchi et d'un sourire qui avait l'air d'être fin. » Alors qu'il parut au conseil, n'ayant plus à côté de lui ses deux béquilles, ou
plutôt ses deux échasses intellectuelles, Mme de Tencin
et Mably (1), « il ne lui resta plus que ses dignités et le

---

que nul autre; très redouté, très considéré, très accrédité. On a
ici une opinion de sa capacité au moins égale à tout ce qu'il en
peut avoir... on est persuadé que ce sera le Cardinal de Tencin qui
fera le pape, et cela doit être... »
Le cardinal Lambertini était en correspondance suivie avec
Mme de Tencin. Il lui envoya son portrait après son exaltation et
elle lui écrivit : « ...Votre affabilité, votre bonté, votre fidélité
dans l'amitié, vous avaient fait de tendres amis de ceux qui sont
devenus vos enfants. Depuis longtemps mes vœux plaçaient
Votre Sainteté sur la chaire de Saint-Pierre; j'étais, par mes
désirs, votre fille spirituelle, avant que vous fussiez le père commun des fidèles. »
(1) Le jeune Mably ayant été admis dans la société de Mme de
Tencin, dont sa famille était alliée, cette dame, l'entendant parler
des affaires publiques, jugea que c'était l'homme qu'il fallait à
son frère... Le cardinal sentait sa faiblesse dans le Conseil; pour
le tirer d'embarras, l'abbé de Mably lui persuada de demander au
roi la permission de donner ses avis par écrit; c'était Mably qui
préparait ses rapports et faisait ses mémoires. Ce fut lui qui, en
1743, négocia secrètement à Paris avec le ministre du roi de Prusse,
et dressa le traité que Voltaire alla porter à ce prince... Il se
brouilla avec le cardinal à l'occasion d'un mariage que Tencin
voulait casser; il disait qu'il voulait agir en cardinal, en évêque,

masque d'un homme d'esprit, » d'un homme d'État plutôt, car l'esprit ne lui manque point, mais le véritable homme d'État de la famille, sa sœur, restait dans la coulisse. D'ailleurs, Fleury avait deviné le jeu de celui qui se considérait déjà comme son légataire universel, qui, un moment même, espéra escompter la succession en faisant nommer pape le premier ministre : aussi lui prodigue-t-il compliments, demi-promesses, en même temps qu'il met en garde son royal élève contre le génie cabaleur des Tencin. Étant à son lit de mort, il avait sans cesse auprès de lui le cardinal qui s'attendait à l'héritage de la feuille des bénéfices. Le premier ministre, feignant une effusion de cœur, lui dit : « Monsieur le cardinal, je vous ai toujours aimé et estimé ; je veux vous en donner une preuve avant que de mourir. — Eh! mon Dieu! répondit Tencin, Votre Éminence m'a comblé. — Non, non, poursuivit le mourant, je veux faire quelque chose pour vous ; je veux vous faire recevoir à l'Académie. »

Qu'il ait agi d'après les conseils de Fleury ou sous l'empire d'une aversion personnelle, toujours est-il que Louis XV écarta soigneusement Tencin des grandes affaires (1), et Mme de Tencin lui inspirait une antipa-

---

en prêtre ; Mably soutenait qu'il devait agir en homme d'État. Le cardinal prétendit qu'il se déshonorerait s'il suivait ses avis ; l'abbé, indigné, le quitta brusquement et ne le revit plus.

(1) Louis XV lui-même refusa un candidat à l'archevêché de Paris en disant : « Il faut cependant qu'un archevêque de Paris croie en Dieu. »

thie si forte qu'il ne pouvait entendre parler d'elle
« sans qu'il lui vint la peau de poule. » Une habileté
trop avérée produit parfois les mêmes effets qu'une
maladresse notoire. Mme de Tencin le comprit, car elle
lança un jour cette pensée empreinte d'une si amère
expérience : « Les gens d'esprit font beaucoup de
fautes en conduite parce qu'ils ne croient jamais le
monde aussi bête qu'il l'est. »

Dans sa correspondance avec son frère et le duc de
Richelieu, elle mêle des vues profondes, dignes d'un
Montesquieu, à des roueries de bas étage, la politique
nationale, la politique des grands horizons, à une politique de sérail et d'expédients. Ces deux hommes distingués, chacun dans leur genre, elle les domine et les
pousse, par des moyens subtils, vers son but, persuade
à Richelieu qu'il a pensé le premier tout ce qu'elle lui
insinue : plans ingénieux, jugements incisifs, portraits
qui peignent un homme en deux lignes, il y a de tout
dans ces lettres. Comme elle a disséqué le pantin social et monarchique! Quelle sagacité ; quelle divination
dans cette réflexion qui date de 1743 : « A moins que
Dieu n'y mette visiblement la main, il est physiquement impossible que l'État ne culbute!... Les affaires
sont dans un état si déplorable que c'est un bien de ne
pas s'en mêler. Tout ceci finira par quelque coup de
tonnerre. »

Et ce n'est pas là une boutade isolée, une de ces
fusées qui échappent aux beaux esprits dans le feu de
l'improvisation : elle a porté partout son regard pénétrant, jaugé, pesé le roi, la favorite, les ministres, les

généraux, diagnostiqué la maladie qui travaille ce grand corps, mesuré la vigueur de l'attaque, la faiblesse de la résistance. On s'étonne qu'elle ramène tout à son frère, qu'elle rêve sans cesse aux moyens de gouverner la favorite, que dans son courroux contre Amelot perce surtout le chagrin de voir la tutelle du trône confiée à ses ennemis. Indignation un peu naïve. La politique n'est pas une œuvre de saints ni de philosophes, les ambitieux ont cru, croiront toujours posséder le secret de la pierre philosophale et, sans faire aucune comparaison, l'histoire des artifices par lesquels de grands hommes s'élèvent, se maintiennent au pouvoir suprême, n'a rien d'édifiant; ni dans les monarchies absolues, ni dans les monarchies parlementaires, cette cuisine ne gagne à être vue de près. Ce qui n'empêche pas les critiques d'un homme d'État de garder leur valeur, ses facultés de dédoublement de s'exercer d'une manière utile. Pourquoi les *Mémoires* d'un ancien ministre paraissent-ils plus intéressants en général que ceux d'un simple particulier sur les affaires publiques? Parce que le premier a étudié le jeu des passions, qu'il a travaillé sur la peau humaine, qu'il a mieux compris l'influence réciproque des principes sur les hommes et des hommes sur les idées générales. Mme de Tencin au pouvoir sous le nom du cardinal et du duc eût-elle changé la face des choses? Rien de plus douteux assurément, mais il y avait en elle des dons assez rares pour qu'on puisse se demander si elle ne leur eût pas imprimé un meilleur branle.

A l'époque où elle écrit, la France est encore amou-

reuse de son roi ; la première, elle a discerné les défauts irrémédiables du personnage :

22 juin 1743.

« Il faudrait, je crois, écrire à Mme de La Tournelle
pour qu'elle essayât de tirer le roi de l'engourdissement
où il est sur les affaires publiques. Ce que mon frère a
pu lui dire là-dessus a été inutile ; c'est, comme il vous
l'a mandé, parler aux rochers. Je ne conçois pas qu'un
homme puisse vouloir être nul, quand il peut être quelque chose. Un autre que vous ne pourrait croire à quel
point les choses sont portées. Ce qui se passe dans son
royaume paraît ne pas le regarder ; il n'est affecté de
rien ; dans le Conseil il est d'une indifférence absolue ;
et dans le travail particulier il souscrit à tout ce qui
lui est présenté. En vérité, il y a de quoi se désespérer
d'avoir affaire à un tel homme. On voit que, dans une
chose quelconque, son goût apathique le porte du côté
où il y a le moins d'embarras, dût-il être le plus mauvais... »

Mme de Tencin veut la paix, mais, puisqu'on se décide à continuer la guerre, elle estime que Louis XV
doit aller aux armées pour revêtir cette robe virile d'un
roi de France : la gloire.

14 juillet 1743.

« Ce n'est pas qu'entre nous il soit en état de commander une compagnie de grenadiers ; mais sa présence fera beaucoup : le peuple aime son roi par habi-

tude... Les troupes feront mieux leur devoir, et les généraux n'oseront pas manquer si ouvertement au leur. Dans le fait, cette idée me paraît belle, et c'est le seul moyen de continuer la guerre avec moins de désavantage. Un roi, quel qu'il soit, est pour les soldats et le peuple ce qu'était l'arche d'alliance pour les Hébreux ; sa présence seule annonce des succès... »

30 septembre 1743.

« ...Mon frère assure que le roi met les choses les plus importantes, pour ainsi dire, à croix ou à pile dans son conseil, et vous pouvez voir où cela mène. Je suis étonnée qu'avec votre sagacité vous puissiez conserver l'ombre de l'espérance ; mais vous êtes comme ces femmes qui parlent toujours de ce qu'elles désirent, tout impossible que cela soit... On dirait que le roi a été élevé à croire que, quand il a nommé un ministre, toute sa besogne est faite, et qu'il ne doit plus se mêler de rien (1). C'est à celui qu'on lui a désigné à tout faire... Voilà pourquoi les Maurepas, les d'Argenson

---

(1) Et ceci rappelle un peu la boutade d'un roi successeur de Louis XV, de ce Louis XVIII qui lui non plus n'aimait pas les longs rapports et les discussions interminables dans le Conseil, mais qui avait d'autres qualités : « Je dis à mes ministres : Avez-vous la majorité ?

— Oui.

— Alors je vais me promener.

« Le lendemain, je leur dis : Avez-vous toujours la majorité ?

— Non.

— Alors allez vous promener! »

sont plus maîtres que lui. Son autorité est divisée méthodiquement, et il croit sur parole chaque ministre, sans se donner la peine d'examiner ce qu'il a fait. Je ne puis mieux le comparer, dans son conseil, qu'à Monsieur votre fils qui se dépêche de faire son thème dans sa classe, pour en être plus tôt quitte; aussi peut-on dire que c'est un conseil pour rire... »

Et la correspondance continue sur ce ton, très affectueuse, d'un confiant abandon qui suppose une partie fortement liée, un traité d'amitié et d'intérêt observé avec une fidélité inviolable. A-t-elle découvert un secret important, Mme de Tencin le révèle à son duc, son *minet*, comme elle l'appelle, qui fait son service en Allemagne, même si on lui impose la condition de n'en parler à personne; mais elle ne croit pas y manquer en le lui confiant, « c'est toujours une restriction qu'elle fait avec elle-même, quand elle s'y engage. » Tout cela mêlé de cancans de cour et d'amour, de recommandations fort minutieuses à propos du cabinet noir; les ennemis des Tencin auraient été trop contents d'apporter au roi de pareilles lettres qui les eussent perdus à tout jamais dans son esprit. Aussi, par surcroît de précautions, a-t-elle imaginé de déguiser les noms des personnages. Ainsi le roi s'appelle Lesperoux, le Gentilhomme, ou bien encore : les robes brodées; — La Motte : la Guimbarde; — le cardinal de Fleury : Mlle Sauveur; — le duc de Richelieu : Helvétius ou le géomètre; — Mme de Mailly : Magran, la vieille comtesse; — d'Argenson : le Cuisinier; — Amelot : Mme de Luxembourg; — Mme de La Tournelle : les Gouttes du général, ou

Mme de Boufflers ; les Auger sont les maîtresses du roi. Elle fait écrire des lettres anonymes au cardinal de Fleury, patronne la candidature académique de Marivaux, et se donne tant de peine qu'elle se promet et promet à ses amis de ne plus leur parler pour personne ; car elle se montre aussi ardente dans ses amitiés que dans ses haines, et très sincèrement félicite son ami d'admirer les qualités du cœur et de l'esprit : puisqu'elle possède les premières au souverain degré, et qu'elle n'est pas tout à fait dépourvue des secondes, la voilà bien assurée qu'il l'aimera toujours. Des réflexions pratiques sur les femmes : « On ne les maîtrise qu'en les faisant parler, et en les prenant par leurs paroles ; » sur les moyens d'accroître son prestige auprès des grands : « Vous savez qu'il n'y a rien qui augmente tant le crédit que l'opinion que le public prend qu'on en a beaucoup ; » des compliments sur le fils de Richelieu alors au collège : « Il a déjà autant de désir de plaire que s'il y entendait finesse, » sans oublier le père qui ne craint pas « plus de se battre que d'attaquer une jolie femme. » Il y a de tout un peu comme on voit dans cette correspondance, du sérieux, du grave, du joli, du plaisant même, le monde de la cour jugé de haut, le train de la vie intime, les récits des conversations particulières ; mais, au travers de tout cela, le fil conducteur apparaît, la volonté inflexible, le goût de domination occulte : c'est le *leitmotiv* dans l'opéra politique, le refrain de cette chanson si habilement vocalisée : prenez mon frère ; lui seul, moi aidant, rétablira la fortune de ce royaume.

Si elle n'oublie pas la réplique d'un vieux duc à Louis XV qui s'étonnait qu'à son âge il fît encore l'amour : « Sire, je ne le fais pas, je l'achète tout fait, » elle n'a garde, bien entendu, de rappeler la réflexion de Mme de Talmont, voyant Richelieu, au lieu de s'occuper d'elle, faire sa cour à Mme de Brionne, fort belle femme, mais qui ne passait pas pour avoir beaucoup d'esprit : « Monsieur le maréchal, vous n'êtes point aveugle, mais je vous crois un peu sourd. »

Mme de Tencin, après l'aventure de La Fresnais, a dit adieu à la galanterie, mais elle n'a pas, comme on le voit, renoncé aux autres moyens d'intrigue, à tout ce qui peut occuper une âme universelle. Elle conserve, elle augmente cette société d'élite qu'elle appelle familièrement sa Ménagerie, ses Bêtes, qui est une force sociale, un instrument d'opinion, en même temps qu'un délice et un repos de l'esprit. Aux yeux des naïfs, elle a abdiqué toute prétention, elle s'est retirée dans ce salon comme Charles-Quint dans son monastère. En réalité, elle y fait entrer les affaires ecclésiastiques, politiques, académiques, mais elle procède avec tant d'adresse, qu'elle semble les traiter dans des cabinets réservés, et que les initiés seuls ont le secret de chaque comédie qui se joue. C'est comme un grand impresario qui dirigerait plusieurs troupes, un tripot comique, un tripot tragique, un tripot d'opéra, et pratiquerait rigoureusement la séparation des genres : lui seul connaît les prétentions, les rivalités de chacun ; le public ne voit que le spectacle et s'imagine que tout est paix, harmonie dans la coulisse.

Avec les 25,000 livres de rentes qu'elle a gagnées à l'époque de Law, elle met sa maison sur un pied solide, donne deux dîners par semaine comme Mme de Lambert, protège les gens de lettres, leur impose ses bienfaits, apaise les susceptibilités les plus ombrageuses par son art consommé d'entrer dans leurs soucis d'affaires, de santé ou de gloire. Au milieu de cette réunion de lettrés et de causeurs qui s'appellent : Fontenelle, La Motte, Montesquieu, Mairan, l'abbé Alary, Piron, Marivaux, Duclos, Tressan, lord Bolingbroke, Astruc, lord Chesterfield, etc..., elle apparaît comme « une femme d'un esprit et d'un sens profonds, mais qui, enveloppée dans son extérieur de bonhomie et de simplicité, avait plutôt l'air de la ménagère que de la maîtresse de maison. » C'est elle qui commence la fortune de l'*Esprit des Lois,* en achetant et répandant une partie de la première édition ; elle qui négocie le mariage du financier La Popelinière, mis dans l'alternative d'épouser la fille de Mimi Dancourt ou de perdre sa place de fermier général. Elle est toute à tous, elle a toujours l'esprit de la personne à qui elle a affaire, abandonne le gouvernement officiel de la conversation à Fontenelle et Montesquieu, se contente du gouvernement occulte, provoque les confidences, calme les amours-propres blessés, joue volontiers le rôle d'une sœur de charité laïque. « Ne jamais rebuter personne, disait-elle à son élève Mme Geoffrin, car quand même neuf sur dix ne se donneraient pas un liard de peine pour vous, le dixième peut vous devenir un ami utile... Tout sert en ménage quand on a en soi de quoi mettre les outils en œuvre. »

Marmontel, qui d'abord la prenait pour une vieille indolente, finit par reconnaître l'énormité de sa méprise : « Elle me faisait raconter mon histoire dès mon enfance, dit-il, entrait dans tous mes intérêts, s'affectait de tous mes chagrins, raisonnait avec moi mes vues et mes espérances, et semblait n'avoir dans la tête autre chose que mes soucis. Ah ! que de finesse d'esprit, de souplesse et d'activité, cette apparence de calme et de loisir ne me cachait-elle pas ? Je ris encore de la simplicité avec laquelle je m'écriais en la quittant : la bonne femme ! Le fruit que je retirai de ses conversations, sans m'en apercevoir, fut une connaissance du monde plus saine et plus approfondie. Par exemple, je me souviens de deux conseils qu'elle me donna : l'un fut de m'assurer une existence indépendante des succès littéraires, et de ne mettre à cette loterie que le superflu de mon temps. Malheur, me disait-elle, à qui attend tout de sa plume ; rien de plus casuel. L'homme qui fait des souliers est sûr de son salaire ; l'homme qui fait un livre ou une tragédie n'est jamais sûr de rien. L'autre conseil fut de me faire des amies plutôt que des amis ; car au moyen des femmes, disait-elle, on fait tout ce qu'on veut des hommes ; et puis ils sont les uns trop dissipés, les autres trop préoccupés de leurs intérêts personnels pour ne pas négliger les vôtres, au lieu que les femmes y pensent, ne fût-ce que par oisiveté. Parlez ce soir à votre amie de quelque affaire qui vous touche ; demain à son rouet, à sa tapisserie, vous la trouverez y rêvant, cherchant dans sa tête le moyen de vous servir. Mais de celle que vous croirez pouvoir vous être utile, gardez-vous bien d'être autre chose que l'ami ; car, entre amants, dès qu'il survient des nuages, des brouilleries, des ruptures, tout est perdu. Soyez donc auprès d'elle assidu, complaisant, galant même si vous voulez, mais rien de plus, entendez-vous ? — Ainsi, dans nos entretiens, le naturel de son langage m'en imposait si bien que je ne pris jamais son esprit que pour du bon sens. »

C'est un salon d'hommes : soit qu'elle veuille demeurer le centre de tout, soit que son passé orageux inspire des appréhensions, les femmes n'y entrent qu'en petit nombre : mémoires et journaux du temps ne citent guère que ses sœurs, Mlle Aïssé, Mme Geoffrin qui devait lui succéder « comme une bourgeoise succède à une princesse, » et dont elle démêlait à merveille les manèges, témoin ce mot piquant : « Savez-vous ce que vient faire ici la Geoffrin ? Elle vient voir ce qu'elle pourra recueillir de mon inventaire. » C'était en effet le plus beau patrimoine mondain qu'on pût léguer : les familiers de Mme de Tencin n'auraient pour rien au monde manqué une de ses réunions ; ils allaient à ses dîners, à ses causeries, comme s'ils constituaient une partie fondamentale de leur existence ; ils se sentaient attendus, nécessaires. Fontenelle avait ainsi chaque jour de la semaine consacré à ses amies ; ce qui fit dire à Piron, lorsqu'il vit passer le convoi du doyen de l'Académie : « Voilà la première fois que M. de Fontenelle sort de chez lui pour ne pas aller dîner en ville. »

Des grandes divinités de cet Olympe spirituel, il ne saurait être question d'esquisser le portrait, mais il faut du moins rappeler quelques figures secondaires, les parents de la chanoinesse. Par exemple sa sœur, Mme de Ferriol, jolie, galante, intrigante elle aussi, eut une liaison prolongée avec le maréchal du Blé d'Uxelles, ce courtisan modèle qui pendant des années envoya tous les matins des têtes de lapin rôties à la petite chienne favorite de Mlle de Choin, la Maintenon du grand Dauphin, fils de Louis XIV : le lendemain même de la mort de celui-ci, la chienne et sa maîtresse attendirent en vain les têtes de lapin. Comme Mme de Ferriol crut ou s'aperçut que cette liaison lui donnait crédit dans le monde, elle s'y ancra fortement, cherchant à persuader qu'elle faisait la pluie et le beau temps chez le Maréchal, et n'y parvenant pas toujours, surtout lorsque le déclin de sa beauté détermina le déclin de la passion. Quant à Mme de Grolée et au Président de Tencin, les chroniques du temps représentent celui-ci comme un agioteur et un débauché, celle-là comme une dévergondée ; elles lui attribuent un trait piquant que son absence d'esprit rend assez invraisemblable, cette confession en deux lignes qui semblerait plutôt appartenir à Mme d'Houdetot : « Mon père, j'ai été jeune, j'ai été jolie, on me l'a dit et je l'ai cru : jugez du reste. »

Quand l'archevêque de Lyon, Montazet, alla prendre possession de son siège, une vieille chanoinesse, sœur du cardinal de Tencin, lui fit compliment de ses succès auprès des femmes et entre autres de l'enfant qu'il avait eu de Mme de Mazarin. Le prélat nia tout et ajouta : « Madame, vous savez que la calomnie ne vous a pas ménagée vous-même ; mon histoire avec Mme de Mazarin n'est pas plus vraie que celle qu'on vous prête avec M. le Cardinal. — En ce cas, dit tranquillement la chanoinesse, l'enfant est de vous. »

C'est cette même chanoinesse qui contait si plaisamment l'aventure d'un marquis de Choiseul La Baume, lequel étant très jeune, devint fort triste et mélancolique subitement (1). Son oncle, l'évêque de Châlons, dévot et grand janséniste, lui en demanda la raison. Il lui dit avoir vu une cafetière qu'il voudrait bien posséder, mais il en désespérait. « Elle est donc bien chère ? — Oui, mon oncle, vingt-cinq louis. » L'oncle les donna, à condition qu'il verrait cette cafetière. Quelques jours après, il en demanda des nouvelles à son neveu : « Je l'ai, mon oncle, et la journée de demain ne se passera pas sans que vous l'ayez vue. » Il la lui montra, en effet, au sortir de la grand'messe. Ce n'était point un vase à verser du café, c'était une cafetière assez accorte, une limonadière, connue depuis sous le nom de Mme de Bussi. On devine la colère du vieil évêque janséniste.

Voilà un tableau assez complet : tous les vices de l'âme, toutes les qualités sociales s'y trouvent représentés, et, père, mère, enfants, méritent le surnom infligé aux d'Estrées : les sept péchés capitaux. La famille se relève sensiblement avec les deux fils de Mme de Ferriol, d'Argental et Pont de Veyle, qui forment, avec Thieriot, le conseil littéraire de Voltaire,

---

(1) L'anecdote est aussi rapportée par Chamfort.

son triumvirat : leur amitié pour lui, le souci de sa gloire, la défense de ses intérêts, voilà le trait pour lequel la postérité a retenu leurs noms ; Voltaire les a enchâssés dans sa correspondance pour l'immortalité, et l'intelligence de leur dévouement les place parmi les héros de l'amitié au xviie siècle. Le patriarche de Ferney appelle M. et Mme d'Argental : ses anges gardiens. De tels personnages sont les délices de la société et de leurs amis, ils n'attendent pas, pour montrer leur cœur, les grandes occasions qui sont rares, pratiquent assidûment cette maxime que, dans le sentiment, les petites choses sont d'un grand prix parce qu'elles sont de tous les jours.

Marivaux dans sa *Vie de Marianne*, Marmontel dans ses *Mémoires*, ont peint la société de Mme de Tencin en action, c'est-à-dire parlant, conversant, monologuant, écoutant même des lectures de tragédies (1). Ces por-

---

(1) Ce n'est pas le salon de Mme de Lambert ou de Mme de Tencin que Duclos a voulu peindre dans ce passage des *Confessions du Comte de ***** : ce serait plutôt l'hôtel Brancas. Ou bien a-t-il prétendu montrer le salon type du bel esprit en prenant quelques traits de droite et de gauche, en racontant ce qu'il avait vu chez les uns et les autres ?

« Je trouvai réellement beaucoup de ce qu'on appelle esprit dans le monde à Mme de Tonins, et à quelques-uns de sa petite cour, c'est-à-dire beaucoup de facilité à s'exprimer, du brillant et de la légèreté ; mais il me parut qu'ils abusaient de ce dernier talent. Au bout d'une heure, je m'aperçus que la conversation languissait ; je proposai une partie de jeu, moins par goût que par habitude de voir jouer. Mme de Tonins me dit que le jeu était absolument banni de chez elle, qu'il ne convenait qu'à ceux qui ne savent ni penser ni parler. « C'est, ajouta-t-elle, un amusement que l'oisiveté et l'ignorance ont rendu nécessaire. » Le jeu devint

traits sont-ils ressemblants ? Leurs auteurs ont-ils embelli ou enlaidi le modèle ?

Il y a vingt salons dans un salon, vingt manières de le comprendre, de le juger. Le mondain pur et simple ne le verra pas du même œil que le philosophe, le philosophe en emportera d'autres impressions que l'historien ; l'auteur dramatique y trouvera des sujets de comédie, il apparaîtra d'une manière bien différente au littérateur, selon qu'il y traîne ses préjugés et ses rancunes, ou qu'il fait table rase de ceux-ci. Chaque salon est un monde intellectuel, et son histoire une petite histoire universelle. Voilà Marmontel, homme de demi-talent, au fond assez lourd, pompeux, d'âme médiocrement délicate, membre de la grande confrérie des Philintes

---

la matière d'une dissertation qui dura jusqu'au souper. Les discours de table étaient d'une autre nature : toute dissertation et même toute conversation suivie en étaient bannies. Il n'était pour ainsi dire permis de parler que par bons mots. Mᵐᵉ de Tonins et ses adorateurs partirent en même temps ; ce fut un torrent de pointes, de saillies bizarres et de rires excessifs. On tirait l'élixir des moins mauvais ; on renchérissait sur les plus obscurs. Je cherchais à entendre et à pouvoir dire quelque chose ; mais lorsque j'avais trouvé un mot, je m'apercevais que la conversation avait changé d'objet... La fureur de jouer la comédie régnait alors à Paris ; on trouvait partout des théâtres. La société de Mᵐᵉ de Tonins prenait le même plaisir et portait l'ambition plus haut. Pour comble de ridicule, on n'y voulait jouer que du neuf ; presque tous les acteurs étaient auteurs des pièces qu'ils jouaient. Nos représentations, car je fus bientôt admis dans la troupe, étaient d'un ennui mortel : on se le dissimulait ; nous applaudissions tout haut, et nous nous ennuyions tout bas... »

On ne jouait pas chez Mᵐᵉ de Lambert, la comédie de salon n'était pas en honneur chez Mᵐᵉ de Tencin, on faisait un peu de tout à Sceaux et à l'hôtel Brancas.

et des dos courbés, habile à pousser sa pointe, à tirer plusieurs moutures du même sac. Il lit sa tragédie d'*Aristomène* devant le cercle de Mme de Tencin qui l'honore de ses suffrages ; et cependant il semble qu'il se sente un peu dépaysé au milieu de gens si raffinés, qu'il ait encore aux pieds ses gros souliers du Limousin, qu'on ne l'ait pas admiré de façon assez bruyante :

« ...M. de La Popelinière n'eut pas de peine à me persuader qu'il y avait là trop d'esprit pour moi, et en effet, je m'aperçus bientôt qu'on y arrivait préparé à jouer son rôle, et que l'envie d'entrer en scène n'y laissait pas toujours à la conversation la liberté de suivre son cours facile et naturel. C'était à qui saisirait le plus vite, et comme à la volée, le moment de placer son mot, son conte, son anecdote, sa maxime ou son trait léger et piquant ; et pour amener l'à-propos, on le tirait quelquefois d'un peu loin. Dans Marivaux, l'impatience de faire preuve de finesse et de sagacité perçait visiblement ; Montesquieu, avec plus de calme, attendait que la balle vînt à lui, mais il l'attendait ; Astruc ne daignait pas l'attendre ; Fontenelle seul la laissait venir sans la chercher ; Helvétius, attentif et discret, recueillait pour semer un jour. »

A l'autre pôle du monde des gens d'esprit, voici Marivaux, le causeur exquis, un peu précieux même, exercé à démêler les nuances les plus ténues du sentiment, à imaginer sur-le-champ une métaphysique nouvelle de l'amour ou de l'amitié, gai sans amertume, observateur subtil, mordant sans méchanceté, également propre au dialogue et au monologue, aux conversations de tête-à-tête, de dîners et d'après-dîner, sachant écouter, ne pas laisser voir « une distraction blessante, » découvrant chez ses interlocuteurs une finesse dont ils ne se doutaient pas toujours eux-mêmes, tel enfin qu'on le devine à travers ses comédies et ses romans : car le style des personnages de ses pièces est en quelque sorte sa langue maternelle, comme le monde de celles-ci est celui-là même des sociétés qu'il fréquente. Peut-être ne pratique-t-il pas toujours son axiome qu'il faut avoir assez d'amour-propre pour n'en point laisser paraître : ses contemporains le représentent sensible et ombrageux dans la société, mais aussi prompt à revenir qu'à s'offenser. « Il faut, remarquait un jour Fontenelle, passer des expressions singulières à M. de Marivaux (1), ou renoncer à son commerce. » Marivaux crut entrevoir de la raillerie dans ce mot, Fontenelle s'en aperçut et, comme il n'avait voulu lui dire qu'une chose obligeante, il ajouta aussitôt : « M. de Marivaux, ne vous pressez pas de vous fâcher quand je parlerai de vous. » Très désintéressé, fort charitable, plus occupé du superflu que du nécessaire, il marque quelque éloignement pour les grands, parce qu'il considère la fierté comme l'accessoire indispensable de la pauvreté : « Je les salue de loin, je les respecte comme je dois, et je les

---

(1) L'âme, qu'est-ce que l'âme ? demanda une des Bêtes de la Ménagerie. Marivaux répondit modestement qu'il n'en savait rien. « Eh bien, interrogeons M. de Fontenelle. — Il a trop d'esprit, reprit Marivaux, pour en savoir plus que moi là-dessus ! »

estime comme je peux. » Mme de Tencin le choie, se charge d'avoir de l'ambition pour lui; aussi devient-il un des coryphées de l'endroit : chez elle, il se sent bien plus à l'aise que chez Mme Geoffrin, où les encyclopédistes dominent trop à son gré, et il traduit avec une modestie aimable son souvenir reconnaissant.

On a été longtemps injuste pour Marivaux, et le mot marivaudage a eu mauvais renom. Notre époque éprise d'analyse a reconnu au contraire en lui un précurseur : De même, dans Watteau, un des plus brillants coloristes de notre trop raisonnable école française, un petit-fils de Rubens, celui non de la *Descente de la Croix*, mais des *Jardins d'Amour,* on n'a vu pendant un siècle qu'un peintre d'éventails. Watteau, Marivaux, ces deux noms qu'unit la représentation de la Comédie italienne, sont depuis longtemps en possession de leur renommée définitive : sous les formes les plus changeantes de leur temps, l'un et l'autre ont exprimé ce qu'il y avait alors de vérité et de grâce un peu fardée.

Bien mieux que Marmontel, Marivaux semble avoir jugé les hôtes habituels de Mme de Tencin : « Ce ne fut point à force de leur trouver de l'esprit que j'appris à les distinguer : pourtant, il est certain qu'ils en avaient plus que d'autres, et que je leur entendais dire d'excellentes choses; mais ils les disaient avec si peu d'efforts, ils y cherchaient si peu de façon, c'était d'un ton de conversation si aisé et si uni, qu'il ne tenait qu'à moi de croire qu'ils disaient les choses les plus communes. Ce n'étaient point eux qui y mettaient de la finesse, c'était de la finesse qui s'y rencontrait... On accuse quelquefois les gens d'esprit de vouloir briller : oh ! il n'était pas question de cela ici, et si je n'avais pas eu un peu de goût naturel, j'aurais pu m'y méprendre et ne me serais aperçu de rien. Mais à la fin, ce ton de conversation si excellent, si exquis, quoique si simple, me frappa. Ils ne disaient rien que de juste et de convenable, rien qui ne fût d'un commerce doux, facile et gai. J'avais compris le monde tout autrement que je ne le voyais là (et je n'avais pas tant de tort); je me l'étais figuré plein de petites règles frivoles et de petites finesses polies, plein de bagatelles graves et importantes, difficiles à apprendre et qu'il fallait savoir sous peine d'être ridicule, toutes ridicules qu'elles sont elles-mêmes.

« Et point du tout : il n'y avait rien ici qui ressemblât à ce que j'avais pensé, rien qui dût embarrasser mon esprit ni ma figure, rien qui me fît craindre de parler, rien au contraire qui n'encourageât ma petite raison à oser se familiariser avec la leur ; j'y sentis même une chose qui m'était fort commode, c'est que leur bon esprit suppléait aux tournures obscures et maladroites du mien. Ce que je ne disais qu'imparfaitement, ils achevaient de le penser et de l'exprimer pour moi, sans qu'ils y prissent garde, et puis ils m'en donnaient tout l'honneur : enfin, ils me mettaient à mon aise. Et moi, qui m'imaginais qu'il y avait tant de mystères dans la politesse des gens du monde, et qui l'avais regardée comme une science qui m'était totalement inconnue et dont je n'avais nul principe, j'étais bien surpris de voir qu'il n'y avait rien de si particu-

lier dans la leur, rien qui me fût si étranger, mais
seulement quelque chose de liant, d'obligeant et d'aimable. »

Le jour de la mort de Mme de Tencin (4 décembre
1749), Montesquieu écrivit à un de ses amis qu'elle
était l'auteur du *Comte de Comminges* et du *Siège de
Calais*, ouvrages faits en collaboration avec son
neveu Pont de Veyle ; « je crois, ajoutait-il, qu'il n'y a
que M. de Fontenelle et moi qui sachions ce secret. »
Quelle serait donc la part de Pont de Veyle ? Son genre
d'esprit, le caractère même des œuvres de Mme de Tencin, permettent de croire qu'elle fut minime : la collaboration du maçon avec l'artiste qui élève Notre-Dame,
du colonel avec Napoléon qui gagne la bataille d'Iéna.
Quoi qu'il en soit, on comprend le soin jaloux avec
lequel Mme de Tencin se dérobait à sa gloire littéraire,
lorsqu'on remarque dans ses romans une foule d'aventures qui semblent des confessions à la troisième personne. Des religieuses qui voient leurs amants en
cachette, ce tableau poignant des malheurs déchaînés
par les haines de famille et le despotisme de certains
parents, les unions mal assorties, l'oubli du devoir,
des mariages secrets, — tout cela aurait fourni matière à la moquerie, réveillé la médisance assoupie.
Peu de dialogues, une complète absence de couleur
locale, de sens pittoresque, de cette imagination émue
qui rend l'ivresse des champs, point de paysages, des
récits sous forme de mémoires ou de lettres, tels sont
les défauts ou les lacunes de ses livres ; mais l'expérience des passions, l'étude approfondie des carac-

tères, un style pur, naturel, délicat, cette puissance
dramatique qui crée les incidents et les enchaîne avec
une forte logique, l'art de peindre en raccourci, de
mettre dans une phrase une grande somme d'émotion,
ces qualités charmèrent les contemporains, elles charment aussi ceux qui s'attardent aux choses d'autrefois
et qui aiment à relire. Cette femme qui a tout vu, tout
su, tout senti par l'intelligence, sinon par l'âme, n'a
qu'à regarder en elle et autour d'elle pour peindre
d'original et rencontrer des situations éloquentes. Que
de pensées rares dans ce *Comte de Comminges*, que
Villemain appelle : le plus beau titre littéraire des
femmes dans le xviiie siècle ! « Je ne condamne
l'amour que parce que les hommes y mettent si peu
d'importance qu'il finit toujours par de mauvais procédés envers les femmes... Les malheureux tournent
toujours leurs pensées du côté qui peut augmenter
leurs peines... On se persuade, quand on est riche, que
les talents s'achètent comme une étoffe !... Le cœur
fournit toutes les erreurs dont nous avons besoin... »

Soulavie affirme que Mme de Tencin aurait aussi composé, pour plaire au Régent et à Dubois, une *Chronique scandaleuse du genre humain*, où elle groupait
en tableaux voluptueux les récits des fêtes des courtisanes grecques et romaines. Certes, le doute reste permis, mais c'est le malheur de cette femme et sa fatalité qu'avec elle on puisse s'attendre à tout, que ses
talents la rendent deux fois plus responsable de ses
fautes et lui enlèvent le bénéfice des circonstances
atténuantes, que, loin de faire corps avec elle, ses

bonnes actions semblent des ornements exotiques ajoutés après coup : « C'est encore de la cervelle que vous avez là, » disait-elle à Fontenelle en mettant la main sur son cœur. C'est encore du calcul, de la réflexion, de la diplomatie, de la cervelle, que l'on surprend dans ses bienfaits. Le pourboire est au bout, elle donne deux pour recueillir trois en avantages matériels ou moraux. Et j'admets que Mme de Tencin a pu se duper elle-même, croire que plus d'une fois elle a agi dans un élan de pur désintéressement ; peut-être aussi se trompe-t-on en lui appliquant toujours la philosophie sceptique de La Rochefoucauld, peut-être faut-il se souvenir que les bonnes actions sont comme les sirènes : il convient de ne regarder ni les motifs des unes ni la queue des autres. Tout de même, quand on l'a étudiée avec attention, on emporte cette impression si triste : elle a contribué à avilir les plus nobles sentiments en les exploitant. Ces sentiments, il est vrai, ne dépendent point de tel ou tel individu, de telle ou telle époque : comme les idées innées de notre Descartes, ils ont pris naissance en même temps que l'homme, ils gardent à travers les âges leur immortelle jeunesse et ne subissent jamais que des éclipses momentanées. Que dis-je ! Ils trouvent, aux heures les plus sombres, de nombreux représentants qui transmettent à d'autres le flambeau de l'idéal, ils restent le meilleur argument en faveur de la civilisation, son titre de gloire, le terrain solide sur lequel s'édifient les religions, les philosophies et la morale.

CINQUIÈME CONFÉRENCE

LA COUR SOUS LOUIS XV ET LOUIS XVI

Mesdames, Messieurs,

La Cour! Chose complexe, protéenne, aux incarnations aussi nombreuses que celles du dieu Brahma, existe chez les peuplades sauvages comme chez les nations civilisées, dans les monarchies comme dans les républiques aristocratiques, et même dans les républiques démocratiques, date presque du commencement du monde, du jour où il y eut des hommes puissants, et auprès d'eux des hommes faibles, disposés à leur obéir, à leur prodiguer l'encens. Tantôt elle est dominée par le chef, et tantôt elle l'asservit en vertu de cette force mystérieuse de l'étiquette ; le plus souvent elle semble le miroir de la nation, et parfois elle lui est comme étrangère. Ici le cérémonial se complique infiniment, là il se restreint ; dans certaines cours, il se mêle en quelque sorte à la religion, prend un air sacerdotal et liturgique ; celles-ci ont un appareil féodal et guerrier, les femmes en sont absentes; celles-là leur font une part très large, les femmes y gouvernent à découvert, et l'axiome de François Ier : qu'une cour sans femmes est un printemps sans roses, y trouve le plus éloquent des commentaires. Il est des cours qui ressemblent à un camp, d'autres à un salon de bonne compagnie, d'autres à un couvent, à un tribunal; il y en a où l'on s'amuse, il y en a où l'on s'ennuie à périr.

Dans tous les pays, sous toutes les latitudes, chefs et dynastes ont voulu avoir une cour, qui est, pour ainsi dire, leur puissance en miniature et de celle-ci donne la sensation directe. Cette cour, ils l'ont formée avec leurs idées, avec leurs préjugés, ou bien ils l'ont reçue de leurs prédécesseurs établie sur un rituel inflexible : d'instinct ils ont deviné qu'il y avait là une fatalité de leur pouvoir, et qu'il fallait entourer celui-ci d'une auréole. Et tout naturellement l'étiquette est apparue, comme une fée qui apporte un talisman : l'étiquette, symbole de l'ordre et du respect, qui n'est elle-même que l'expression d'un des plus profonds sentiments de l'âme, l'amour-propre ; qui est de l'amour-propre réglé, codifié, de l'amour-propre revêtu de l'armature légale. Et elle a créé des distinctions à l'infini, des préséances, des fêtes, des solennités, une hiérarchie ; elle a intéressé beaucoup de personnes à son maintien, en leur montrant une foule de sinécures lucratives, ennobli les fonctions domestiques auprès du prince, posé des barrières entre celui-ci et ses familiers : car elle est philosophe comme le diable est logicien ; elle sait que les peuples sont aussi disposés à vénérer l'appareil de la force qu'à mépriser ceux qui se familiarisent avec eux. L'étiquette connaît l'empire de la forme, de la tradition, des grands spectacles ; elle flatte l'imagination, la vanité, l'espérance, l'ambition. Et, bien entendu, elle va au-delà d'elle-même, elle a dépassé le but, fourni des armes à l'ironie, à l'épigramme : les abus d'une cour ont plus d'une fois hâté la chute d'une dynastie, mais elle n'a pas tardé à reparaître sous d'autres formes, prompte aux métamorphoses, souple comme certaines consciences politiques, indestructible. Les anciens n'avaient-ils pas imaginé une cour dans leurs Champs-Élysées ? Et Dante a-t-il pu décrire l'enfer chrétien sans constituer la hiérarchie des démons et des châtiments ?

Pour ne pas remonter plus haut que Henri IV, sa cour garde encore le reflet de la rudesse des camps ; les hommes d'épée y tiennent le haut bout, dans une extrême liberté de langage, de mœurs et d'allures. Elle est ouverte, ou peu s'en faut, à tous venants, et, dans la foule des courtisans, on voit se faufiler des musiciens, des marchands forains, même des noces de village. Et puis cette cour, comme celle des Valois et des Capétiens, est nomade ; le pouvoir, selon l'expression de M. Hanotaux, « sent l'écurie et non pas le bureau (1) : d'où cet air tumultueux, de bonne humeur enjouée qui contraste avec l'étiquette fétichiste de l'avenir. Le roi disait le matin à son lever : « Messieurs,

---

(1) HANOTAUX : *Richelieu*, t. I".

nous partirons tantôt, » et tout le monde était bientôt prêt : les femmes sur des haquenées, les secrétaires d'État sur des mules avec leurs sacs et leurs écritoires ; des carrosses pour les dames âgées et les vieillards, des charrettes pour le lit et le couvert. » Henri IV n'accepterait point le cérémonial byzantin inauguré par son prédécesseur, où se complurent ses descendants, cette bigoterie monarchique qui va domestiquer une partie de l'aristocratie française en la précipitant dans la servitude dorée des antichambres royales : il aime la simplicité et ses aises, veut pouvoir déposer la majesté royale, se conduire, quand il lui plaît, comme un simple particulier. Aussi vit-il avec son entourage dans une sorte de familiarité féodale, et souffre-t-il fort bien, par exemple, que Sancy, nommé ambassadeur à Rome pour faire casser son mariage avec la reine Marguerite, lui dise tout crûment : « Sire, courtisane pour courtisane (le roi songeait alors à épouser sa maîtresse), encore vaut-il mieux que vous gardiez celle que vous avez ; au moins est-elle de bonne maison. »

Pendant le règne de Louis XIII, la cour offre un tout autre aspect : s'il n'a point de favorites, s'il dédaigne les astrologues, les bouffons, les fous en titre, si la cour s'achemine vers ces rites idolâtres qui deviendront une sorte de religion sous son fils, son règne est celui des favoris : Concini, Luynes, Baradas, Saint-Simon, Cinq-Mars, favoris ou demi-favoris, inégaux par le crédit, le prestige, le talent, qu'il sacrifiera d'ailleurs sans hésiter, s'il le faut, à la raison d'État, représentée par le cardinal de Richelieu.

Louis XIV est par excellence le roi de l'étiquette, le roi-fétiche, le roi du cérémonial : aucun ne l'observa avec une telle puissance de volonté, avec cette persévérance que la mort elle-même ne put entamer. Sa cour, la plus complète qu'on ait jamais vue, arrive, en comptant la maison militaire, celle des princes et princesses, au chiffre énorme de dix mille personnes. Une cour tendue de dignité et de noblesse, à l'unisson de ce règne où les choses, les personnes, les costumes ont un air de grandeur, où tout à la surface semble calme, majestueux, harmonieux ; où ministres, intendants, diplomates, artistes, écrivains, portent dans leurs œuvres le souci de régularité qu'on remarque dans les monuments et dans l'étiquette. Et toutefois, pendant ce règne, les disparates abondent : des monstres inouïs coudoient des héros admirables. D'ailleurs, le temps dissout en quelque sorte la bienséance et la morale, et le XVIIe siècle bénéficie de l'éloignement, du recul du passé : telle la petite ville qui, de loin, paraît toute palpitante de poésie, de rêve, et qui de près étale ses laides réalités.

Louis XV observe les traditions du cérémonial avec autant de suite que le permettait son âme indolente, avec les changements que devaient entraîner et l'influence énorme des maîtresses sous son règne, et l'usure insensible produite par la libre pensée, la poussée de l'opinion publique (1). Lors de la disgrâce du

(1) Voir au tome Ier de cet ouvrage : *La Cour de Henri IV* et au tome III : *La Cour de Louis XIV, les Courtisans, les Favoris.* On

duc de Choiseul en 1770, on se porte en foule à Chanteloup, les capitaines des gardes y vont comme les autres, et Louis XV en vient à demander aux visiteurs : « Que dit-on à Chanteloup ? »

Une cour, c'est un monde social, politique et moral, exemple, péché, grâce ou vertu de la nation, selon les temps et les princes. Il y a sous Louis XIV, sous Louis XV, dix coteries à la Cour, vingt façons d'étudier celles-ci, autant d'aspects, où, comme dans un cinématographe, se succèdent tableaux, paysages et personnes. Voici d'abord le code du cérémonial, le labyrinthe de formalités qu'on appelle l'étiquette, où il ne faut rien moins qu'un Dangeau, un Luynes pour ne pas s'égarer, pour pénétrer le pourquoi du pourquoi, et surprendre la cause sous le phénomène. Songez que la seule maison civile du roi compte 1,400 officiers, celle

consulterait ici avec profit : Pierre DE NOLHAC : *Louis XV et Marie Leczinska; Études sur la Cour de France : Marie-Antoinette Dauphine, d'après de nouveaux documents*, 2 vol. — Gaston MAUGRAS : *Le duc de Lauzun et la Cour intime de Louis XV*, 1 vol. in-8°. — Édouard DE BARTHÉLEMY : *Mesdames de France, filles de Louis XV*, 1 vol. Perrin. — Honoré BONHOMME : *Louis XV et sa famille*, 1 vol. Dentu. — *Mémoires du duc de Croy*, publiés par la Vicomtesse DE GROUCHY, 1 vol. — *Souvenirs* du baron DE GLEICHEN. — *Mémoires* de DUFORT DE CHEVERNY, du duc DE LUYNES, de Mme DU HAUSSET, de Mme CAMPAN. — Mme DE GENLIS : *Souvenirs de Félicité*. — *Correspondance* de GRIMM. — DE GONCOURT : *Les Maîtresses de Louis XV; Mme de Châteauroux, Mme de Pompadour, Mme du Barry*. — AUBERTIN : *L'Esprit public au XVIIIe siècle*, 1 vol. Didier. — Jules SOURY : *Portraits du XVIIIe siècle; Portraits de Femmes*, 2 vol. Sandoz. — BAUDRILLART : *Histoire du Luxe*, tome III. — SÉNAC DE MEILHAN : *Le Gouvernement en France avant la Révolution*. — Charles VATEL : *Histoire de Mme du Barry*, 3 vol. — *Mémoires du duc de Choiseul*, 1 vol. Plon. — Casimir STRYENSKY : *La Mère des trois derniers Bourbons ; Le Gendre de Louis XV*. — *Souvenirs* de la marquise de CRÉQUI.

de la reine, 450, que chaque mouvement a son rituel inexorable, sa casuistique, ses cas réservés ou imprévus, sur lesquels les docteurs de la matière dissertent avec l'abondance d'un pédant du moyen âge, avec cette âpreté minutieuse des prétentions en éveil qui rappelle les ridicules si bien décrits par Swift ; — ici d'ailleurs les infiniment petits ont leur importance, et les courtisans n'ont pas tout à fait tort de se tenir sans cesse aux aguets, de disputer sur de vaines préséances : car un mot, un geste, décident parfois de l'avenir d'un homme. Songez qu'il faut posséder à fond cet idiome de Cour (1), qu'il ne s'agit pas de confondre le grand pot royal et le petit pot royal, les voyages où l'on sert le roi, la reine, avec la vaisselle de vermeil, et les dames avec des assiettes plates, avec ceux où les premiers sont servis en vaisselle d'or, les secondes avec des assiettes de vermeil ovées ; que le service des bouillons n'est pas le même dans le cabinet que dans la chambre, que les vêpres du roi ne se chantent pas sans règle, au hasard, mais en haut quand il les entend en bas, et en bas quand il les entend en haut ! Croyez-vous qu'il soit aisé de déterminer qui doit donner à boire à Monsieur le Dauphin, le sous-gouverneur ou les officiers du gobelet ? Et la querelle des valets de chambre, tapissiers et des gens du garde-meuble : le lit, les sièges, les canapés de l'appartement royal restant

---

(1) Quand Frédéric II s'ennuyait, il se faisait raconter comment s'habillait et se déshabillait le roi de France : et cela le mettait en joie.

couverts de poussière, sous prétexte que la charge de
les épousseter est revendiquée par les uns et les autres!
Grands sujets de litige, grands thèmes de conversation
à la Cour! Un duc de Luynes s'exalte, triomphe, prononce comme un oracle en de tels débats dignes des
Gros et Petits Boutiens dans l'île de Lilliput.

Mme de La Tournelle aura-t-elle quatre ou six chevaux à son carrosse? Question capitale qui agite Versailles bien plus que les incidents de la guerre de 1744.
La comtesse *** a-t-elle bien fait ses trois révérences
dans la présentation d'hier? Un tel, après une longue
absence, a-t-il conservé l'air de cour? Aura-t-il les
entrées de la chambre, les premières entrées, les
grandes entrées ou les familières. Voilà qui trouble les
cervelles vulgaires au moins autant que la bataille de
Fontenoy ou la perte du Canada, dont Voltaire, lui
aussi, se consolait gaillardement en prétendant qu'il ne
s'agissait que de « quelques arpents de terre près du
pôle. »

Si l'on vous parlait des polissons d'alors, vous cour-
riez grand risque d'une méprise. A Marly, il y a 53 appartements, une partie des courtisans sont logés ou
couchent au village; les autres, une centaine environ,
viennent faire leur cour, puis retournent à Paris ou à
Versailles : on les appelle *polissons* ou *salonistes*.

Après avoir décrit l'ossature, l'armature de ce grand
corps, il faudrait le montrer en marche, présenter les
principaux acteurs de la pièce, dire leurs actes, leurs
plaisirs, leurs silences éloquents, les visites des ambassadeurs, les fêtes en l'honneur des altesses et rois

qui viennent en France, et montant un peu plus haut, analyser la politique du règne à travers ces réunions du conseil des ministres qui ont lieu à Versailles, et sous Louis XIV devant Mme de Maintenon, à travers cette diplomatie occulte de Louis XV dont le duc de Broglie nous a retracé le manège dans son beau livre du *Secret du roi*. Observez qu'on a publié des centaines de volumes sur Louis XV, Louis XVI, Marie-Antoinette, que chaque personnage un peu important fait l'objet d'une ou plusieurs monographies, que Mémoires et Correspondances rempliraient une bibliothèque. Que d'anecdotes, que de traits d'esprit ! Que de tragi-comédies enfantées par la haine, l'amour et l'ambition ! Quelles dramatiques peintures dans Saint-Simon, dignes des *Oraisons funèbres* de Bossuet, plus précises encore, aussi pénétrantes ! Rappelez-vous les tableaux de la Cour au moment de la mort du grand Dauphin, fils de Louis XIV, de la duchesse et du duc de Bourgogne. Cet honnête duc de Luynes lui-même, si timoré, si respectueux des bienséances et dévoué à la monarchie, ce bénédictin de cour, en ses dix-sept volumes « tout remplis en quelque sorte de la poussière du passé, » s'échappe de loin en loin à conter des traits piquants, émet des observations que n'eût jamais osé risquer un Dangeau.

Par exemple cette anecdote sur La Fare et la duchesse de Bourgogne : « On sait que personne n'avait plus que cette princesse le don de plaire quand elle voulait, et même le ton de la galanterie ; une grande représentation, l'air noble, de beaux yeux, parlant avec agrément et cherchant à dire des choses agréables. Étant dans la galerie de Versailles, elle aperçut parmi les courtisans M. de La Fare qui la regardait avec attention et parlait tout bas à un de ses amis... Elle voulut absolument savoir ce qu'il avait dit, et il fallut bien obéir. « Madame, lui dit-il, que si vous étiez une fille de l'Opéra, j'y mettrais jusqu'à mon dernier sol. » Quelque temps après, Mme la duchesse de Bourgogne retrouva La Fare, elle l'appela et lui dit : « La Fare, j'entre à l'Opéra la semaine prochaine. »

A propos de cette séduisante duchesse de Bourgogne, si bien étudiée par le comte d'Haussonville, je me souviens du mot d'un vieux savant, Dussieux, retiré à Versailles, qui avait entrepris un gros ouvrage pour la célébrer. Un de ses amis le surprend certain matin, les larmes aux yeux, devant un tas de papiers qui achevaient de brûler dans sa cheminée. « Qu'avez-vous ? — Ah ! la coquine, dit-il d'un accent désolé et furieux, elle me trompait ! — Comment donc ? — Eh oui ! Je ne croyais pas à certains racontars de Saint-Simon sur elle ; j'ai acquis la preuve de sa véracité, et voilà mon livre au feu. »

« Monsieur le Dauphin, continue Luynes, a un goût très vif pour Madame la Dauphine... Dimanche dernier, le roi lui demanda ce qu'il comptait faire pour son amusement des jours gras : « De me coucher à dix heures, au lieu que je ne me couche ordinairement qu'à onze. » On a peine à comprendre que l'on puisse penser ainsi à l'âge de Monsieur le Dauphin. » Malgré sa dévotion, le duc blâme la piété immodérée du prince : « On lui reproche d'en faire des démonstrations extérieures un peu trop grandes, comme par exemple de se prosterner presque jusqu'à terre au moment de l'élévation à la messe ou de la bénédiction au salut... Madame la Dauphine lui demanda un jour de ne pas adorer le Saint-Sacrement comme un moine. »

Ce prince qui dans sa jeunesse montrait, comme le duc de Bourgogne, un caractère fantasque, irritable, au point de souffleter son précepteur, était instruit, avait même de l'esprit ; mais les dévots l'ayant représenté comme le protecteur des mœurs, de la religion surtout, Louis XV se défia de lui, et le traita avec une telle froideur que son fils ne l'abordait plus que comme courtisan, et tournait ses phrases de manière à ne jamais prononcer ni *Sire,* ni *mon père.* Et de fait, la vie austère et retirée du prince était un continuel reproche pour le roi.

Grand amateur de musique, bon joueur d'orgue, de clavecin et de violon, il contrefaisait, pour s'amuser, les basses-tailles de la chapelle royale, ce qui ne contribua pas peu à sa réputation de bigot qui ne s'occupait qu'à chanter vêpres. Sénac de Meilhan et Gleichen le défendent du grief d'intolérance, et racontent là-dessus plusieurs anecdotes assez piquantes ; ainsi son respect pour les cérémonies religieuses ne l'empêchait nullement de lire les livres les plus défendus et d'en plaisanter.

Cependant sa société se réduisait à quelques dévots tels que l'évêque de Verdun, le maréchal de Mûy, l'abbé de Saint-Cyr, et ce médiocre duc de La Vauguyon qu'il donna comme gouverneur à ses fils, malgré son désir de trouver pour eux un homme habile et savant. Voici, paraît-il, comment la chose se fit. Les personnes du service intérieur du Dauphin, très dévouées au parti dévot, l'informaient tous les matins du livre que ce prince lisait et de la page où il s'était arrêté : alors les teinturiers de La Vauguyon lui répétaient sa leçon, l'enfarinaient d'érudition improvisée, et, mettant la conversation sur le même sujet, lui faisaient jouer le personnage d'un lettré : c'est ainsi qu'il fut choisi.

On affirma dans le public que Monsieur le Dauphin ayant dit à son père que si les jésuites lui ordonnaient un jour de renoncer au trône, il obéirait, Louis XV répliqua sèchement : « Et s'ils vous ordonnaient d'y monter ? »

Ce qui est plus vraisemblable, c'est la réponse que lui fit le duc de Choiseul, poussé à bout par ses hauteurs : « Monseigneur, je puis être condamné au malheur de devenir votre sujet, mais je ne serai jamais votre serviteur. » On répéta plus tard cette impertinence à Louis XVI, et Choiseul ne fut point rappelé aux affaires.

Le Dauphin mourut le 20 décembre 1765, à l'âge de trente-six ans et demi, laissant trois fils qui furent Louis XVI, Louis XVIII, Charles X, et deux filles, Madame Clotilde, mariée en 1755 au roi de Sardaigne, Madame Élisabeth, qui monta sur l'échafaud pendant la Terreur.

La Cour coûte très cher. « La Cour mangeait le

royaume, » dit à plusieurs reprises le duc de Croy, car, à côté des courtisans avides de faveurs ou imprévoyants (1) qui répètent le mot de l'un d'eux : « Les abus, mais c'est ce qu'il y avait de mieux, » on distingue sans peine une phalange d'honnêtes gens (la reine Marie Leczinska appelait ainsi ses amis les Luynes), des esprits modérés, clairvoyants et enclins aux réformes, partisans de la vertu et capables de comprendre que le budget était autre chose qu'un compte de blanchisseuse et le déficit un conte bleu. Sous Louis XVI, même après les tentatives de Turgot et Malesherbes, et bien qu'il n'y ait plus de favorites, les sommes annuelles affectées au service des maisons du Roi, de la Reine, de Madame fille du Roi, de Madame Élisabeth, de Mesdames Tantes, s'élevaient à 25,700,000 livres, et les maisons des Comtes et Comtesses de Provence et d'Artois absorbaient encore 8,000,000 de livres. Ajoutez-y les ordonnances et dépenses contenues au Livre rouge. Le comte de Provence s'était fait donner 14,450,000 livres, le comte d'Artois 11,800,coo, en gratifications et crédits supplémentaires, comme on dirait aujourd'hui. Le budget est un grand gâteau, y mord qui peut; le trésor public est une mer, qui n'y boit pas est un sot. Ces axiomes de corsaires n'ont point cessé un instant d'être mis en pratique, et, autrefois, cette façon de vivre du budget s'appelait :

---

(1) « Quand je vis que tout le monde tendait la main, je tendis mon chapeau, » disait un courtisan.

les bienfaits du roi. La forme a seule changé, le fond des choses reste le même.

Les Valois, Louis XIII, Louis XIV, ont transmis à leurs successeurs cette étiquette compliquée qui les étreint dans un réseau de cérémonies qu'on serait tenté de juger puériles, si elles ne contribuaient dans quelque mesure au fétichisme de la personne royale, par leur solennité imposante. Aussitôt que Louis XV s'éveille, princes et courtisans entrent chez lui dans l'ordre prescrit par leurs privilèges ; il s'habille devant eux. Un prince du sang, ou, à son défaut, le personnage le plus qualifié, lui présente la chemise, le service de la garde-robe lui passe la manche droite, le service de la la chambre enfile la manche gauche, et ainsi de suite. Louis XV ne communie pas pendant les trente-quatre dernières années de son règne, mais suivi d'un brillant cortège, il va tous les jours à la messe qui dure vingt minutes. Repas, jeu, concerts, chasse, appartements, chaque action a son rituel, auquel assiste une foule plus ou moins nombreuse. Même cérémonial pour le coucher que pour le lever : devant le lit royal il y a une balustrade en bois sur laquelle personne n'a le droit de s'appuyer. Le duc de Créqui ayant un jour posé la main par mégarde sur cette balustrade, l'huissier de service, peu lettré, l'interpella : « Monsieur, vous *profanises* la chambre du roi. — Monsieur, je *préconerai* votre exactitude, » répliqua Créqui, et le mot amusa toute la Cour.

Le roi entre, suivi de l'aumônier de service qui porte le livre de prières et un bougeoir à deux bougies qu'il

tient pendant que Sa Majesté lit sa prière. Celle-ci termi-
née, le premier valet de chambre porte le bougeoir à une
personne désignée par le roi : faveur fort recherchée,
car l'élu a le droit de rester après tous les autres s'il a
quelque chose de particulier à demander au roi. On ôte
à celui-ci son habit, sa veste, sa chemise, il reste
dévêtu jusqu'à la ceinture, on lui présente la chemise
de nuit. Cependant quelques courtisans surnommés les
releveurs, parce qu'ils ont l'art de faire causer le roi
ou de l'intéresser à leurs récits, remplissent de leur
mieux cet office; quand il en a assez, il s'assied, des
pages enlèvent ses chaussures et les laissent retomber
avec un bruit d'étiquette. Et l'huissier congédie la
compagnie avec ces mots : « Passez, Messieurs. »

Quelle que soit la rigueur du protocole, il n'est pas
besoin d'ajouter que le prince trouve le moyen de s'éva-
der de cet esclavage. Ne fait-il pas la loi ? Ne fait-il
pas l'étiquette au besoin ? Sans parler des visites quoti-
diennes à la reine et à ses filles, Louis XV se dédommage
largement avec ses favorites. Et puis, il y a la chasse
qu'il adore comme tous les Bourbons. Il chasse presque
tous les jours, sauf les dimanches et fêtes : un jour
pour le grand équipage, un autre pour le petit, dit les
six chiens; un autre pour le vautrait ou le sanglier, un
autre pour le chevreuil, et ainsi de suite jusqu'à ce que
la chasse à tir soit ouverte. Par goût ou par politique,
il ramène toutes les conversations sur la chasse du
jour ou du lendemain, et se montre généreux surtout
envers ceux qui l'entourent quand il se livre à son plaisir favori. Le premier piqueur, Lansmate, a son franc

parler avec lui. Un jour qu'à Fontainebleau, la chasse avait été pénible, deux cerfs forcés, hommes, chevaux, chiens fourbus, Louis XV, de cette voix enrouée qui l'aurait distingué entre mille, appelle Lansmate : « Lansmate, les chiens sont las ? — Oui, Sire, pas mal comme cela. — Les chevaux le sont-ils ? — Je le crois bien. — Cependant je chasserai après-demain. » Silence du piqueur. « Entendez-vous, Lansmate, je chasserai après-demain. — Oui, Sire, j'entends du premier mot. Mais ce qui me pique, c'est que j'entends toujours demander si les chiens et les chevaux sont las, et jamais les hommes. » La chasse eut lieu néanmoins. Par exemple, le roi évite avec soin de passer dans une terre ensemencée ou prête à rapporter, tance vertement les chasseurs qui s'y aventurent, et fait payer les dommages s'il y a lieu.

Nous touchons ici à la plaie morale de Louis XV. Intelligent, aimable, causant bien quand il le voulait, spirituel même par instants, il porte en lui des défauts organiques qui annihilent ses meilleures qualités : l'absence d'une volonté énergique, l'ennui, une apathie morale, qui donnent prise aux vices des sens, à l'égoïsme féroce. Par exemple, il aime à tirer les oreilles de ses familiers en matière de plaisanterie (Napoléon Ier eut plus tard cette manie) et il faisait parfois pleurer le jeune Bontemps, tant il les secouait rudement. Il parle volontiers aux gens de leur mauvaise mine, et reste insensible à la mort de ceux qui lui sont le plus attachés et qu'il aime réellement. Le devoir de sa place l'a blasé, a fait un *calus* à son âme, comme le travail de la bêche fait un calus à la main du cultivateur. M. de Chauvelin, son ami, frappé d'apoplexie dans les petits appartements, expire subitement en jouant avec lui. Quelques jours après, en allant à Choisy, un des chevaux de l'attelage royal s'abat et meurt sur place : quand on vint annoncer l'accident au roi, il dit avec attendrissement : « C'est comme ce pauvre Chauvelin. »

Une autre fois, il appelle Dufort de Cheverny, introducteur des ambassadeurs, et lui annonce avec le plus grand calme : « Dufort, on a ouvert Saint-Contest ; savez-vous qu'il avait un squire au foie, qui gagnait tellement que ses contractions au visage en augmentaient. » Et sans un mot de regret, il fait un détail savant de l'autopsie du mort.

Là-dessus Dufort de Cheverny observe avec douceur : « Un roi a continuellement sous les yeux un tableau mouvant ; son service intime, comme celui de l'extérieur, change tous les trois mois, c'est une sorte de lanterne magique. D'un autre côté, il ne meurt pas une personne de ceux qui l'entourent, qu'il n'ait une place à donner. Il fait ainsi un heureux, tandis que par le changement continuel, celui qu'il perd s'efface très aisément de sa pensée. »

Au contraire, Mme de Genlis fait entendre une note âprement ironique : « On juge trop légèrement les rois sur des mots irréfléchis et sur des phrases déplacées. qui leur échappent quelquefois. On ne songe pas qu'ils n'*ont aucun usage du monde*. Ils ne causent point ; quand ils parlent, c'est beaucoup, c'est tout. Ils ne sont jamais rectifiés par une repartie piquante, ni formés par la conversation. D'après tout cela, il faut avouer qu'un roi qui a du goût et qui n'en manque en rien est une espèce de prodige. Voilà ce qu'était Louis XIV, bien qu'il ait eu l'éducation la plus négligée. Mais aussi, loin de craindre les gens d'esprit, il se plaisait à les rassembler autour de lui, et toutes les femmes qu'il aima furent très distinguées par leur esprit. »

Il y aurait beaucoup à dire là-dessus, mais passons. Certes le rôle d'un roi est difficile, puisqu'il ne prend modèle sur personne, qu'on ne l'attaque jamais de questions, sauf pour les affaires du service, qu'il doit faire tous les frais et sur le genre qui lui plaît. Louis XIV montra un goût exquis, Gustave III de Suède, Frédéric II et Catherine II en avaient le plus souvent; s'ils en manquèrent parfois, c'est que les gens les plus raffinés sommeillent de temps en temps, et s'oublient en d'étranges bévues.

Louis XV aime à gagner au jeu; aux voyages de Marly, il joue plus en particulier qu'en roi. Grand connaisseur en fait d'espèces, il flaire avec une rare sagacité et rejette aussitôt un rouleau de cinquante louis où se trouve une pièce fausse ou une pièce en moins. Une pièce fausse! Ce n'est pas la seule ruse des escrocs de bonne compagnie, trop nombreux, hélas! à la cour de Louis XV comme à celle de Louis XIV. « Le 15 mai 1771, écrit le duc de Croy, le roi jouait un gros pharaon, ce qui est d'un mauvais exemple. On y vola deux mille louis dans la poche de M. de Soubise, et au duc d'Havré une superbe boîte avec le portrait du roi. »

Voici le bouquet. M. Darboulin, ami particulier de Mme de Pompadour, homme désintéressé, aimable et d'esprit original, plaît au roi, et un beau matin, sans avoir fait aucune démarche, se trouve pourvu d'une fort belle place d'administrateur des postes. Il vient régulièrement faire sa cour, le roi apprécie de plus en plus sa conversation et sa droiture, lui donne encore une charge de secrétaire du Cabinet devenue vacante, et qui procurait les entrées. Cloué chez lui par une attaque de goutte, il reste absent quelque temps, et à peine guéri, reparaît à Versailles. Sitôt qu'il l'aperçoit, le roi vient à sa rencontre et l'interroge sur sa santé. Puis il le quitte, va causer avec d'autres intimes et, se rapprochant de Darboulin, tout en lui tournant le dos, il appuie ses deux talons sur chaque pied malade et lui demande si c'est là qu'il a eu la goutte. Mme de Pompadour voyant son ami pâlir, prêt à se trouver mal, appelle le roi. A peine fut-il sorti, Darboulin exhale sa fureur : « Quoi ! vous me faites rester pour essuyer une plaisanterie pareille ! Il a fallu tout mon sang-froid pour ne pas le pousser rudement, car il m'a causé une douleur dont il ne peut avoir d'idée. — Je m'en suis aperçue, reprit Mme de Pompadour, et je lui ai fait finir ce qu'il croyait une plaisanterie ; mais si, par malheur, il avait été obligé de sentir par une pareille correction combien sa conduite était déplacée, et s'il avait été obligé d'en rougir, de la vie il ne vous aurait pardonné. — Je vous quittte, Madame, qu'il garde ses caresses pour tout autre que pour moi. Vous avez exigé que je restasse, mais je ne me sens plus le courage de m'y exposer (1). » Il partit sur-le-champ et ne revint plus. Ce sont là jeux de princes vis-à-vis de leurs entours, ce sont là jeux d'électeurs envers des candidats.

Quant aux soupers intimes dans les grands et petits Cabinets, soupers si enviés comme un témoignage de faveur, on impose une assez pénible étiquette à ceux qui briguent l'honneur d'y figurer.

« Ces soupers se composaient du monarque et d'une trentaine de personnes. Ils se donnaient dans l'intérieur du roi, dans des appartements si peu vastes qu'on couvrait le billard de planches pour y poser le buffet, et que le roi était forcé de hâter sa partie pour faire place au service. Les femmes étaient averties le matin ou la veille ; elles portaient un costume antique tombé en désuétude pour toute autre circonstance, la robe à plis et les barbes tombantes ; elles se rendaient à la petite salle de comédie, où une banquette leur était réservée. Après le spectacle, elles suivaient le roi dans les cabinets. Pour les hommes, leur sort était moins doux. Il y avait deux banquettes vis-à-vis de celles des femmes invitées. Les courtisans qui aspiraient à être priés s'y plaçaient ; cela s'appelait se *présenter pour les cabinets*. Pendant le spectacle, le roi, qui était seul dans sa loge, dirigeait une grosse lorgnette d'opéra sur ces bancs, et on le voyait écrire au crayon un certain nombre de noms. Les seigneurs qui avaient

____

(1) Le trait se trouve consigné dans les Mémoires de Dufort de Cheverny qui n'est pas défavorable à Louis XV.

occupé les banquettes se réunissaient dans une salle qui précédait les cabinets ; bientôt après, un huissier, un bougeoir à la main, et tenant le petit papier écrit par le roi, entr'ouvrait la porte et proclamait un nom ; l'heureux élu faisait la révérence aux autres, et il entrait dans le saint des saints. La porte se rouvrait, on en appelait un second, et ainsi de suite, jusqu'à ce que la liste fût épuisée. Cette fois l'huissier repoussait la porte avec une violence d'étiquette (1). » Et les oubliés s'en allaient, cachant avec soin leur désappointement.

Voici maintenant les impressions du duc de Croy après son premier souper à Versailles dans les petits Cabinets :

« Le roi était gai, à son aise, mais toujours avec une grandeur qui ne se laissait pas oublier ; il ne paraissait pas du tout timide, mais homme d'habitude, parlant très bien, beaucoup, et sachant se divertir. Il ne se cachait pas d'être amoureux de Mme de Pompadour, sans se contraindre à cet égard, ayant toute honte secouée, et montrant avoir pris son parti, soit qu'il s'étourdit, soit autrement. Il avait pris les sentiments du monde là-dessus, sans s'écarter sur d'autres, c'est-à-dire s'arrangeant, comme font bien des gens, des principes suivant ses goûts et ses passions. Il était instruit des petites choses et des moindres détails, sans que cela le dérangeât, mais il ne se commettait pas sur les grandes affaires. La discrétion était née avec lui,

---

cependant, l'on croit qu'en particulier, il disait tout à sa maîtresse. En général, suivant les principes du grand monde, il me parut fort grand dans ce particulier, et tout, dans sa manière d'être, était fort bien réglé.....

« Nous fûmes, ce soir-là, dix-huit serrés à table; à commencer par ma droite, et de suite : M. de Livry, Mme de Pompadour, le roi, la comtesse d'Estrades, grande amie de la marquise, le duc d'Ayen, la grande Mme de Brancas, M. de La Suze, dit le Grand Maréchal, le comte de Noailles, le comte de Coigny, la comtesse d'Egmont, M. de Croix (dit Pilo), la marquise de Revel, le duc de Fitz-James, le duc de Broglie, le prince de Turenne, M. de Crillon, M. de Voyer d'Argenson et moi. »

C'est à l'un de ces soupers que Louis XV ayant, par manière de plaisanterie, donné un soufflet au duc de Richelieu, celui-ci usa du même procédé sur la joue de son voisin en disant : « Tenez, voilà un présent que le roi m'a dit de faire circuler. »

Quand la conversation s'émancipait trop, à son gré, Louis XV disait doucement, mais d'un ton de maître : « Chut, Messieurs, le roi vient ! »

Cette Mme de Pompadour, qui fut *vice-reine* de France (un vice de plus dans l'État) pendant près de vingt ans, ne naît point sur les marches du trône; elle s'appelle Antoinette Poisson, elle est bourgeoise, fille d'une mère assez galante, d'un père qui a encouru condamnation à mort pour avoir malversé dans les vivres. Mais elle a reçu de la nature et de l'éducation les armes propres à conquérir un trône viager, à faire déroger l'adultère royal et ravir à la noblesse une de ses prérogatives : talents naturels et acquis, beauté, grâce, ambition (1). Le fermier général Le Normand de Tournebem, qui a des raisons de se croire peu ou prou son père, l'a magnifiquement élevée : Guibaudet lui a enseigné la danse; Jélyotte, le chant et le clavecin; Crébillon, Lanoue, la déclamation; elle conte à ravir, grave, aime l'art, monte à cheval en perfection, a le génie de la toilette. Jeune fille, stylée par sa digne mère, qui disait sans cesse : « C'est un morceau de roi, » elle caresse déjà l'espérance d'une fortune éclatante, et, dans son esprit, comme dans l'âme de Macbeth, resplendit sans cesse la vision éblouissante, la prophétie de la bohémienne à laquelle elle fera plus tard une pension de 600 livres pour avoir prédit sa destinée. Jeune femme, elle marche droit au but avec l'énergie froide, la stratégie insinuante d'un vieux diplomate, avec tout l'arsenal de la coquetterie, mais jusque dans ses manœuvres les plus hardies montrant le coup d'œil rapide, cet art d'éviter les périls, de collaborer avec le hasard, ce respect des

---

(1) Goncourt : *Mme de Pompadour*. — Émile Campardon : *Mme de Pompadour et la cour de Louis XV*. — Lucien Perrey : *Le duc de Nivernais*, 2 vol. Calmann-Lévy. — G. Maugras : *Le duc de Lauzun et la cour de Louis XV*. — De Carné : *Études sur le Gouvernement de Mme de Pompadour*. — Jules Soury : *Portraits de femmes*. — Adolphe Jullien : *Histoire du théâtre de Mme de Pompadour*. — *Mémoires* de Mme du Hausset, du duc de Luynes, de d'Argenson, d'Hénault, de Dufort de Cheverny. — *Journal* de Collé. — Duc de Caraman : *La Famille de la marquise de Pompadour*, in-4°, 1901. — J'ai parlé de Mme de Pompadour dans mon volume sur la *Comédie de Société au XVIIIe siècle*, p. 49 à 69, et je reproduis ici quelques lignes de ce portrait. — Voir aussi : Pierre de Nolhac : *Louis XV et Mme de Pompadour*.

petites cartes qui font les grands capitaines, les heureux joueurs de la politique. D'instinct, elle a deviné l'importance de l'opinion publique, force nouvelle qui surgit comme un pouvoir rival de la royauté, et elle a senti que cette force est entre les mains des écrivains : aussi les protégera-t-elle toute sa vie; en attendant, elle fait la cour à ceux qui peuvent lui ménager le suffrage des salons, et, par ceux-ci, l'aider à gravir les échelons qui la séparent du sommet. Et, fascinés par son esprit et ses grâces, littérateurs, artistes, gens du monde, grands seigneurs, font cortège à l'ambitieuse, la prônent à l'envi, répandent autour d'elle un nuage d'encens. Que ne peut la volonté, cette facultésup rême, cet aimant du succès, munie de tels auxiliaires ? Quelques années s'étaient à peine écoulées depuis son mariage, et, favorite déclarée, faite marquise de Pompadour, Mme d'Étiolles remplaçait officiellement la duchesse de Châteauroux.

La place une fois prise, il fallait la garder, la défendre contre les entreprises de la jalousie, contre un ennemi plus dangereux que tous les autres; il fallait lutter contre l'inconstance de Louis XV, surtout contre l'ennui, le morne ennui qui le dévorait, recommencer en quelque sorte tous les jours sa conquête, amuser cet homme qui, selon l'abbé Galiani, « faisait le plus vilain métier, celui de roi, le plus à contre-cœur possible. » Elle réussit (1).

---

(1) Mme de Pompadour mourut jeune encore, âgée de quarante-quatre ans à peine, le 15 avril 1764 : elle eut le courage de la mort, comme elle avait eu le courage de l'ambition, du pouvoir et de la

Louis XV avait épuisé le crédit de patience et d'amour que le peuple accorde à ses rois : si, après lui, la monarchie absolue se soutient encore pendant quinze ans, c'est par je ne sais quel miracle d'habitude : le respect a disparu, détruit par les philosophes, plus encore par les courtisans et les princes du sang, premiers contempteurs de la majesté royale, incapables de comprendre que, pour éviter une révolution, il faut la faire, que les réformes sont conservatrices, et les abus révolutionnaires. Par une de ces fatalités dont

---

beauté. Le curé de la Madeleine prenait congé d'elle, peu d'heures avant sa mort : « Un moment encore, Monsieur le curé, dit-elle, nous nous en irons ensemble. »

A peine avait-elle expiré, deux hommes l'emportaient sur une civière : la duchesse de Praslin versa des larmes en voyant passer le corps de cette puissante, couvert seulement d'un drap si mince que la forme de la tête, de la poitrine et des jambes se dessinait distinctement. L'étiquette interdisait sévèrement qu'aucun mort restât dans le château. Quel sujet de réflexions pour un moraliste, pour un prédicateur !

Le jour de l'enterrement, la pluie et le vent faisaient rage : le roi prend Champlost par le bras, se met avec lui sur le balcon en face de l'avenue de la cour, garde un profond silence, et, malgré le mauvais temps, suit des yeux le convoi jusqu'à ce qu'il ait disparu. (Je résume Dufort de Cheverny.) Il rentre alors dans l'appartement (deux grosses larmes coulaient le long de ses joues), et il dit à son familier : « Voilà les seuls devoirs que j'aie pu lui rendre. » On lui prête cette observation incongrue : « M⁻ᵉ la marquise aura bien mauvais temps pour aller à sa dernière demeure. » Le dossier de Louis XV est assez chargé pour se dispenser d'y ajouter une indécence. En réalité, il regrettait la marquise, il aimait en elle ses propres habitudes, une confidente, une volonté qui trop souvent remplaçait la sienne. Peut-être était-il plus attaché vers la fin à son appartement qu'à sa personne même. Tant d'affections ici-bas partent d'une source pareille, sans pouvoir invoquer l'excuse de la toute-puissance !

l'histoire offre tant d'exemples, la médiocrité vertueuse de Louis XVI, les étourderies de Marie-Antoinette, chargées de la responsabilité des vices de leur prédécesseur, de tous les désordres de l'ancien régime, revêtiront le caractère de forfaits et les précipiteront vers la catastrophe, comme ces petites pierres qu'un gros rocher, détaché du sommet de la montagne pendant un jour d'hiver, entraîne avec lui dans le gouffre.

Le prestige de la Cour, déjà entamé sous Louis XV, décline encore sous Louis XVI, les courtisans négligent Versailles, préfèrent les salons parisiens; la reine a ses petites coteries; un grand seigneur dira à son fils cette parole qui, cent ans auparavant, eût sonné comme un sacrilège : « Si tu continues, je te punirai en te menant souper chez le roi. » Marie-Antoinette, devenue impopulaire, après la lune de miel des premières années du règne, chansonnée, calomniée, sifflée même un jour à l'Opéra, soupire mélancoliquement : « Je suis la reine de Versailles, mais Mme de Coigny est la reine de Paris. »

Louis XVI a vingt ans en 1774 : celui que la du Barry appelle : « ce gros garçon mal élevé; » le prince de Ligne : « l'homme le meilleur du royaume, mais pas le plus ragoûtant, » a certes des qualités excellentes, l'amour du bien public, le goût de l'économie, la bonté, des mœurs chastes, mais ces qualités demeureront stériles, parce qu'il ne possède ni la volonté de ses vertus, ni la grâce, l'esprit, le don d'attirance et de sympathie : avec cela timide, indécis, gauche et brusque dans ses mouvements, n'aimant à causer que de chasse, do marine et de géographie, porté aux jeux violents et grossiers, capable de bourrer un courtisan à coups de poing, par manière de plaisanterie ; genre de sport qui plaisait aussi à son frère le comte d'Artois. Celui-ci après souper bailla un grand coup dans l'estomac au comte des Cars, qui lui fit comprendre fort dignement l'inconvenance de tels procédés, en offrant aussitôt la démission de ses charges (1).

Créqui disait un jour au prince de Ligne (2) : « Voulez-vous savoir ce que c'est que ces trois frères ? Un gros serrurier, un bel esprit de café de province, un faraud des boulevards. » Un autre lance cette pointe sur Louis XVI : « Il eut cent vertus de valet, et pas une

---

(1) On sait que la chasteté de Louis XVI dura sept ans, et ne cessa qu'à la suite d'une opération. Le lendemain de son mariage, un de ses parents lui ayant demandé : « J'espère que vous avez bien dormi. — Très bien, répondit-il naïvement, car je n'avais personne pour m'en empêcher. »

(2) Pierre DE NOLHAC : *Marie-Antoinette dauphine, La reine Marie-Antoinette*, 2 vol. — Gaston MAUGRAS : *Le Duc de Lauzun et la Cour de Marie-Antoinette*, 1 vol. Plon. — Jules SOURY : *Portraits de femmes*, 1 vol. Sandoz et Fischbacher. — *Correspondance secrète de Louis XVI; Marie-Antoinette, la Cour et la Ville*, publiée par M. DE LESCURE. — *Vie de la Révérende Mère Thérèse de Saint-Augustin*, 1867, 2 vol. — *La Vénérable Louise-Marie de France*, Lyon, 1873. — *Mme Louise de France*, par Mme la Comtesse DROHOJOWSKA, 1868. — Léon DE LA BRIÈRE : *Mme Louise de France*, 1 vol., 1899. — BAUDEAU : *Chronique secrète de Paris sous le règne de Louis XVI*, dans *Revue rétrospective*, tome III. — *Mémoires historiques de Mmes Adélaïde et Victoire de France*, 2 vol., 1803. — *Relation du voyage de Mesdames tantes du roi, de Caserte à Trieste*, par le Comte DE CHASTELLUX. Paris, 1816. — *Les Mémoires* de M. DE SÉGURET, Lyon, 1897. — SÉNAC DE MEILHAN : *Le Gouvernement en France avant la Révolution*. — Édouard DE BARTHÉLEMY : *Mesdames, filles de Louis XV*, 1 vol. Perrin. — Honoré BONHOMME : *Louis XV et*

vertu de maître. » Hélas ! oui, les vertus des particuliers ne sont pas des vertus royales, la morale de gouvernement n'a pas grands rapports avec la morale sans épithète, les rois conquérants, les rois populaires ne méritent pas en général le prix Montyon.

La vie d'apparat de Louis XVI est réglée à peu près de la même sorte que celle de Louis XV, et les curieux *Mémoires* de Séguret, secrétaire de la Cassette, premier commis des petits appartements de Louis XVI, ajoutent quelques particularités peu connues aux détails qu'on savait déjà. Louis XVI, n'ayant pas de favorites, consacre plus de temps au travail avec les ministres, à la vie de famille, à l'étude ; son éducation ayant été fort négligée, il voulut la refaire, lut beaucoup, réapprit son latin, étudia l'anglais qu'il parvint à posséder fort bien. Il se lève à huit heures, et les plus grands seigneurs ont leur rôle marqué dans l'étiquette de sa toilette ; il travaille avec les ministres jusqu'à onze heures, puis c'est la messe chantée qui dure un quart

---

sa famille, 1 vol. Dentu. — Comtesse D'ARMAILLÉ : *Marie-Thérèse et Marie-Antoinette*, 1 vol. Didier. — GONCOURT : *Marie-Antoinette*. — Paul GAULOT : *Un ami de la Reine*. — *Mémoires* du Comte DE PAROY, 1 vol. Plon. — *Mémoires* du duc DE CROY, du duc DES CARS, de WEBER. — Amédée RENÉE : *Louis XVI et sa Cour*, 1 vol. Firmin-Didot. — *Souvenirs* de la Marquise DE CRÉQUI. — *Correspondance secrète entre Marie-Thérèse et le Comte de Mercy-Argenteau*, publiée par D'ARNETH et GEFFROY, 3 vol. Firmin-Didot, 1874. — *Bibliothèque bibliophilo-facétieuse*, éditée par les frères GÉBÉODÉ, 1856, 3 vol. — Gustave LEVAVASSEUR : *Souvenirs de Léonard, coiffeur de la reine Marie-Antoinette*. — Maurice TOURNEUX : *Marie-Antoinette devant l'Histoire*, 1 vol., 1895. — *Souvenirs* de Mme CAMPAN.

d'heure, le déjeuner dont voici le menu ordinaire : des petits pâtés, des côtelettes, quelques fruits, un grand verre d'eau pure.

De midi à sept, vie de famille, lectures, audiences, forge, serrurerie, travail avec les ministres, promenade, quand il faisait beau, dans les jardins de Versailles et de Trianon.

A sept heures, le Conseil jusqu'à neuf heures. A neuf heures, le roi, passant dans la chambre de Louis XIV, donnait le mot d'ordre aux chefs militaires, et, suivi de tout son service, se rendait chez Madame, femme de Monsieur, où la journée se terminait par un repas de famille, chacun des princes apportant son souper, ayant à sa portée tout ce qu'il fallait, des servantes couvertes d'assiettes et d'argenterie remplaçant les officiers de bouche, personne n'entrant qu'il ne fût appelé par la petite sonnette placée près du roi. A onze heures précises, le roi se levait de table, sonnait, le service entrait, et chacun se retirait dans ses appartements.

Cette vie un peu monotone est coupée par les parties de chasse qui se succèdent tous les quatre jours au moins, et font le bonheur de Louis XVI. Il se complait dans les récits cynégétiques, qu'il ne trouve jamais assez longs.

« Le plaisir de parler chasse, remarque un courtisan, lui faisait oublier son café... Il faisait beau nous voir le suivant dans les coins de la salle à manger, où il poussait son interlocuteur, lui racontant tous les accidents de la journée!... La conversation ne se terminait que lorsque le roi avait conduit son homme dans tous les lieux que le cerf lui avait fait parcourir, nommé les villages et fermes par où il avait passé, les rivières qu'il avait traversées et comment il les avait traversées, toutes les ruses que l'animal avait employées pour se soustraire à la poursuite des chiens. »

On avait aussi les réceptions solennelles, lorsque des princes étrangers venaient visiter la famille royale, les grands et petits voyages à Fontainebleau. Le duc de Croy raconte agréablement quelques anecdotes sur la visite de Joseph II à son beau-frère :

« A huit heures et demie, comme j'étais dans l'Œil-de-Bœuf avec un monde prodigieux, je fus tout étonné de voir arriver Joseph II, qui se trouva là sans connaître personne. Pour profiter de ce moment, je priai M. de Belgiojoso de me présenter ; il s'approcha et dit : « Monsieur le duc de Croy permet-il que j'aie l'honneur de lui présenter M. le comte de Falkenstein ? » C'était la manière qu'il avait adoptée. L'Empereur, bien aise d'avoir quelqu'un avec qui causer, me combla de politesses, et pendant plus d'un quart d'heure, ne parla qu'à moi seul. Il m'entretint de la ménagerie qu'il avait vue le matin, et dit qu'il y a, à Vienne, un éléphant mâle, et que celui-ci étant femelle, on pourrait faire un mariage entre eux : sur quoi nous plaisantâmes. J'étais tenté de lui dire qu'on aurait pu souhaiter une union plus importante. Il me demanda ce qu'on allait faire, et ajouta qu'il était extrêmement curieux de voir les usages ordinaires de la Cour de France ; je lui répondis qu'on se disposait à en donner l'ordre... »

Et en effet l'empereur assista à l'appel, refuse de se

mettre à table, regarde la reine jouer au billard, revient à la partie du roi, va à d'autres tables, se met au rang comme les autres pour le coucher, voit donner le bougeoir, les pantoufles, et regagne son logis à pied, à une heure, avec son domestique.

« Le dimanche 27 avril 1777, l'empereur Joseph II entendit la messe, lisant dans son livre, sur une chaise, mêlé aux fidèles. Il alla ensuite à Versailles, au lever ; M. de Fronsac voulant le faire entrer avant les autres, il s'écria : « Oh ! c'est trop tôt, l'on me prendrait pour un favori ! » Il suivit Louis XVI à la chapelle et se plaça derrière tout le monde. Il assista au dîner du roi qui mangeait en public chez la reine, et y fit sa cour comme aurait pu le faire un de nos princes du sang. Le roi, en lui parlant, ne lui donnait aucun titre. De là, l'empereur alla dîner seul à son auberge ; comme il avait dit que les souverains ne doivent pas jouer gros jeu, car c'est la fortune de leurs peuples qu'ils risquent, — leçon marquée pour la reine, — il n'y eut ni or ni argent sur la table, et on s'adonna modérément au pharaon. Il gênait fort sa sœur, et comme ils craignaient tous deux l'impératrice, la reine redoutait qu'il ne mandât bien des choses à Vienne, et elle était moins libre avec lui que le roi, qui était toujours rond... »

Les grands voyages à Fontainebleau ont lieu en octobre et novembre, ils durent six semaines, et la Cour, les ministres, les bureaux s'y transportent en masse ; parties de plaisir très enviées, très sollicitées, avec des dîners dans la forêt, moins d'étiquette, jeu tous les jours chez la reine, les théâtres de Paris jouant trois fois par semaine, la comédie le mardi, l'opéra-comique le jeudi, la tragédie le vendredi. On essayait à Fontainebleau les ouvrages qu'on devait représenter ensuite à Paris, et souvent le public de Paris cassait en appel les jugements de la cour. Louis XVI n'aime ni les pièces modernes, ni la musique, mais, en revanche, il goûte fort Molière et les tragiques.

Dans les petits voyages, le roi va seul à Fontainebleau, y passe huit à dix jours seulement ; — une vingtaine de courtisans, désignés par lui, son service personnel, ses équipages de chasse et ses *petits appartements* l'accompagnent (1).

Il était gros mangeur, mais, quoi qu'on ait imprimé, buveur fort ordinaire : pas de vin à son déjeuner ; un verre de clos-vougeot, un petit verre de madère, une bouteille de champagne blanc non mousseux, voilà pour le souper : souvent même il offrait du champagne à ses voisins, fort contents de cette aubaine, car on servait, paraît-il, d'assez médiocre vin à la table du roi ; il aurait pu répondre au grand échanson comme fit un de ses prédécesseurs, Henri IV, aux vignerons de Beaune. Ceux-ci lui ayant présenté le vin d'honneur, il les complimentait : « Ah ! Sire, nous en avons de bien plus vieux. — Vous le gardez sans doute pour une meilleure occasion ? »

Les calomnies sur les prétendues orgies bachiques de

______

(1) Louis XVI, pour sa cassette privée, recevait 1,632,000 francs ; là-dessus 1,200,000 livres s'en allaient en pensions et en aumônes ; le reste suffisait largement à sa dépense personnelle.

Louis XVI vinrent de ce que, les jours de chasse, après souper, le roi rentrant à Versailles et s'endormant en voiture, arrivait au palais dans un état semi-léthargique, montait l'escalier moitié titubant, appuyé sur deux écuyers : et les gardes de se gausser : « Cadédis ! Notre bon roi; comme il s'en est donné aujourd'hui ! Voyez, voyez, il ne peut pas se tenir sur ses jambes ! » Le lendemain, le bruit circulait que Sa Majesté était rentrée en complet état d'ivresse.

Il s'était ménagé dans les combles du château, touchant aux cuisines des petits appartements, une retraite plus que modeste où il avait réuni une bibliothèque choisie, son cabinet de géographie (1) et son atelier pour les travaux de serrurerie. Un jour de grand souper maigre, il entre dans la cuisine (ce n'était pas la première fois), perçoit une odeur de viande qui l'étonne, soulève les couvercles des casseroles et découvre un

---

(1) « C'était réellement une chose surprenante en lui, observe des Cars, que, sans quitter Versailles, il fût parvenu à connaître aussi parfaitement la construction d'un vaisseau, la nomenclature de toutes les pièces qu'on y emploie, celle des mâts, des vergues, des voiles, leurs propriétés, et leur effet combiné avec le vent sur les différents mouvements du vaisseau. Sa théorie à cet égard était celle d'un homme que la pratique eût infiniment éclairé. Il possédait de même tous les principes et toutes les règles de la navigation individuelle, et même de la navigation relative, c'est-à-dire la tactique navale. Il n'avait point négligé les secours importants que l'art de naviguer emprunte de l'astronomie, et la lecture d'aucun navigateur célèbre ne lui ayant échappé, depuis les temps les plus anciens jusqu'à Cook, il était le meilleur géographe de son temps. — Pendant toute la durée de cette guerre maritime, il ne se passait pas un événement sur mer dont il ne s'entretînt avec moi dans le plus grand détail... »

gros morceau de viande. Mécontentement très vif, enquête, interrogatoire du chef qui répond à M. de Séguret : « Ah! c'était du veau *qui suait*. — Et pourquoi faire, cette sueur? — Tenez, Monsieur, je vais vous dire toute la vérité. D'abord, je vous proteste, en mon âme et conscience, que jamais il n'entre le plus petit soupçon de gras dans aucun des plats maigres que je sers à Sa Majesté pour elle seule ; vous savez qu'elle ne touche qu'à ces plats, et que surtout jamais elle ne goûte à la grande matelote que les seigneurs aiment tant. Comme je pensais bien que ces messieurs étaient moins scrupuleux que Sa Majesté, pour rendre cette matelote encore meilleure, lorsqu'elle est prête et dressée, au moment de la mettre sur table, je l'arrose avec cette sueur qui lui donne un goût si délicieux. »

Le roi sourit en entendant l'explication, mais il conclut : « Que cela n'arrive plus! Plus de sueur à l'avenir!... »

Une autre anecdote qui fit sa joie est celle du petit catéchisme que des Cars imagina pendant son voyage en Espagne avec le comte d'Artois, le prince de Nassau et le prince d'Hénin. Fort peu ferrés sur la valeur des titres, les Espagnols mettaient sur le même pied les trois princes, regardaient parfois les autres seigneurs comme de simples pages, et les logeaient en conséquence : tant et si bien qu'un soir d'Oraison et des Cars composèrent un petit catéchisme à l'usage de leurs hôtes de rencontre :

QUESTION : De combien de seigneurs est composée la suite du comte d'Artois?

Réponse : De tant de seigneurs.

Q. Mais parmi ces seigneurs, n'en est-il pas de plus distingués les uns que les autres ?

R. Oui, sans doute. — Ici les distinctions différentes.

Q. Le prince d'Hénin est-il prince ?

R. Oui.

Q. Le prince de Nassau est-il prince ?

R. Oui.

Q. Le comte d'Artois est-il prince ?

R. Oui, sans doute. Quelle question !

Q. Ce sont donc trois princes ?

R. Non. Ces trois princes n'en font qu'un. — Suivait un commentaire.

Le lendemain, des Cars ayant raconté la chose, Nassau ne rit plus que d'un œil, mais, le comte d'Artois pouffant de rire, il n'osa pas se fâcher.

Au retour, Louis XVI se fit répéter le catéchisme devant le prince de Poix auquel il dit : « Vous êtes de ces princes-là, vous. »

Que n'a-t-on pas écrit sur Marie-Antoinette ? Que d'apologistes sans discernement ! Mais surtout que de calomniateurs, de pamphlétaires et d'ingrats ! Combien peu ont su garder la juste mesure, faire la part des défauts et des qualités, montrer cette princesse étourdie, inconséquente, réellement vertueuse mais imprudente, se livrant à une société légère où la morale était médiocrement respectée, société pour laquelle semblent faits les vers de Chénier sur la frivolité :

> Mère du vain caprice et du léger prestige,
> La fantaisie ailée autour d'elle voltige.

Incapable de conversations sérieuses, trop indifférente aux choses de l'esprit, à l'étiquette, s'amusant d'historiettes, de médisances, elle a pour la moquerie un fâcheux penchant qui lui attire beaucoup d'ennemis et suscite des chansons murmurées, peut-être composées à la cour.

> Petite reine de vingt ans,
> Vous qui traitez si mal les gens,
> Vous repasserez la barrière.

Elle remplace la passion par des passionnettes, amitiés émues, courses de chevaux, danses, jeu ruineux, fêtes champêtres, bals de l'Opéra, comédies de société, et surtout la musique, protège avec discernement les compositeurs allemands, italiens et français, se prononce pour Gluck, mais pensionne impartialement Piccini, encourage Grétry. Et quel charme, quelle séduction ! Le juge le moins susceptible d'engouement, l'Anglais Walpole, l'homme de fer, comme l'appelait Mme du Deffand, écrit après l'avoir vue en 1775 au bal paré donné en l'honneur du mariage de Madame Clotilde avec le roi de Sardaigne : « On ne pouvait avoir des yeux que pour la reine ! Les Hébé et les Flore, les Hélène et les Grâces ne sont que des coureuses de rues à côté d'elle. Quand elle est debout ou assise, c'est la statue de la beauté ; quand elle se meut, c'est la grâce en personne. » A quoi bon, hélas ! Marie-Antoinette aura beau se retremper dans la maternité, élever elle-même ses enfants, s'en occuper avec l'amour le plus clairvoyant, s'éloigner de ses anciennes favorites, trouver enfin une amie désintéressée en Mme d'Ossun : la métamorphose n'est que partielle. Fût-elle complète, elle se produit trop tard. Ses ennemis les plus violents, elle les rencontre dans la famille de son mari ; ce mari, « le pauvre homme, » comme elle a le mauvais goût de dire un jour, au lieu de devenir pour elle un protecteur, un guide, un maître, subit trop souvent sa très fâcheuse influence. Et quant à Marie-Thérèse, la reine reçoit d'elle des conseils, parfois excellents ; mais comment oublier que l'impératrice veut aussi que sa fille serve les intérêts de la maison d'Autriche ? Singulier commentaire pratique de cette sage maxime : « Il est plus difficile, dans un pays comme la France, et une cour comme Versailles, de durer que de réussir. » Mercy-Argenteau ne recommande-t-il pas à Marie-Antoinette de témoigner des égards, de faire des grâces à la du Barry ? Ne redouble-t-il pas ses mercuriales, en raison directe de l'aversion qu'éprouve la Dauphine pour la favorite ? Il est vrai que des grands seigneurs, des prélats, caressaient la perruche de la favorite, offraient à son nègre Zamore des sacs de pralines, et bourraient sa guenon de gimblettes (1).

---

(1) Le duc de Croy raconte que les fils aînés du roi de Suède soupèrent trois jours durant chez M⁰⁰ du Barry, même sans le roi, et donnèrent un riche collier à son chien favori : « C'est ainsi, conclut-il, qu'on se prête à tout dans le monde. » La veille de son mariage, Marie-Antoinette ayant demandé quelle était la charge de la du Barry, qui était assise au souper de la Muette avec la famille royale, on lui répondit qu'elle avait pour fonction « de distraire le roi. » « Alors, reprit candidement la jeune princesse, je veux être sa rivale. » Elle devait être édifiée petit à petit sur le crédit de la favorite qui, non seulement fixait le répertoire des

Marie-Antoinette prétendait jouir à la fois des avantages de la royauté et des agréments de la vie privée, se conduire en simple particulière à Trianon, après avoir été reine le matin à Versailles : déçue dans ses rêves d'amour conjugal, sevrée pendant huit ans des joies de la maternité, elle désirait qu'on l'aimât pour elle-même, cherchait une amie intime et crut l'avoir trouvée, d'abord dans Mmes Dillon, de Guéméné, de Lamballe, puis dans Yolande de Polastron, comtesse de Polignac (1).

Elle sema à pleines mains, à plein cœur, les bienfaits et la tendresse, elle recueillit trop souvent l'ingratitude : le salon de Mme de Polignac lui fit grand tort, en développant chez elle le goût des conversations oiseuses, de la moquerie sans esprit et des distractions futiles qui prolongent l'ignorance, dégoûtent petit à petit des

----

spectacles de la cour et même de la ville, accordait les commandes aux artistes, prenait les décisions pour les maisons royales et pour les fêtes de la cour, mais encore nommait les dames d'atours, les dames d'honneur, faisait et défaisait les ministères.

(1) J'ai parlé du salon de Mme de Polignac, des passionnettes de la Reine, de son théâtre de Trianon, dans deux autres volumes : *La Société française avant et après 1789*, p. 206 à 231 ; *La Comédie de société au XVIIIe siècle*, p. 69 à 89. 2 vol. in-18. Calmann-Lévy. — Sur Mme de Polignac et ses amis, voir encore : *Histoire de Marie-Antoinette*, par Maxime DE LA ROCHETERIE, 2 vol. in-8°. Perrin. — *Mémoires* de Mme DE GENLIS, D'OBERKIRCH, CAMPAN, VIGÉE-LEBRUN, de BESENVAL, TILLY, MONTBARREY, BACHAUMONT, WEBER, SÉGUR. — Vicomte DE SÉGUR : *Œuvres diverses*. — *Lettres du Chevalier de l'Isle au Comte de Riocour et au Prince de Ligne*. — SAINTE-BEUVE : *Causeries du Lundi*, tome XIII. — Duc DE LÉVIS : *Souvenirs et Portraits*. — *Mémoires sur la vie de la duchesse de Polignac*. Hambourg, 1796, in-18, Paris, an II. — *Correspondance de Mirabeau*

bonheurs fondés sur la dignité de l'âme et le sentiment
de la grandeur dans le devoir. Et c'est une question de
savoir si la favorite d'une reine ne nuit pas autant à la
royauté que la favorite d'un roi.

Une partie des courtisans font cause commune contre
la reine avec les principaux membres de la famille
royale, Mesdames tantes du roi, Monsieur, comte de
Provence, le duc d'Orléans : tous ensemble donnent le
mot d'ordre au peuple, conspirent contre leur propre
salut, contre la monarchie, en vertu de cette loi qui
condamne partis, individus, classes sociales, gouverne-
ments, à se détruire eux-mêmes, lorsque l'heure de la
décadence a sonné. Ceux qui ne nuisent pas de propos
délibéré à Marie-Antoinette contribuent autrement à la
dénigrer : tel le comte d'Artois, dont la conduite plus que
légère irait même, affirme Mercy-Argenteau, jusqu'à la
compromettre si elle ne l'arrêtait « dès qu'il commence
ses polissonneries (1) »; tel Joseph II, son frère, qui

---

*et du comte de La Marche. — La Marquise de Bombelles au Marquis
de Bombelles* (Archives de Versailles). — Pierre DE NOLHAC : *Le
Château de Versailles au temps de Marie-Antoinette*. Aubert, 1889.
— *Portefeuille d'un talon rouge*. — Adolphe JULLIEN : *La Comédie
d la Cour; Le Théâtre de Mme de Pompadour*. — *Correspondance de
Vaudreuil et du Comte d'Artois*. 2 vol. avec une introduction de
M. L. PINGAUD. — BRIFAUT : *Récits d'un vieux parrain*. — GRIMM :
Correspondance, tome XII. — FORNERON : *Histoire générale des
Émigrés*. — HYDE DE NEUVILLE : *Mémoires et Souvenirs*. — Anna-L.
BICKNELL : *The Story of Marie-Antoinette*, London, Unwin, 1897,
in-8°, etc.

(1) La médisance, la calomnie, ne l'épargnaient pas non plus, et
l'on ne manqua point de dauber sur lui à propos de son mépris
pour les dangers qu'il faisait courir aux autres.

pendant son voyage en France la critique parfois sans mesure, et dit à l'acteur Clairval : « Elle est bien étourdie, votre jeune reine, heureusement cela ne vous déplaît pas, à vous autres Français. »

Un des plus hostiles, le comte de Provence, esprit fin et délié, supérieur par l'intelligence à ses frères, fait fête en apparence à sa belle-sœur, tandis que dans l'ombre il lui porte les coups les plus perfides. Un jour cependant, lorsqu'on baptise le premier enfant de la reine, il découvre sa haine, et, s'adressant au curé de Notre-Dame qui lit l'acte de baptême dressé par le grand aumônier, remarque sardoniquement : « Monsieur, vous oubliez une des formalités d'usage, qui est de demander quels sont les père et mère de l'enfant. »

C'est lui qui appela la reine *Madame Deficit*, et on lui attribua le dessin d'un prétendu monstre, trouvé à Santa-Fé-de-Bogota, figure de femme, queue de serpent, pattes armées de griffes comme les harpies de la Fable, engloutissant à chaque repas des centaines de veaux, moutons et poulets : ce monstre représentait le déficit avec la figure d'une femme, cette femme était la reine. Comme s'il ne contribue pas largement à créer un trou dans le budget, lui dont la maison coûte quatre millions par an, qui se fait donner en gratifications 14,500,000 livres, et dépense près de 1,500,000 livres dans une fête au château de Brunoy en l'honneur du roi et de la reine !

S'il chargeait les autres de ses péchés de faste, il s'attribuait ou se laissait volontiers attribuer les traits d'esprit de certains écrivains : ainsi pour ce quatrain du poète Lemierre, qu'il adressait à Marie-Antoinette en lui offrant un éventail :

> En ces temps de chaleurs extrêmes,
> Heureux d'amuser vos loisirs,
> Je saurai près de vous amener les zéphyrs ;
> Les Amours y viendront d'eux-mêmes.

Assagi par l'expérience et le malheur, le comte de Provence, sous le nom de Louis XVIII, devint un roi très avisé, le seul souverain français au XIXe siècle qui mourut dans son lit aux Tuileries.

Calomnies et complots ont leur quartier général à la Vieille Cour, comme on l'appelle, chez Mesdames, tantes du roi ; furieuses de n'avoir pas su conserver l'empire qu'elles exerçaient tout d'abord, elles se ressouviennent de leur hostilité première au mariage autrichien, se vengent par une longue guerre de coups d'épingles, de pamphlets et satires empoisonnées où la sottise le dispute à l'odieux. Ce sont des princesses peu connues que ces filles de Louis XV, demeurées personnages de pénombre et de physionomie falote, malgré les intéressantes études de MM. Jules Soury, Édouard de Barthélemy et Honoré Bonhomme, malgré les récits thuriféraires des pieux hagiographes, peut-être aussi à cause des visions sadiques de cet écrivain merveilleux qui a trop passionné l'histoire, Michelet. Des dix enfants que Marie Leczinska avait donnés à son mari, sept seulement vécurent, le Dauphin mourut en 1765, et, à l'avènement de Louis XVI, il ne restait plus que quatre filles, Madame Victoire, Madame Adélaïde, Madame Sophie, Madame Louise, carmélite depuis 1770. Une seule fut mariée, Élisabeth, infante de Parme, une ambitieuse qui avait des qualités d'homme d'État, ménageait tous les partis à Versailles, confiait son fils à l'abbé de Condillac malgré son livre. Ce choix fit scandale, mais elle en prenait gaillardement son parti : « Nous n'aurons, mande-t-elle à son mari en 1758, nous n'aurons rien à nous reprocher sur ce choix, ni en ce monde ni en l'autre ; mais il faut que je te prévienne que les jésuites ont été abasourdis de perdre encore chez nous. Ils n'ont pu d'abord se plaindre, le choix étant loué aussi généralement, mais enfin ils commencent tout bas à parler de ce livre. Notre fils doit être bon catholique, et non pas docteur de l'Église ; toutes les controverses lui seraient inutiles à étudier. »

Elle n'avait garde non plus de manquer aux chasses de Louis XV, sachant bien qu'il n'y avait pas de meilleur moment pour faire sa cour au roi : « L'abbé de Bernis, écrit Madame Infante, m'a dit que je serais un bon ministre des Affaires étrangères. »

Si les filles de Louis XV deviennent intelligentes et instruites, ce n'est point grâce à l'éducation première qu'elles reçoivent à l'abbaye de Fontevrault ou à Versailles. En douze ans passés à l'abbaye de Fontevrault, Sophie et Louise n'apprennent guère qu'à lire, si j'en crois Mme Campan. Du moins n'a-t-on rien oublié du côté de l'étiquette. Mme de Mortemart, abbesse de Fontevrault, a été créée duchesse par brevet personnel afin d'avoir ses entrées et son tabouret chez les princesses ; elle-même les sert à table. Louis XV accorde quinze mille livres de pension pour chaque princesse, et donne à chacune deux mille livres comme argent de poche ; dix femmes de chambre, un écuyer de bouche, un maître d'hôtel, douze gardes du corps, un exempt, un professeur de musique, un professeur qui leur apprend le *menuet couleur de rose* débaptisé sur les instances de Madame Victoire et appelé le *menuet bleu,* un piqueur de la petite écurie, deux carrosses et une *gondole,* cochers, postillons, palefreniers, valets de pied, trente-deux chevaux et quatre ânes harnachés pour les promenades : il ne leur manque qu'un médecin et de bons professeurs.

A Versailles, Marie Leczinska, retenue sans doute par les devoirs de l'étiquette et aussi par sa santé, s'occupe médiocrement de ses filles : de leur être intellectuel et moral à peine est-il question, mais tout enfants qu'elles sont, l'existence de décor et de représentation les accapare. Dès l'âge de douze ans, elles donnent des bals, où, bien entendu, elles ne doivent danser le menuet qu'avec des gens titrés, c'est-à-dire des *ducs ;* le roi tient à affirmer leur rang, exige qu'elles reçoivent les mêmes visites que lui et la reine, et les dames présentées baisent leurs robes. En l'absence de Louis XV, de Marie Leczinska et du Dauphin, c'est Madame première qui donne seule le mot d'ordre à l'officier de garde. Là-dessus plainte de la gouvernante duchesse de Tallard, qui prétend que l'officier doit lui rapporter ce mot qui était toujours un nom de saint, car, dit-elle, il y a peu de convenance à laisser une jeune fille parler bas à l'oreille d'un homme. Le cardinal de Fleury sou-

mit le débat au roi, et l'on décida que Madame conti-
nuerait à donner le mot, mais qu'elle demanderait à la
gouvernante le nom du saint qu'elle aurait à nommer.

Des princesses élevées ainsi dans le respect de l'étiquette doivent se souvenir doublement qu'elles sont
filles de France, être tentées de rappeler aux autres
les rites dans toute leur minutie. Un des chapelains
de Madame ayant prononcé le *Dominus vobiscum* d'un
ton qu'elle jugea trop cavalier, elle le tança sévèrement après la messe, disant qu'il n'était pas évêque
et ne devait pas officier en prélat. A Fontevrault, Madame Louise gronde celles de ses femmes qui se permettent de s'asseoir pendant son repas : « Debout, s'il
vous plaît ! Madame Louise boit. » Puis c'est une sui-
vante qu'elle gourmande : « Ne suis-je pas la fille de
votre roi ? » Mais Mme de Soulanges riposte fort bien :
« Et moi, Madame, ne suis-je pas la fille de votre
Dieu ? »

Louis XV aime tendrement ses filles et, sauf les cha-
pitres des maîtresses et de la religion, sur lesquels il
reste sourd à leurs pieuses remontrances, il leur accorde
beaucoup de grâces. Mais quelles singulières pratiques,
et comme elles éclairent son absence de sens moral,
son ignorance des convenances élémentaires ! Les
mener à l'Opéra, à la chasse avec ses favorites, conduire celles-ci à leurs bals, les recevoir ensemble à sa
table, rien de plus naturel à ses yeux. Par exemple, les
questions d'étiquette le touchent, et, en 1742, il ordonne
qu'à l'avenir Madame *mettra du rouge*, « ce qui la
changeait fort en bien, » dit le duc de Luynes. Il va

souvent faire son café chez Madame Adélaïde, celle-ci sonne, toutes les autres accourent aussitôt, « comme des poussins rappelés par la mère-poule, » on cause gaiement, sans faire allusion aux requêtes ou mercuriales ; celles-ci s'échangent par lettres, car le roi a horreur des explications directes. Il a donné à ses filles d'étranges petits noms d'amitié :

> Coche : Madame Victoire.
> Chiffe : Madame Adélaïde.
> Graille : Madame Sophie.
> Loque : Madame Louise.

Adélaïde, dans une lettre, se nomme elle-même *Madame Torchon* ou *Torche*.

D'ailleurs il se montre très faible avec elles et, grâce à cette débonnaireté, une dent arrachée devient un événement à la cour. Madame Victoire refuse plusieurs jours de suite de se laisser faire ; le dauphin, ses sœurs, le roi, la reine, y perdent leur latin ; elle se désole, son père ne peut se résoudre à donner l'ordre, elle lui propose d'arracher lui-même la dent, et c'est presque une comédie. Enfin elle se résigna ; mais il fallut que le roi la tînt d'un côté, la reine de l'autre, et que Madame Adélaïde lui serrât les jambes. Après elle confessait : « Le roi est bien bon, car je sens que si j'avais une fille aussi déraisonnable que je l'ai été, je ne l'aurais pas supportée avec tant de patience. »

Poussées par le dauphin, Mesdames complétèrent ou refirent leur éducation ; c'est ainsi qu'elles connurent l'histoire et l'orthographe, se prirent de passion pour la musique, et cultivèrent le violon. Madame Adélaïde protégea les lettres et les arts ; cette princesse avait de l'ambition, du courage, un besoin de se faire de fête, d'intriguer, d'influer, besoin qui, dégénérant en manie, l'entraîna dans cette vilaine guerre occulte contre Marie-Antoinette. Très jeune encore, ne se met-elle pas en tête d'aller à l'armée du *papa-roi ;* là, dit-elle, elle battra les ennemis et amènera le roi d'Angleterre aux pieds de papa-roi. Un autre jour, elle déclara qu'elle avait trouvé le secret de détruire la nation anglaise : « Je demanderai aux principaux de venir... avec moi ; ils en seront sûrement fort honorés, et je les tuerai successivement. » Comme elle n'avait que onze ans, on se contenta d'objecter qu'il y aurait plus de courage et de noblesse à se battre contre eux. « Cela est vrai, mais papa-roi a défendu les duels, et d'ailleurs cela intéresserait ma conscience. » Le personnage de Judith l'avait singulièrement inspirée.

Quant à Madame Sophie, Mme Campan a laissé d'elle ce portrait : « Je n'ai jamais vu personne avoir l'air si effarouché ; elle marchait d'une vitesse extrême, et, pour reconnaître sans les regarder les gens qui se rangeaient sur son passage, elle avait pris l'habitude de voir de côté, à la manière des lièvres. Cette princesse était d'une si grande timidité qu'il était possible de la voir tous les jours, pendant des années, sans l'entendre prononcer un seul mot... Il y avait pourtant des occasions où cette princesse si sauvage devenait tout à coup affable, gracieuse, et montrait la bonté la plus communicative : c'était lorsqu'il faisait de l'orage ; elle en avait peur, et tel était son effroi, qu'alors elle s'approchait des personnes les moins considérables, et leur faisait mille questions obligeantes. Voyait-elle un éclair, elle leur serrait la main ; pour un coup de tonnerre, elle les eût embrassées ; mais, le beau temps revenu, la princesse reprenait sa raideur, son silence, son air farouche, passait devant tout le monde sans faire attention à personne, jusqu'à ce qu'un nouvel orage vînt lui ramener sa peur et son affabilité. »

En dépit des fêtes, chasses, divertissements, des leçons de musique données par Beaumarchais, la vie pouvait sembler monotone à des natures ardentes telles que Mesdames Adélaïde et Louise ; on se distrayait comme on pouvait, on avait une table excellente, et d'Argenson affirme qu'elles s'enfermaient pour, absorber continuellement et à toute heure, jambons, mortadelles, vin d'Espagne, qu'elles cachaient dans leurs armoires. Non toutefois sans éprouver de grands scrupules au sujet de leur gourmandise ; on observait le carême et le jeûne, mais avec quelle impatience on attendait le premier coup de minuit, le samedi saint, pour se faire servir une volaille au riz ! Mme Campan vit un jour Madame Victoire très perplexe à propos d'un oiseau d'eau qu'on lui servait souvent pendant le carême : il s'agissait de décider irrévocablement s'il était gras ou maigre. Elle consulte un évêque, qui rend majestueusement cette sentence appuyée du témoignage de plusieurs docteurs de l'Église : « L'oiseau une fois cuit, le piquer sur un plat d'argent très froid ; si le jus de la sarcelle se fige dans l'espace d'un quart d'heure, le gibier est gras ; si le jus reste en huile, on peut le manger en toute sécurité. » Madame Victoire fit aussitôt l'épreuve, le jus ne se figea point, et sa joie fut grande (1).

Mais leur grand souci, c'est la défense des intérêts religieux ; d'aucuns affirment qu'en tout et pour tout elles reflètent, comme un écho, les opinions de l'archevêché. Madame Henriette, à son lit de mort (1751), demanda à son père la suppression de l'*Encyclopédie*. Madame Louise, en 1770, entre aux Carmélites pour obtenir la conversion de Louis XV et racheter ses désordres par ce sacrifice. Quand on annonça la nouvelle à Madame Adélaïde, elle pleura beaucoup, s'emporta contre le roi qui avait gardé le secret, et comme Mme Campan lui demandait si elle imiterait sa sœur, elle répondit naïvement : « Rassurez-vous, je n'aurai jamais le courage qu'a eu Louise (2). J'aime trop les commodités de la vie ; voilà un fauteuil qui me perd. »

---

(1) Les faiseurs d'ana rapportèrent ce colloque imaginaire entre le roi et ses filles : « Mes enfants, j'ai une grande nouvelle à vous annoncer ; votre sœur est partie cette nuit. » Tout d'une voix elles s'écrient : « Avec qui ? »

(2) La dot réglementaire d'une Carmélite de Saint-Denis était fixée à 6,000 francs. Madame Louise remit 12,000 francs à la Prieure, « moitié pour moi, dit-elle humblement, et moitié pour ma bosse. » Les constitutions monastiques interdisent en effet, sauf des cas exceptionnels, d'admettre les personnes infirmes ou contrefaites, les *postulantes penchées*, selon le mot de saint Pierre Fourier. « Si vous les acceptez, ajoutait-il, vous aurez bientôt un hôpital au lieu d'un monastère. » Au reste, le roi fait à la maison de Saint-Denis une pension de 24,000 livres, qui servait surtout à payer les dépenses de la famille royale lorsqu'elle venait voir la

Mme Campan assigne un second motif, non moins naturel, à cette grande résolution : « Son âme était élevée,
elle aimait les grandes actions : il lui était arrivé souvent d'interrompre une lecture pour s'écrier : « Voilà
qui est beau, voilà qui est noble! » Elle ne pouvait
faire qu'un seul acte d'éclat : quitter un palais pour une
cellule, de riches vêtements pour une robe de bure;
elle l'a fait. » On pense involontairement à cette épigramme sur Chateaubriand qui prétendait ne plus vouloir qu'une cellule : « Oui, une cellule, mais sur un
théâtre. »

Le roi, les autres princesses, de nombreux prélats,
parmi lesquels le nonce Doria Pamphili, appelé le *Bref
du Pape*, à cause de sa petite taille (1), viennent souvent
au couvent de Saint-Denis : Madame Louise reçoit la
visite du roi de Suède, de Joseph II, du prince Henri
de Prusse, de l'archiduc Maximilien, surnommé l'archi-
bête par les amateurs de facéties faciles : « Tout le
monde veut me voir, comme le Bœuf gras, » gémit-

princesse : pas de repas qui ne coûtât 2 à 3,000 livres. Une Carmélite écrit à ses Sœurs de la rue Saint-Jacques : « Le dîner avait
été préparé par vingt-cinq cuisiniers de M. Bertin ministre, et la
magnificence du repas surprit le roi. Il y eut onze couverts pour
le Roi, Monseigneur le Dauphin, Mesdames et les dames d'honneur. Dans une autre chambre à côté, étaient les seigneurs, dans
une autre les écuyers, et une quatrième table dans le jardin, qui
était aussi hors la clôture, pour les gardes-du-corps. »

(1) « Tout respire ici la gaieté du ciel, » écrit-elle à une de ses
sœurs. Cette gaieté dans les récréations, recommandée par sainte
Thérèse, c'est Madame Louise qui le plus souvent la crée et l'en-
tretient. « Je trouve que la gaieté dore la pilule de l'austérité. »

elle (1). En même temps qu'elle déploie d'admirables vertus de piété, d'humilité et de charité (2), qu'elle remplit au couvent tous les emplois, « sauf de porter la hotte à cause de sa bosse, » elle se constitue l'avocat, la femme d'affaires du clergé, écrit sans cesse aux ministres, aux évêques et au roi, défend à Rome les jésuites menacés, supprimés en plusieurs pays (3), continue de marquer un goût maladif pour les corps saints, de tracasser la Cour au nom du ciel. La reine chargea un jour Mme Campan de faire habiller une poupée en carmélite, afin que la jeune princesse se familiarisât par avance avec le costume de sa tante la religieuse. Avec Mesdames Victoire et Adélaïde, elle

---

(1) Le gouverneur du Dauphin dit pendant une de ces visites : « Les péchés des Carmélites seraient les vertus de la Cour. »

(2) Une de ses compagnes se préparant à la profession, la princesse lui adresse ce gracieux billet : « Bonjour, petit ermite blanc. Comment vous trouvez-vous de l'entrée au désert ? Je prie Dieu que tout votre chemin soit parfumé de roses qui vous embaument si fort de leur délicieux parfum, qu'elles émoussent toutes les épines dont elles sont ordinairement accompagnées. Je suis contente : vous êtes partie pour la solitude avec gaieté et beaucoup de courage. Ne vous effrayez pas des épreuves que vous pourrez avoir. Votre divin époux, qui vous attend, saura bien vous dédommager au centuple. Déjà, pendant dix jours de suite, il va s'unir à vous par la sainte communion. Son amour ne lui permet pas d'attendre que vous vous soyez donnée à lui. Que vous êtes heureuse de vous consacrer à Dieu si jeune ! Priez pour celle qui n'a pu se donner à lui qu'à l'âge qu'il est mort pour nous ! »

(3) D'Alembert écrivait à Frédéric II : « Il me semble que le Saint-Père fera une grande sottise de casser ainsi son régiment des gardes par complaisance pour les princes. Il me semble que ce traité ressemble à celui des loups et des brebis, dont la première condition fut que celles-ci livrassent leurs chiens ; on sait comment elles s'en trouvèrent !... »

poursuit de sa haine toujours croissante Marie-Antoinette, cherche à la faire renvoyer dans sa famille, lui écrit des lettres impérieuses, fanatiques; et même elle ose lui reprocher, comme un grand grief, son goût pour les coiffures élevées, les aigrettes, les soupers où les hommes étaient admis à la table de la reine, les promenades en cabriolet au Petit Trianon (1). « Voici encore une lettre de ma tante Louise, soupirait celle-ci. C'est bien la petite Carmélite la plus intrigante qui existe dans ce royaume (2). » Enfin, elles en firent tant qu'elles perdirent leur crédit auprès de Louis XVI, qui avait commencé par suivre aveuglément leurs avis, et les avait comblées de grâces. On les pria d'aller habiter le château de Bellevue, on songea un instant à les expédier à Commercy, avec le titre de Gouvernante de Lorraine pour Adélaïde : « Un beau présent à lui faire, observe un contemporain, serait de lui donner par-dessus le marché la Carmélite, afin que nous restions tranquilles. » Hélas ! elles avaient à moitié entraîné dans leur cabale la propre sœur de Louis XVI, Madame Élisabeth, qui ne rendit justice à la reine que dans la prison du Temple, pendant les mois tragiques où l'on vit une fois de plus ce que l'âme d'une reine renfermait de

---

(1) On attribua cette méchanceté à l'une des filles de Louis XV : « Une princesse prudente ne manque jamais d'héritiers. »

(2) « Un de ces mots terribles et frappés au bon coin qui, en regard des montagnes de papier des apologistes, ont la durée et l'inflexible sévérité d'une médaille de bronze antique. » Le mot, s'il a été dit, mérite-t-il la réflexion de M. Jules Soury?

grandeur héroïque et de stoïcisme chrétien (1), alors qu'elle resplendissait dans l'auréole d'un long martyre, qu'elle répondait aux infamies du tribunal révolutionnaire : « J'en appelle à toutes les mères ! » Cri superbe, diamant du cœur, entré pour toujours dans le patrimoine moral de l'humanité !

On dit que le désespoir causé par l'édit de 1787, rendant l'état civil aux protestants, hâta la fin de Madame Louise. Ce qui est certain, c'est qu'elle adressa à son neveu une véhémente épître contre cette juste mesure, et qu'il lui fit une réponse très dure. On dit aussi que ses dernières paroles furent plutôt d'une Diane chasseresse que d'une sainte, que, dans son agonie, elle s'écria plusieurs fois : « Au Paradis ! Vite, vite, au grand galop ! » comme si elle croyait encore assister aux chasses de Louis XV.

Mais si le rôle politique de Mesdames, à partir de 1770, mérite le blâme, leur conduite envers Louis XV mourant est digne d'éloges. Alors que chacun s'éloignait à l'envi de ce corps envahi par la petite vérole, atteint de putréfaction même avant que la vie ne l'eût quitté, elles s'installent à son chevet, et courent héroï-

---

(1) Un jour que la reine accompagnait le roi dans une visite à la célèbre manufacture de glaces de Saint-Antoine, le peuple se précipita pour voir Leurs Majestés. « Madame, dit La Fayette à la reine, voyez comme le peuple est bon quand on va au-devant de lui. — Oui, Monsieur, répondit-elle, mais vous savez bien qu'il n'en est pas tout à fait de même quand il vient au-devant de nous. » L'allusion aux Journées des 5 et 6 Octobre 89 contenait une leçon aussi fine qu'inutile à l'adresse de La Fayette.

quement le risque de la même maladie. Et puis viennent les années terribles, les années d'expiation, la
monarchie écroulée, la famille royale traînée à l'échafaud, l'anéantissement des espérances, l'odyssée lamen-
table de l'émigration. Madame Adélaïde, Madame Victoire, les deux dames qui « aiment mieux entendre la
messe à Rome qu'à Paris, » selon le mot du baron de
Menou, ne purent rester et mourir dans la Ville éternelle : elles s'éteignirent à Trieste, l'une le 8 juin 1799,
l'autre le 18 février 1800.

Toutes ces perfidies tombant d'en haut avaient fo-
menté le doute populaire, semé la haine d'en bas, préparé le dossier des pourvoyeurs de la guillotine. Pendant une représentation d'*Athalie* où Marie-Antoinette
assistait, le public applaudit avec fureur cette invoca-
tion de Joad :

> Confonds dans ses desseins cette reine cruelle !
> Daigne, daigne, mon Dieu, sur Mathan et sur elle,
> Répandre cet esprit d'imprudence et d'erreur,
> De la chute des rois funeste avant-coureur !

Pamphlets de la parole et de la plume pervertissent
l'opinion publique européenne presque autant que l'opinion publique française. Comme Catherine II semblait
y ajouter foi, le prince de Ligne lui répondit très à
propos : « Madame, on ment au Nord sur l'Occident,
comme à l'Occident sur le Nord. Il ne faut pas croire
les porteurs de chaises de Versailles ; c'est comme si
les cochers de Tsarskoë-Sélo écrivaient l'histoire de
Votre Majesté. » Catherine II, criminelle envers son

mari, véritable courtisane couronnée, avait gagné son procès devant ses contemporains parce qu'elle était un homme d'État. Marie-Antoinette, vertueuse, calomniée, le perdait parce qu'elle n'avait, ni par elle, ni par le roi, les vertus de gouvernement.

Ainsi glissa vers l'abîme une Cour gracieusement frivole, qui mit un rempart de fleurs entre elle et le monstre, sourde aux avertissements des sages, insouciante des remèdes, incapable, même après le châtiment, de faire son *mea culpa,* de comprendre pourquoi elle était frappée. Brusquement elle allait passer de la fortune à la confiscation, d'une fête aux détresses de l'émigration, d'une plaisanterie à la guillotine. Comment aurait-elle senti la nécessité d'une révolution qui, à ses yeux, n'avait d'autre résultat que de la ruiner et la tuer, que d'installer des abus agréables au plus grand nombre, au lieu d'abus agréables à quelques-uns ? Comment, à travers les proscriptions et les massacrés, à travers les événements formidables qui se précipiteront pendant vingt-cinq ans, aurait-elle deviné les bienfaits qui naîtraient de tant de misères, la liberté, l'égalité devant la loi, le respect des faibles et des humbles, l'amour de la patrie pénétrant l'âme de chacun, devenu indépendant des formes de gouvernement, et, malgré les incertitudes de l'avenir, malgré les poussées tumultueuses d'une démocratie mal organisée, la confiance légitime dans le progrès, par le sentiment de la tolérance, la solidarité humaine, le retour aux idées spiritualistes ?

APPENDICE

Un magistrat distingué, M. Feuilloley, me fait
remarquer que j'ai à peine nommé le président Benoît-
Champy, qui a publié plusieurs volumes, et, pendant
très longtemps, eut un salon où fréquentaient, avec
le monde du Palais, les artistes, les musiciens, où l'on
faisait beaucoup d'esprit, de musique, où l'on organi-
sait des chœurs, des charades et des comédies. Le bon
ton n'y était pas collet-monté, la causerie s'épanouis-
sait dans la plus aimable liberté. Bien que le cadre de
mon travail m'oblige à de nombreuses et perpétuelles
coupures, il convient de rappeler ici quelques réflexions de Benoît-Champy (1) :

« Une seule considération devrait suffire à inspirer
aux classes élevées le respect d'elles-mêmes : c'est que,
si la foule n'imite pas toujours leurs vertus, elle imite
toujours leurs défauts et leurs vices.

« Le sens moral et intellectuel est comme un chemin
sans plateau : il faut monter ou descendre.

____

(1) *Pensées du Président Benoît-Champy*, 1 vol. Plon, 1872.

« On a dit que les souvenirs sont les rides de l'âme ; pour moi, c'est tout le contraire, ils en sont la jeunesse.

« Notre esprit nous sert à tromper les autres, et notre cœur à nous tromper nous-mêmes.

« Il y a un âge où il faut se défier du regain.

« Lorsqu'on me parle de personnes douées d'une grande sensibilité, ce qui m'intéresse, c'est de savoir si cette sensibilité s'applique à elles ou bien à d'autres.

« On prend l'habitude de penser comme on prend celle de ne penser à rien.

« Chez les amis, il y a presque toujours un Oreste et un Pylade ; et, comme disent les légistes, un fonds dominant et un fonds servant.

« Dans le commerce habituel des hommes, le manque de tact et de savoir-vivre fait plus d'ennemis que le manque de cœur.

« La tristesse est à la douleur ce que le sourire est à la joie.

« Le goût a cet inconvénient qu'il dégoûte de trop de choses.

« Qui n'a ressenti la fatigue de se trouver en face de gens qui, physiquement comme intellectuellement, sont toujours prêts à éternuer, et n'éternuent jamais ?

« Il y a un moyen facile de rendre bien heureux celui qui nous consulte, c'est de lui conseiller ce qu'il désire.

« La société fourmille d'hommes qui n'ont que des demi-vertus ou des demi-défauts.

« Il n'y a pas de cœur plus facile à toucher que celui d'une femme laide.

« Il y a des rivalités de salon, comme il y a des rivalités d'amour; aussi n'est-ce jamais sans un secret déplaisir qu'un homme habitué à briller dans un cercle y voit pénétrer un nouveau venu.

« L'urbanité, la bonne grâce, coûtent si peu et rapportent tant !

« Le repos n'est pas plus l'oisiveté que l'activité n'est l'agitation.

« La discrétion n'est une qualité qu'à la condition d'être pratiquée avec discrétion.

« Il y a des gens chez lesquels l'amitié est comme un thermomètre, qui monte ou baisse suivant qu'ils ont plus ou moins besoin de nous.

« Ce n'est pas une raison, parce qu'un peuple manque de moralité, pour qu'il dispense d'en avoir ceux qui le gouvernent.

« C'est souvent par vanité que l'on parle, et c'est quelquefois aussi par vanité que l'on se tait.

« La violence est un feu qui alimente en même temps qu'il consume nos passions.

« Le monde finit toujours par mettre chacun à sa place.

« Sous les dehors de la politesse, le monde sait toujours faire sentir à un homme qu'il n'a pas d'estime pour lui.

« Ce qui nous révolte le plus dans le mensonge, c'est que le menteur cherche à nous prendre pour dupes.

« L'ambition et l'avarice sont deux passions qui s'accroissent et s'irritent par les satisfactions qu'elles reçoivent.

« Quelque esprit que vous ayez, celui qui arrive à propos en a encore plus que vous.

« Il y a un égal danger à vivre trop exclusivement dans le monde ou dans la retraite ; dans ce dernier cas on vit trop avec soi-même, dans le premier cas on n'y vit pas assez.

« Rien ne charme plus, chez un vieillard, que la jeunesse de l'esprit et du cœur, unie à la gravité des mœurs.

« Il est des temps où, pour un homme politique, c'est se mettre en lumière que se tenir dans l'ombre.

« Dans la jeunesse, on s'étourdit sur la vie ; dans la vieillesse, on s'étourdit sur la mort.

« Le monde tient compte des qualités superficielles plus que des qualités réelles ; c'est ainsi qu'il apprécie plus la grâce et l'amabilité que la vraie bonté, les attentions délicates que le dévouement, le brillant que la solidité de l'esprit.

« Presque toutes les femmes se croient assez fortes pour ne jamais dépasser les limites d'une tendre amitié ; c'est cette illusion qui les perd.

« Les femmes ont généralement peu de pitié les unes envers les autres pour les fautes du cœur.

« L'expérience nous sert plus encore à regretter les fautes passées qu'à nous préserver de celles à venir. »

ERRATA

Page 76, note, *lisez :* comme un mouton que le diable...

Modifier ainsi la première phrase de la page 104 :
« Non content de cela, il adressa à M. Grotius, alors
ambassadeur de Suède en France, qu'il ne connaissait point, un discours auquel il avait fait un mauvais
commencement et une mauvaise fin; mais le reste
était de Balzac. »

Page 116, ligne 17, *au lieu de* Falon *lisez :* Falcon.

Page 264, ligne 28, deux *t* à quitte au lieu de trois.

TABLE DES MATIÈRES

II. — Une femme premier ministre.

III. — Le Salon de la marquise de Lambert.

IV. — Madame de Tencin.

V. — La Cour sous Louis XV et Louis XVI.

Appendice.

DARD (ÉMILE). — *Un acteur caché du Drame révolutionnaire*, Le Général Choderlos de Laclos, auteur des *Liaisons dangereuses*. 1741-1803, d'après des documents inédits. 1 vol. in-8° écu . . . . **5 fr. »**

DOGUEREAU (Général JEAN-PIERRE). — **Journal de l'Expédition d'Égypte**, publié d'après le manuscrit original avec une introduction et des notes, par C. DE LA JONQUIÈRE, Chef d'escadron d'artillerie breveté. 1 vol. in-8°, orné d'un portrait et d'une carte . . . . . **7 fr. 50**

FUNCK-BRENTANO (FRANTZ). — **Joliclerc, volontaire aux armées de la Révolution. Ses lettres (1793-1796)**, recueillies et publiées par Étienne Joliclerc, avec une introduction et des notes par FRANTZ FUNCK-BRENTANO, 1 vol. in-16 avec gravures . . . . **3 fr. 50**

LEBEY (ANDRÉ). — **Le Connétable de Bourbon (1490-1527)**. 1 vol. in-8° avec gravures . . . . . **7 fr. 50**

LENOTRE (G.). — *Paris révolutionnaire.* **Vieilles maisons, Vieux papiers** (1re série). Le roman de Camille Desmoulins. — Mlle de Robespierre. — Deux policiers. — Savalette de Langes. — Les derniers jours d'André Chénier. — La maison de Cagliostro. — Deux étapes de Napoléon. — Autour de la Du Barry. — La vieillesse de Tallien. — Papa Pache. — Saint-Just à Blérancourt, etc. 1 vol. in-8° écu avec gravures . . . . . . **5 fr. »**

— *Paris révolutionnaire.* **Vieilles maisons, Vieux papiers** (2e série). La femme Simon. — Baptiste. — Le baron de Géramb-Greive, Blache et Rotondo. — L'abbé de Cajamano. — L'original de César Birotteau. — Le colonel Virlot. — John-Gamin. — Le roman d'une Carmélite. — La mère Duchesne. 1 vol. in-8° écu avec gravures . . . . **5 fr. »**

STENGER (GILBERT). — **La Société française pendant le Consulat** (1re série). *La Renaissance de la France.* 1 vol. in-8° écu . . . . **5 fr. »**

— **La Société française pendant le Consulat** (2e série). *Aristocrates et Républicains. — Les Émigrés et les complots. — Les hommes du Consulat.* 1 vol. in-8° écu. **5 fr.**

— **La Société française pendant le Consulat** (3e série). *Bonaparte et sa famille. — Le monde et les salons.* 1 vol. in-8° écu . . . . **5 fr. »**

VAISSIÈRE (PIERRE DE). — **Gentilshommes campagnards de l'Ancienne France. Ouvrage couronné par l'Académie française** (second prix Gobert). 1 volume in-8°. **7 fr. 50**

VILLERMONT (Comte CHARLES DE). — **Les Rupelmonde à Versailles.** *La Société au XVIIIe siècle (1685-1784).* 1 vol. in-16 . . . . **3 fr. 50**

WIRTH (JOSEPH). — **Le Maréchal Lefebvre**, *duc de Dantzig (1755-1820)*. 1 vol. in-8° orné de gravures. **7 fr. 50**